UTB **2926**

Eine Arbeitsgemeinschaft der Verlage

Beltz Verlag Weinheim · Basel
Böhlau Verlag Köln · Weimar · Wien
Verlag Barbara Budrich Opladen · Farmington Hills
facultas.wuv Wien
Wilhelm Fink München
A. Francke Verlag Tübingen und Basel
Haupt Verlag Bern · Stuttgart · Wien
Julius Klinkhardt Verlagsbuchhandlung Bad Heilbrunn
Lucius & Lucius Verlagsgesellschaft Stuttgart
Mohr Siebeck Tübingen
C. F. Müller Verlag Heidelberg
Orell Füssli Verlag Zürich
Verlag Recht und Wirtschaft Frankfurt am Main
Ernst Reinhardt Verlag München · Basel
Ferdinand Schöningh Paderborn · München · Wien · Zürich
Eugen Ulmer Verlag Stuttgart
UVK Verlagsgesellschaft Konstanz
Vandenhoeck & Ruprecht Göttingen
vdf Hochschulverlag AG an der ETH Zürich

Literaturwissenschaft elementar

herausgegeben von Norbert Otto Eke

Volker C. Dörr

Weimarer Klassik

Wilhelm Fink

Der Autor:
Volker C. Dörr, hat in Bonn Germanistik, Philosophie und Kunstgeschichte studiert und ist dort Privatdozent für Neuere deutsche Literaturwissenschaft. Er hat Bücher und Aufsätze zur deutschen Literatur vom 18. Jahrhundert bis zur Gegenwart verfasst.

Titelbild:
Goethe-Schiller-Denkmal von Ernst Rietschel in Weimar (1857)

Bibliografische Information der Deutschen Nationalbibliothek

Die Deutsche Nationalbibliothek verzeichnet diese Publikation in der Deutschen Nationalbibliografie; detaillierte bibliografische Daten sind im Internet über http://dnb.d-nb.de abrufbar.

Gedruckt auf umweltfreundlichem, chlorfrei gebleichtem und alterungsbeständigem Papier ⊗ ISO 9706

© 2007 Wilhelm Fink Verlag
(Wilhelm Fink GmbH & Co Verlags-KG, Jühenplatz 1, D-33098 Paderborn)
Internet: www.fink.de

ISBN 978-3-7705-4324-3

Printed in Germany.
Herstellung: Ferdinand Schöningh, Paderborn
Einbandgestaltung: Atelier Reichert, Stuttgart

UTB-Bestellnummer: 978-3-8252-2926-9

Inhaltsverzeichnis

Vorbemerkung

Der vorliegende Band will eine Einführung in die ,Weimarer Klassik' bieten, ihre Literatur vorstellen und Grundzüge ihrer Ästhetik darstellen. Bevor dies geschehen kann, muss aber zunächst geklärt werden, was unter dem Begriff der ,Klassik' überhaupt zu verstehen ist; denn er lässt sich nur angemessen verwenden, wenn etwa darüber reflektiert wird, dass er historisch alles andere als unbelastet ist.

Auch wenn Kunst nicht aus ihren Entstehungsbedingungen heraus *erklärt* werden kann, ist im Falle der Literatur um 1800 doch ein Blick auf die (sozial-)geschichtlichen Hintergründe unerlässlich; denn ebenso wie die Literatur der Frühromantik (zu der sie in einem spannungsvollen Verhältnis steht) reagiert diejenige der Weimarer Klassik mit dem Entwurf einer spezifischen Ästhetik vordringlich auf die politischen Phänomene der Zeit.

Der genaueren Betrachtung der literarischen Texte ist eine Darstellung der vielfältigen persönlichen wie konzeptionellen Konstellationen, in denen die Autoren zu ihren Zeitgenossen stehen, vorgeschaltet. Der im engeren Sinne literaturgeschichtliche Teil beginnt mit Ausführungen zur Poetik und ist dann nach den Gattungen Dramatik, Epik und Lyrik gegliedert; dabei werden jeweils ausgewählte Texte, exemplarisch, genauer analysiert.

Das Buch versteht sich als Arbeitsbuch; Kontrollfragen und Antwortvorschläge sollen helfen, das Verstehen des Gelesenen zu überprüfen. Da in den Gegenstand und seine Betrachtung in der Forschung eingeführt werden soll, liegt der Schwerpunkt des Interesses auf der Darstellung ausgewählter wichtiger Positionen. Damit sollen aber weniger gültige Lehrmeinungen transportiert werden; vielmehr soll gezeigt werden, dass die Texte das Potential für widerstreitende Lektüren bieten. Denn Literatur mit der herrschenden Meinung über sie zu verwechseln, bedeutet bestenfalls, totes Bildungswissen zu produzieren.

Literatur

Zitierte Ausgaben:
Im Falle Schillers ist die Wahl der Ausgabe einfach, weil die (fast abgeschlossene) *Nationalausgabe* eine zuverlässige historisch-kritische Ausgabe ist. Im Falle Goethes gibt es zwar nützliche neuere Studienausgaben (*Frankfurter Ausgabe, Münchner Ausgabe*), aber die historisch-kritische *Weimarer Ausgabe* (auch *Sophien-Ausgabe*

genannt) ist im Ganzen wissenschaftlich veraltet und im Einzelnen ungenügend. Dennoch wird sie hier zitiert, weil sie, anders als die Studienausgaben, die Texte in nicht-modernisierter Schreibung bietet. Modernisierung aber kaschiert eine historische Distanz, die wahrgenommen werden muss, sollen die Texte als historische rezipiert werden. (Nur in Einzelfällen – *Faust*, Goethes Gespräche – wird die *Frankfurter Ausgabe* zitiert; Goethes Briefe an Schiller werden nach der Schiller-*Nationalausgabe* wiedergegeben.)

Goethes Werke. Hg. im Auftrag der Großherzogin Sophie von Sachsen. 4 Abteilungen mit insges. 133 in 143 Bdn. Weimar: Böhlau 1887-1919 [zit. WA + Abt. + Band]

Goethe, Johann Wolfgang: Sämtliche Werke. Briefe, Tagebücher und Gespräche. Hg. v. Friedmar Apel, Hendrik Birus, Dieter Borchmeyer u.a.. 40 Bde. Frankfurt a.M.: Deutscher Klassiker Verlag 1985ff. [zit. FA + Abt. + Bd.]

Schillers Werke. Nationalausgabe Werke. Begründet v. Julius Petersen, fortgeführt v. Lieselotte Blumenthal, Benno von Wiese und Siegfried Seidel, hg. v. Norbert Oellers. Weimar: Hermann Böhlaus Nachf. 1943ff. [zit. NA + Bd.]

Grundlegende Literatur:

Alt, Peter-André: Schiller. Leben – Werk – Zeit. 2 Bde. München: Beck 2000.

Borchmeyer, Dieter: Höfische Gesellschaft und französische Revolution bei Goethe. Adliges und bürgerliches Wertsystem im Urteil der Weimarer Klassik. Kronberg/Ts.: Athenäum 1977.

Borchmeyer, Dieter: Weimarer Klassik. Portrait einer Epoche. Studienausgabe. Weinheim: Beltz Athenäum 1998.

Conrady, Karl Otto: Goethe. Leben und Werk. Düsseldorf: Patmos 2006.

Deutsche Literatur. Eine Sozialgeschichte. Hg. v. Horst Albert Glaser. Bd. 5: Zwischen Revolution und Restauration: Klassik, Romantik. 1786-1815. Reinbek: Rowohlt 1980.

Deutsche Literatur zur Zeit der Klassik. Hg. v. Karl Otto Conrady. Stuttgart: Reclam 1977.

Goethe-Handbuch. Hg. v. Bernd Witte u.a. 4 Bde. Stuttgart, Weimar: Metzler 1996-99.

Oellers, Norbert: Schiller. Elend der Geschichte, Glanz der Kunst. Stuttgart: Reclam 2005.

Schiller-Handbuch. Hg. v. Helmut Koopmann in Zusammenarbeit mit der Deutschen Schillergesellschaft Marbach. Stuttgart: Kröner 1998.

Schiller-Handbuch. Leben – Werk – Wirkung. Hg. v. Matthias Luserke-Jaqui unter Mitarb. v. Grit Dommes. Stuttgart, Weimar: Metzler 2005.

Unser Commercium. Goethes und Schillers Literaturpolitik. Hg. v. Wilfried Barner, Eberhard Lämmert und Norbert Oellers. Stuttgart: Cotta 1984.

Ueding, Gert: Klassik und Romantik. Deutsche Literatur im Zeitalter der Französischen Revolution 1789-1815. München, Wien: Hanser 1987 (Hansers Sozialgeschichte der deutschen Literatur vom 16. Jahrhundert bis zur Gegenwart. Bd. 4).

Basismodul 1: Der Begriff ‚Klassik‘   1.

Basismodul 1 skizziert die Geschichte des Begriffs der ‚Deutschen Klassik‘ und seiner politischen Funktionen und erläutert, in welchem Sinn in diesem Band von ‚Weimarer Klassik‘ die Rede sein soll.

Der Begriff einer deutschen ‚Klassik‘ ist von Beginn an ein politischer. Er wird zum ersten Mal im 19. Jahrhundert verwendet und steht im Zusammenhang mit der Begründung einer Wissenschaft von der deutschen Literatur. In Georg Gottfried Gervinus’ *Geschichte der poetischen National-Literatur der Deutschen* (1835-42), die oft als erste Literaturgeschichte im technischen Sinne gilt, obwohl sie eher als populäres Werk gedacht war, heißt es: „Goethe und Schiller führten zu einem Kunstideal zurück, das seit den Griechen niemand mehr als geahnt hatte."[1]

Gervinus, der seine Literaturgeschichte nicht nach Epochen, sondern chronologisch nach Autorengruppen ordnet, spricht von Goethe und Schiller als „classischen" Autoren; den Begriff der Klassik als **Epochennamen** führt zeitgleich Heinrich Laubes *Geschichte der deutschen Literatur* (1839-40) ein. Gervinus sieht sich selbst am Ende der Geschichte der Literatur; damit entspricht er einer seinerzeit weit verbreiteten Haltung, derzufolge mit Goethes Tod 1832 eine große, wenn nicht *die* Zeit der deutschen Poesie zu Ende gegangen sei. Bei Gervinus wird das, was sich bald als ‚Klassik‘ zum Idealbild verfestigt, als eine einmal erreichte *absolute* Höhe der deutschen Literatur vorgestellt, der nichts anderes folgen kann als der Niedergang. (Der hatte angeblich auch bereits eingesetzt – in Gestalt der Romantik, die Gervinus mit heftigen Schmähungen bedenkt.) In der Zeit des Vormärz gehört Gervinus als (National-)Liberaler zu denjenigen, die hoffen, die literarische Erfolgsgeschichte ließe sich im politischen Raum wiederholen: „Der Wettkampf der Kunst ist vollendet; jetzt sollten wir uns das andere Ziel stecken, das noch kein Schütze bei uns getroffen hat, ob uns auch da Apollon den Ruhm gewährt, den er uns dort nicht versagte."[2] Diese Hoffnungen haben sich nicht erfüllt – in der Revolution des Jahres 1848 nicht und auch später wohl anders, als Gervinus sich das vorstellte.

Im Blick auf die Karriere der Klassik im 19. und frühen 20. Jahrhundert kann man tatsächlich von einem „nationalen My-

Erfindung der Klassik

Politische Bedeutung

Abb. 1: Das Weimarer Goethe-und-Schiller-Denkmal von Ernst Rietschel, 1857

thos" sprechen, vom Wunschbild einer absoluten kulturellen Größe Deutschlands, die zugleich ein Heilsversprechen politischer Einheit sein sollte[3]; später diente der Begriff dann dazu, die Größe des Reiches, das 1871 nach dem Sieg über Frankreich gegründet wurde, zu legitimieren. Im Verlauf des 20. Jahrhunderts verschärfen sich diese politischen Indienstnahmen noch – in wechselnden Konstellationen. In der geistesgeschichtlichen Literaturgeschichtschreibung der 1920er Jahre wurde die deutsche Kultur um 1800 gefeiert (dabei wurden Klassik und Romantik zuweilen gemeinsam unter den Begriff Romantik gefasst) und gegen die westeuropäische Zivilisation abgegrenzt.[4] Die Nationalsozialisten reklamierten geradezu perverserweise vor allem Schillers Idee der Freiheit für sich, während in der marxistischen Literaturgeschichte und in der Kulturpolitik der DDR die deutsche Klassik als Vorläuferin des ‚sozialistischen Realismus‘ erschien. In der frühen Bundesrepublik berief man sich hingegen meist deswegen auf die Klassik, weil sie die angeblich vom Nationalsozialismus gänzlich unberührt gebliebene deutsche Kultur repräsentierte. Diese ungebrochene Idealisierung und Verherrlichung fand erst ab der Wende zu den 1970er Jahren ein Ende. Zumindest von einer ‚Deutschen Klassik‘ wird seitdem mit gutem Grund kaum noch gesprochen.

Begriffsgeschichte — Der lat. Begriff *civis classicus* bezeichnete zuerst den Angehörigen der höchsten Steuerklasse; ein *scriptor classicus* ist dann ein Schriftsteller, der als Vorbild für richtigen Sprachgebrauch dienen kann. Das deutsche Wort ‚klassisch‘ meint auch im 18. Jahrhundert zunächst die vorbildliche Antike. Dann wird der Normbegriff zum Stilbegriff umgeprägt, verliert dabei aber kaum etwas von seiner normativen Kraft: Das Klassische ist der überzeitlich gültige Stil einer reinen Harmonie.[5] Wenn dann im 19. Jahrhundert von einer ‚Deutschen Klassik‘ die Rede ist, so wird zugleich behauptet, dass die absolute Höhe der antiken griechischen Kunst in der deutschen wieder erreicht worden sei. Was den Vorbildcharakter der klassischen griechischen Kunst betrifft, konnte sich eine solche Deutung auf Goethe und Schiller berufen; nicht jedoch, was die Behauptung betrifft, die deutsche Literatur käme im Wert der griechischen gleich.

Aus mehreren Gründen ist es durchaus plausibel, für einen   *Begriffshygiene*
völligen Verzicht auf den Begriff der Klassik zu plädieren[6]: weil
er sich von den politischen Positionen und Irrwegen, die schon
für seine Einführung gesorgt haben, nicht vollständig trennen
lässt und weil die im Begriff liegende Wertung höchst problematisch ist. Außerdem ist nicht nur in Frankreich die These verbreitet, dass es nur in Frankreich selbst eine Klassik gegeben hat: ein
geschlossenes System von Geschmackskonventionen, deren Geltung ganz wesentlich von der Existenz *eines* Königshofs abhing.[7]
Im angelsächsischen Raum werden Werk und Wirken Goethes
und Schillers der Romantik zugeschlagen, wofür einiges spricht.
Allerdings spricht, in anderer Hinsicht, auch einiges dagegen.

Schiller und Goethe selbst haben den Begriff der Klassik nicht   *Literarischer*
verwendet, den Begriff des **Klassischen** hingegen schon.[8] In sei-   *Sansculottismus*
nem Aufsatz *Literarischer Sansculottismus*, der 1795 in Schillers
wichtiger Zeitschrift *Die Horen* (siehe S. 40) erschien, wendet sich
Goethe gegen die Kritik, die deutsche Literatur habe keine „classisch prosaischen Werke" hervorgebracht; diese Position wertet
er, in Anspielung auf die kleinbürgerlich-proletarische Fraktion
der Französischen Revolutionäre, als Sansculottismus, als „unge-
bildete Anmaßung".

Zitat

Wer mit den Worten, deren er sich im Sprechen oder Schreiben
bedient, bestimmte Begriffe zu verbinden für eine unerläßliche
Pflicht hält, wird die Ausdrücke: *classischer Autor, classisches Werk*
höchst selten gebrauchen.[9]

Auch Goethe vertritt die französische Position, die vor allem aber
eine Idealisierung der historischen Situation Griechenlands und
besonders Athens bedeutet; ihr zufolge „entsteht" ein „classischer Nationalautor" nur, „wenn er in der Geschichte seiner
Nation große Begebenheiten und ihre Folgen in einer glücklichen und bedeutenden Einheit vorfindet" und „wenn er seine
Nation auf einem hohen Grade der Cultur findet".[10] Wenn Goethe bedauert, dass die „geographische Lage" die deutsche Nation
„eng zusammenhält, indem ihre politische sie zerstückelt", liegt
er mit den meisten Zeitgenossen auf einer Linie. Sein skep-
tischer Blick auf die Folgen einer nationalen Einheit wurde
hingegen seltener geteilt: „Wir wollen die Umwälzungen nicht
wünschen, die in Deutschland classische Werke vorbereiten
könnten."[11]

Klassik als Epoche Es ist in (deutschsprachigen) Darstellungen der deutschen Literaturgeschichte lange Zeit üblich gewesen, von einer *Epoche* der Klassik zu sprechen, die mit Goethes Reise nach Italien begonnen und mit seinem (oder alternativ: Schillers) Tod geendet habe.[12] Davon abgesehen, dass es ein wenig zweifelhaft ist, die Eckdaten einer Epoche durch Ereignisse im Leben eines ihrer Protagonisten auf den Tag (oder gar auf die Stunde?) genau festlegen zu wollen[13], folgen daraus eine Reihe gewichtiger Probleme: Zum einen gibt es eben teilweise zeitgleich mindestens eine weitere Epoche: die Romantik – „1798-1835"[14] – und auch die Aufklärungsepoche ist genau besehen noch gar nicht zu Ende (jedenfalls wird um 1800 noch erfolgreich Aufklärungsliteratur produziert). Die Frage, wer denn eigentlich in dieser Epoche gewirkt habe, wird dann meist nur im Falle von Goethe und Schiller ohne Bedenken positiv beantwortet, während andere nur zu den Vorbereitern gezählt (Wieland, Herder, Karl Philipp Moritz) bzw. als nicht wirklich dazugehörig gewertet werden (Friedrich Hölderlin, Jean Paul). Eine Epoche, die eigentlich bloß von zwei Autoren bestritten wird und zeitweise parallel zu mindestens einer weiteren verläuft, bringt aber keine rechte Ordnung in die Literaturgeschichte.

Weimarer Klassik Dennoch ist es sehr plausibel, von einem Phänomen zu sprechen, das als ‚Weimarer Klassik' bezeichnet werden kann. Von dem Wirken zweier Autoren an einem Ort in einem engen Zeitraum (von den 1780er Jahren bis ins erste Jahrzehnt des 19. Jahrhunderts oder, wenn das *Zusammen*wirken beider gemeint ist, von 1794 bis 1805) kann aber kaum als von einer Epoche gesprochen werden. Die naheliegende Lösung besteht also darin zu sagen, dass Goethe und Schiller in der romantischen (oder auch klassisch-romantischen) Epoche der deutschen Literatur geschrieben haben, die von den 1780er bis 1830er Jahren andauerte, dass ihr Wirken aber die Weimarer Klassik konstituiert hat, die etwa von der um 1800 ebenfalls wirkenden Jenaer Romantik nicht nur personell, sondern auch konzeptuell abgegrenzt werden kann – und das, obwohl durchaus Gemeinsamkeiten bestehen (siehe S. 47 ff.).

Commercium Schiller hat in seinem Briefen an Goethe zweimal vom gemeinsamen „Commercium" gesprochen.[15] Dieser Begriff bezeichnet tatsächlich recht genau, um was es sich bei der Zusammenarbeit von Goethe und Schiller gehandelt hat: um eine **Freundschaft**, vor allem aber ein **Zweckbündnis**, eine gemeinsame Unternehmung und ein Unternehmen; denn marktstrategische Überlegungen Schillers führen die beiden schließlich zusammen und bleiben auch bis zum Schluss ein bestimmender Faktor. Hier soll ‚Weimarer Klassik' in genau diesem Sinne verstanden werden: als das „Commercium" Goethes und Schillers in Weimar (und Jena, wo Schiller zeitweise wohnte); die Eckdaten sind damit durch den Briefwechsel beider vorgegeben, er beginnt im Juli 1794 und endet mit Schillers Tod im Mai 1805.

Zwar sind die gemeinsame Arbeit und die wechselseitige Kritik beider Autoren für die in dieser Zeit entstehenden Texte höchst wichtig gewesen (am deutlichsten wohl im Falle von Goethes Roman *Wilhelm Meisters Lehrjahre* und Schillers *Wallenstein*-Dramentrilogie); aber man wird doch nicht sagen können, dass beide ihr Schreiben so radikal verändert hätten, dass 1794 eine neue Epoche auch nur in den Werkgeschichten angebrochen wäre. Nicht zuletzt gilt Goethes *Iphigenie auf Tauris*, die schon 1786 in Rom fertiggestellt wurde, nicht zu Unrecht als eines der ‚klassischen' deutschen Dramen schlechthin, und allein deswegen darf sie in einer Darstellung der Weimarer Klassik nicht fehlen. Ähnliches gilt für Goethes *Faust*-Drama, dessen erster Teil zwar unter maßgeblichem Einfluss Schillers, aber erst nach dessen Tod fertiggestellt wurde. Weimarer Klassik ist nicht zuletzt das, was unter der Rubrik ‚Weimarer Klassik' erwartet wird.

Dabei ist aber wichtig, dass ‚Klassik' hier weniger als Begriff, sondern vielmehr als **Eigenname** verstanden wird. Niemand, der den preußischen König Friedrich den Großen nennt, behauptet damit zugleich schon dessen Größe; denn er zitiert diese Behauptung nur und kann sie deswegen beliebig problematisieren, ohne einen anderen Namen vergeben zu müssen. Und genauso kann Goethes und Schillers Wirken als ‚Klassik' *benannt* werden, ohne dass damit klassische Geltung behauptet wird. Sinnvoll ist der Eigenname dennoch: weil sich die Weimarer Klassik in ihrem Selbstverständnis auf die klassische griechische Literatur und Kunst bezogen hat. (Der Name ‚Weimarer Klassizismus' hingegen würde sich kaum anders verstehen lassen denn als Begriff – weil er als Name kaum eingeführt ist; aber längst nicht alle Werke der Klassik sind im klassizistischen Stil gehalten.)

Die literatur- und sozialhistorische Epoche, in der Goethe und Schiller gewirkt haben, die Zeit der **(klassisch-)romantischen Literatur**, wird dadurch zusammengehalten, dass Klassik und Romantik auf fundamentale Änderungen in der bürgerlichen Gesellschaft reagieren, die sich um 1800 mit radikaler Beschleunigung vollziehen (siehe S. 16 ff.). Pointiert lässt sich sagen: Die klassische und die romantische Literatur finden dieselben Rahmenbedingungen – Verbürgerlichung der Gesellschaft, Ökonomisierung der Literatur, Herausbildung der Kunstautonomie, Französische

Um 1800

Revolution, ... – als Probleme vor; ihre ästhetisch-poetischen Lösungsversuche sind fundamental verschieden, oder genauer: sie lassen sich radikal unterscheiden. Besonders die Jenaer Frühromantik antwortet auf die allgemeine Beschleunigung und Unordnung mit Konzepten, die diese Veränderungen produktiv zu machen suchen und auf Öffnung und Dynamisierung setzen; Friedrich Schlegels Formel von der romantischen „progressiven Universalpoesie"[16], von Literatur, die alles umfassen und dabei alle festen Setzungen aufheben will (siehe S. 160), liefert hier das zentrale Stichwort. Dagegen setzen die Weimarer Klassiker in großen Teilen ihres (Zusammen-)Wirkens auf Geschlossenheit und Statik – und berufen sich dabei auf Ideale, die sie der griechischen Kunst abgeschaut haben. Dennoch gibt es wiederum auch, besonders etwa in Goethes *Wilhelm Meisters Lehrjahre*, deutliche Nähen zur Romantik; und während die weitere Entwicklung der Romantik in Richtung einer katholisch-restaurativen Konsolidierung verläuft, trägt Goethes Spätwerk (etwa der Roman *Wilhelm Meisters Wanderjahre*) eine Reihe von Zügen einer (progressiven) Universalpoesie.

Die Literatur, die Goethe und Schiller zeitgleich oder gemeinsam verfassten, zeigt auf eine Weise, die in der deutschen Literaturgeschichte wohl einmalig ist, eine hohe Dichte hochklassiger ästhetischer Lösungsversuche (die freilich kaum je zu bündigen Lösungen führten) für fundamentale Probleme der Moderne. Gerade, wenn sie nicht normativ, als ‚klassisch', gelesen wird, bietet die Literatur der Weimarer Klassik immer noch eine Fülle von interessanten Perspektiven – nicht zuletzt auf die Widersprüche, die für historische Umbrüche charakteristisch sind. Auch in Zeiten, in denen Wünsche nach einem Kanon laut geäußert werden, gehören Goethes und Schillers Werke nicht per se und quasi-naturgesetzlich dazu. Dennoch gibt es immer wieder sehr gute Gründe, die für eine Aufnahme sprechen.

Zusammenfassung

Der Begriff der Deutschen Klassik ist ein ursprünglich politisch motivierter und er bleibt es auch im Lauf der Geschichte. Behauptet wird meist, mit Goethe und Schiller habe die deutsche Literatur den Gipfel erreicht, der durch die klassische griechische Literatur markiert worden ist. Während kaum von einer Epoche der Deutschen Klassik gesprochen werden kann, ist es durchaus sinnvoll, Goethes und Schillers gemeinsames Wirken unter der Rubrik ‚Weimarer Klassik' zusammenzufassen und von der Romantik abzugrenzen – wobei aber Gemeinsamkeiten nicht verdeckt werden dürfen.

Fragen

1. Was spricht dagegen, von einer Epoche der Deutschen Klassik zu sprechen?

2. Was spricht dafür, von der Weimarer Klassik als einzelnem Gegenstand zu sprechen?

2. Basismodul 2: Historische Grundlagen

Basismodul 2 liefert einige grundlegende Informationen zum (sozial-)historischen Hintergrund der Weimarer Klassik. Im ersten Teil wird die gesellschaftliche Realität in Deutschland an der Wende vom 18. zum 19. Jahrhundert beschrieben; darauf folgt eine Darstellung Weimars zur Zeit Goethes und Schillers. Der dritte Teil hat die deutschen Reaktionen auf die Französische Revolution zum Gegenstand.

1. Deutschland um 1800

Duodezstaaten   Dass Deutschland im 18. Jahrhundert keine geeinte Nation gewesen ist, haben viele der Zeitgenossen als einen Mangel wahrgenommen. Immer wieder beklagt wurde die Zersplitterung in so genannte **Duodezstaaten**, also Staaten von der Fläche eines Buchs, dessen Format kleiner ist als das Oktavformat heutiger Taschenbücher. Um 1800 gab es im Heiligen Römischen Reich Deutscher Nation 314 selbständige Territorien. Das führte zwar auch zu Formen von kultureller Vielfalt, weil die vielen Fürsten ihre Hofkultur in unmittelbarer Konkurrenz zueinander förderten. Beispiele bieten etwa der Württembergische Herzog Karl Eugen (1728-1793), in dessen Machtbereich Schiller aufwuchs und der für seine Bauwut und Prunksucht berüchtigt war, aber auch der Großvater des Weimarer Herzogs Karl August. Vor allem aber führte die Zersplitterung dazu, dass die soziale und politische Situation in Deutschland um 1800 von so starken **Ungleichzeitigkeiten** geprägt gewesen ist, dass von *der* Situation eigentlich nicht gesprochen werden kann: weil es das Instrument einer zentralen Steuerung von politischen Prozessen nicht gab.

Und dennoch vollziehen sich um 1800 Entwicklungen, die auf lange Sicht gesehen eine eindeutige Richtung haben und dazu führen, dass die Gesellschaft in Deutschland die Form annimmt, die sie im Wesentlichen heute noch hat: Über die soziale Stellung entscheidet nicht mehr (allein) der Zufall der Geburt, die den Menschen in einen Stand hineinstellt, den er kaum verlassen kann; vielmehr werden gesellschaftliche Aufstiege (und Abstiege) möglich, die ganz wesentlich mit der persönlichen (Aus-)Bildung zu tun haben. Dies liegt nicht daran, dass die Stände durchlässiger würden, sondern dass das Ständemodell überhaupt abgelöst wird.

In der Systemtheorie des Soziologen Niklas Luhmann wird dieser Vorgang als Ablösung einer „stratifikatorischen" Form der Gesellschaft, in der der Herrscher allein an der Spitze einer pyramidenförmig gedachten Anordnung steht, durch „funktionale Ausdifferenzierung" beschrieben. Die sich herausbildende bürgerliche Gesellschaft ist dadurch gekennzeichnet, dass verschiedene „soziale Systeme" (wie Politik, Recht, Wirtschaft, Wissenschaft) miteinander kommunizieren und dass diese jeweils ihre eigenen Funktionsregeln aufstellen und überwachen.[1] Das bedeutet z.B., dass das Kunstsystem selbst darüber entscheidet, was ‚gute' Kunst ist – und dies nach ästhetischen Kriterien, nicht etwa nach moralischen (die ja nicht von der Kunst, sondern von Moralphilosophie und Theologie vorgegeben werden).

Wenige gesellschaftliche Entwicklungen, die sich an der Wende zum 19. Jahrhundert vollziehen, sind absolut neu; vieles hat seine Wurzeln in der Frühen Neuzeit, etwa im 16. Jahrhundert. Eine neue Qualität hingegen hat die Geschwindigkeit, mit der sich die ökonomischen und politischen Wandlungsprozesse vollziehen. Dies bewirkt bei den Zeitgenossen ein völlig neues „Gefühl der Beschleunigung"[2], das durch die Französische Revolution noch einmal gesteigert wird. Sie bedeutete nicht nur einen epochalen Bruch, sondern auch einen radikalen Katalysator laufender kontinuierlicher Prozesse – etwa der Verbürgerlichung der Gesellschaft.

In wirtschaftlicher Hinsicht ist Deutschland im 18. Jahrhundert sehr rückständig. Es ist stark **agrarisch** geprägt: Um 1800 leben noch etwa zwei Drittel der Bevölkerung überwiegend von landwirtschaftlicher Tätigkeit. Die Industrialisierung vollzieht sich, gemessen an England, mit einer Verspätung von einer bis zwei Generationen. Auch diese Entwicklung verläuft durchaus ungleichzeitig. Die Zersplitterung in Kleinstaaten erschwert – z.B. durch Zölle – wirtschaftliche Beziehungen und damit ökonomischen Ausgleich. Hinzu kommt, dass die Auswirkungen des Dreißigjährigen Krieges (1618-1648) auch über 100 Jahre später noch spürbar sind – politisch, demographisch und volkswirtschaftlich.[3]

Wichtig für den wirtschaftlichen Strukturwandel, der sich bis weit ins 19. Jahrhundert hinein vollzieht, ist die Auflösung des mittelalterlichen handwerklichen Zunftwesens und des so genannten ‚ganzen Hauses'. Handwerkslehrlinge wohnen und arbeiten dann nicht mehr mit mehreren Generationen der Familie

Rückständigkeit

ihres Meisters unter einem Dach. Ein wichtiger sozialer Effekt der Entwicklung, die Berufsleben und Familie auseinander treten lässt, ist die Veränderung der Position des Vaters, der sich vom sorgenden Patriarchen zum strafenden Vater wandelt (als der er dann um 1900 in der Psychoanalyse Sigmund Freuds aufgefasst wird).

Bücher und Verlage   Auch der Bereich, in dem Kultur und Wirtschaft am stärksten miteinander verschränkt sind: das Verlagswesen, wandelt sich grundlegend. Während Lesen noch in der Mitte des 18. Jahrhunderts im Wesentlichen eine Beschäftigung von Gelehrten gewesen ist, vergrößert sich das **Lesepublikum** um die Wende zum 19. Jahrhundert, auch verstärkt durch die Französische Revolution, rapide: Mit dem Bewusstsein des Publikums, in einer Zeit radikalen Wandels zu leben, steigt das Informationsbedürfnis; andererseits wächst auch der Wunsch nach Unterhaltung durch (Trivial-)Literatur. Während sich Ersteres auf die Zunahme der Produktion von Journalen, Zeitschriften, Zeitungen auswirkt, betrifft Letzteres besonders die Publikation von Büchern. Sie wird, wie jede massenhafte Verbreitung von (neuen) Medien, von konservativen Zeitgenossen überaus kritisch betrachtet. Es entwickelt sich ein Streit über die Lese- und Romanensucht, die wegen ihrer angeblichen moralisch, wirtschaftlich und politisch schädlichen Auswirkungen verteufelt wird. Wer liest, erhitze seine Einbildungskraft und schwäche seine Arbeitskraft – und er neige zur kritischen Betrachtung der politischen und gesellschaftlichen Zustände.[4] Bildungssituation und Sozialstruktur um 1800 lassen allerdings darauf schließen, dass wohl kaum mehr als 10% der erwachsenen Bevölkerung überhaupt gelesen haben; daher können die „Klagen über eine allgemeine Lesesucht" aber wohl nur als massive Übertreibung oder als „ideologische Fälschung" bezeichnet werden.[5]

Lesen   Die *Nachfrage* nach Literatur erhöht sich auch, weil sich das **Leseverhalten** wandelt: von der intensiven Lektüre zur extensiven, von der wiederholten Lektüre weniger, v.a. religiös-moralischer Bücher zur jeweils einmaligen Lektüre vieler Bücher. Das *Angebot* hingegen erhöht sich auch, weil technische Neuerungen im Buchdruck die Steigerung der Buchproduktion ermöglichen. Dennoch bleiben Bücher zunächst teuere Produkte. Das Publikum reagiert darauf, indem das einzelne Buch (oder Journal) mehreren Lesern zur Verfügung gestellt wird: Die Zahl der Leihbibliotheken und Lesegesellschaften wächst vor allem in den 1790er Jahren rapide.

Zugleich ändert sich die Organisation des **Verlagswesens**; es entstehen kapitalistische Formen. In ideeller Hinsicht ist die Position des Autors durch den ‚Sturm und Drang' und dessen Proklamation des Künstlers als schaffendes Genie gestärkt worden: Dichtung wird um 1800 nicht mehr als Nachahmung beispielhafter vorhergehender Leistungen anderer Autoren verstanden, sondern als Neuschöpfung; der Autor wandelt sich vom Entdecker des Vorhandenen zum Erfinder des Neuen. In wirtschaftlicher Hinsicht wird die Position durch die Entwicklung des Urheberrechts gestärkt, die sich ebenfalls bis ins 19. Jahrhundert hinein vollzieht. Im 18. Jahrhundert wurden noch im Wesentlichen die Verleger unterstützt: durch die fürstlichen Privilegien, die aber letztlich nur die Erstauflage vor Nachdruck am Verlagsort schützten. Im modernen Urheberrecht hingegen werden die wirtschaftlichen Interessen von Verleger *und* Autor geschützt – und dies noch Jahrzehnte über den Tod des Autors hinaus. Erst durch diesen Rechtsschutz wird es möglich, als ‚freier Schriftsteller' von den Tantiemen eines Buchs zu leben.[6]

Zu Zeiten, in denen Bücher noch relativ folgenlos nachgedruckt werden konnten, ohne dass die Autoren am Gewinn beteiligt wurden, bestand für diese ein Ausweg darin, kleinere Formen zu produzieren, die einen Nachdruck nicht lohnten: Zeitschriftenbeiträge etwa. Damit aber machte sich der Schriftsteller in hohem Maße vom Publikumsgeschmack abhängig, so dass der tatsächlich freiere Schriftsteller womöglich derjenige gewesen ist, der Zuwendungen eines Fürsten erhielt – wie Klopstock und schließlich auch Schiller, der als Zeitschriften-Herausgeber ökonomisch weitgehend erfolglos war.

Auch im Bereich des Theaters vollziehen sich um 1800, langsam, jene Entwicklungen, an deren Ende die Situation steht, wie wir sie heute noch vorfinden.[7] Schon früher hatte es praktische Versuche gegeben, das Theater zu einer **bürgerlichen Institution** mit aufklärerisch-moralischer Wirkung zu reformieren: etwa Johann Christoph Gottscheds Allianz mit der Neuberschen Theatertruppe in Leipzig oder Gotthold Ephraim Lessings kurzzeitiges Wirken als Dramaturg am Hamburger Nationaltheater (das seinen Niederschlag in der *Hamburgischen Dramaturgie* gefunden hat). Und dennoch sieht die Wirklichkeit der Theaterlandschaft um 1780 im Wesentlichen noch so aus wie 50 Jahre zuvor. An den fürstlichen Hoftheatern wurden, entsprechend der generellen kulturellen Orientierung am französischen Hof, vor allem französische klassizistische Dramen und italienische Opern gegeben; der Bürger kam dagegen mit einer ganz anderen Form von Theater in Kontakt: mit den Gastspielen der Wanderbühnen, auf denen Versatzstücke etwa aus Shakespeares Dramen in bunter Kom-

Theater

bination mit Volkstheater (z.B. aus der italienischen *commedia dell'arte*) zur Belustigung dargeboten wurden. Einen weiteren praktischen Vorstoß unternahm dann Goethe als Weimarer Theaterintendant, worin er von Schiller tatkräftig unterstützt wurde (siehe S. 147 ff.).

2. Weimar

1775, als Johann Wolfgang Goethe (1749-1832) nach Weimar kam, hatte die Residenzstadt des Herzogtums Sachsen-Weimar-Eisenach etwa 6.000 Einwohner. (Zum Vergleich: Wien zählte 247.000, Berlin 172.000, Köln 50.000 Einwohner.) Das Herzogtum war unter den vielen Kleinstaaten in Deutschland noch einer der kleinsten – mit insgesamt etwa 106.000 Einwohnern. Es war überwiegend agrarisch geprägt. Zwar gab es auch eine nicht unbedeutende Strumpfmanufaktur in Apolda, die etwa eine halbe Million Paar Strümpfe pro Jahr produzierte; aber die befand sich Mitte der 1770er Jahre in wirschaftlichen Schwierigkeiten. Außerdem gab es in Jena eine seit 1558 bestehende Universität, die bald zu einem Zentrum des deutschen Geisteslebens ausgebaut werden sollte.

Herzogin Anna Amalia

Seit 1758 regierte Herzogin Anna Amalia (1739-1807), die Witwe des Herzogs Ernst August II. Konstantin (1737-1758). Sie war

Abb. 2: Weimar. Ansicht von Osten, etwa 1805. Aquarellierter Stich von Joh. Chr. E. Müller nach Georg Melchior Kraus

Abb. 3: Anna Amalia von Sachsen-Weimar-Eisenach. Radierung von A. Weger nach einem Gemälde von Angelica Kauffmann, 1788/89

selbst künstlerisch tätig, dichtete, malte und komponierte – etwa die Musik zu Goethes Singspiel *Erwin und Elmire* (1776). Sie holte eine Reihe von berühmten Musikern an den Hof, an dem von 1708 bis 1717 schon kein geringerer als Johann Sebastian Bach (1685-1750) gewirkt hatte; obendrein veranlasste sie die Erweiterung der Bibliothek, die heute ihren Namen trägt. Als ausgesprochene Liebhaberin des Theaters sorgte sie dafür, dass bereits zu Lebzeiten ihres herzoglichen Gemahls zwei Jahre lang ein Hoftheater existierte. Mehrere Schauspielergesellschaften gaben zudem in den Jahren ab 1767 zum Teil mehrmonatige Gastspiele in Weimar.

In Weimar war man an junger deutscher bürgerlicher Literatur deutlich interessierter als etwa in Berlin, wo man sich stark am adligen Frankreich orientierte. Preußens König Friedrich der Große (1712-1786) hatte für die deutsche Literatur nur offene Verachtung übrig. Schon vor Goethe wurden von Anna Amalia Literaten verpflichtet. Der wichtigste unter ihnen war zweifellos Christoph Martin Wieland (1733-1813), der ab September 1772 für kurze Zeit (bis 1775) als Erzieher des Erbrinzen und späteren Herzogs Karl August (1757-1828) tätig war. Außerdem begründete Wieland in Weimar unter Mithilfe des Unternehmers Friedrich Justin Bertuch (1747-1822), der ebenfalls Schriftsteller war, eine der wichtigsten und erfolgreichsten Zeitschriften der Goethezeit: den *Teutschen Merkur* (1773-1810). Bertuch, der reichste Mann Weimars, verlegte später noch die *Allgemeine Literatur-Zeitung* (1785-1849) und mit dem *Journal des Luxus und der Moden* (1786-1827) Deutschlands erste Modezeitschrift; zudem besaß er eine Fabrik für Kunstblumen, in der Ende der 1780er Jahre Goethes spätere Ehefrau Christiane Vulpius (1765-1816) arbeitete.

Karl August traf Goethe, den schon berühmten Autor des *Götz von Berlichingen* (1773) und der soeben erschienenen *Leiden des jungen Werthers*, im Dezember 1774 und konnte ihn ebenfalls für Weimar gewinnen. Als Goethe am 7. November 1775 dort eintraf, war Karl August seit zwei Monaten regierender Herzog. Goethe reizte wohl nicht nur die Abwechslung von einem gerade beginnenden Arbeitsalltag als Anwalt, sondern vor allem die praktische

Goethe in Weimar

Abb. 4: Karl August von Sachsen-Weimar-Eisenach. Gemälde von Joh. Fr. A. Tischbein, 1795

Wirkungsmöglichkeit einer politischen Tätigkeit. In dieser Hinsicht war der von Anna Amalia begründete Weimarer ‚Musenhof‘ eine gute Wahl, weil das Herzogtum, Stadt und Fürstenhof so überschaubar, die Strukturen entsprechend schlank und die Kommunikationswege kurz waren.

Am 11. Juni 1776 wurde Goethe, als Geheimer Legationsrat, ins **Geheime Consilium**, das höchste herzogliche Beratergremium, aufgenommen – gegen zum Teil starke Widerstände des Weimarer Establishments. Zügig wuchs die Zahl der Aufgabenbereiche (und damit der politische Einfluss) Goethes: Er wurde 1777 Leiter der Bergwerkskommission, die für das Silber- und Kupferbergwerk in Ilmenau zuständig war, der Kriegskommission und der Wegebaukommission (1779), der Finanzverwaltung (1782). Aber erst, dass er am 10. April 1782 vom Kaiser in den Adelsstand erhoben wurde, ermöglichte seinen protokollarisch gleichberechtigten Umgang mit der höfischen Gesellschaft.

Italienische Reise

Den angewachsenen Aufgaben und Verpflichtungen entzog sich Goethe dann im September 1786 durch seinen fluchtartigen Aufbruch nach Italien, von wo er erst am 18. Juni 1788 nach Weimar zurückkehrte. Danach wurde er von vielen amtlichen Aufgaben entlastet; deren Schwerpunkt verschob sich in den kulturellen Bereich. Im März 1789 wurde er Mitglied der Kommission zum Wiederaufbau des 1774 abgebrannten Weimarer Schlosses (der Neubau wurde 1803 fertiggestellt); hinzu kam aber noch die Leitung der Wasserbaukommission. Allerdings war mit Goethe nicht zuletzt ein Dichter verpflichtet worden und er fungierte daher auch als „directeur des plaisirs, Hofpoet, Verfaßer von schönen Festivitäten, Hofopern, Ballets, Redoutenaufzügen, Inscriptionen, Kunstwerken etc.", wie Herder etwas maliziös schrieb.[8]

Die Spaltung des **Theaters** in Deutschland wiederholte sich in Weimar im Kleinen: Mitte der 1770er Jahre gab es zwei Kreise, die zur Unterhaltung Theater spielten: einen adligen, der meist französische Stücke spielte, und einen bürgerlichen, in dem deutsche Lustspiele zur Aufführung kamen. Goethe, der auch hier beratend tätig wurde, sorgte schrittweise für eine Professionalisierung und Qualitätssteigerung. Dann verebbte die Begeisterung etwas, und am 1. Januar 1784 wurde die Schauspieltruppe von Joseph Bellomo (1754-1833) verpflichtet. Ihm wurde im April 1791 gekündigt und Goethe übernahm die Leitung des neuen Hoftheaters. Er behielt sie bis 1817.

Schließlich wurde Goethe auch noch verstärkt zu Beratungen über Personalfragen der Universität Jena hinzugezogen, die – wegen der großen Attraktivität der Neugründungen in Göttingen und Erlangen – erheblich unter Studentenschwund zu leiden hatte: Anfang der 1780er Jahre waren es mit etwa 500 nur halb so viele wie zwei Jahrzehnte zuvor. Die prominenteste Neuberufung unter Einfluss Goethes war wohl diejenige Friedrich Schillers (1759-1805), der im Januar 1789 zum (unbezahlten) außerordentlichen Professor für Geschichte ernannt wurde.

Das adlige Gesellschaftsleben gestaltet sich in Weimar zuweilen geradezu gesellig. Eine Reihe von Gelegenheiten führte meist dieselben Personen zusammen, die über Kunst, Literatur und Musik diskutierten oder sich naturwissenschaftlich informieren ließen. Dazu gehörten etwa Anna Amalias wöchentliche Abendgesellschaft oder die von Goethe initiierte Freitagsgesellschaft. Diese bestand von Sommer 1791 bis Winter 1796/97; 1805 richtete er dann eine Mittwochsgesellschaft ein, die sich bis 1820 wöchentlich traf.

Geselligkeit

Abb. 5: Abendgesellschaft bei Herzogin Anna Amalia. Aquarell von Georg Melchior Kraus, um 1795

Es liegt nahe, dass die in solchem Umfeld entstandenen Ideen eines politischen Fortschritts, wie sie sich etwa in Goethes Revolutionsdramen, aber auch in Schillers Konzept der Ästhetischen Erziehung niederschlugen, auf eine Verbesserung der Zustände durch persönliche **moralische Bildung** der herrschenden Klasse setzten – und nicht etwa auf Umverteilung der Macht. Dennoch: wirklich familiär ist auch die Weimarer Gesellschaft nicht gewesen, sondern hierarchisch absolut undurchlässig. Auch Schiller musste erst geadelt werden (das geschah Ende 1802), damit einer peinlichen Situation ein Ende bereitet wurde: Seine Ehefrau konnte, obwohl adlig geboren, vorher nicht zu allen Anlässen bei Hofe eingeladen werden – im Gegensatz zu ihrer obendrein adlig verheirateten Schwester.

Geheimgesell-
schaften

Ein räselhaftes (und dunkles?) Kapitel der Geschichte des klassischen Weimar bilden die Vorgänge um die **Freimaurer** und vor allem den Geheimbund der **Illuminaten.** Die Freimaurer waren Ende des 18. Jahrhunderts in Deutschland ausgesprochen populär. Sie boten die Möglichkeit, jenseits der Standesgrenzen der absolutistischen Staaten alternative, auf aufklärerisch-empfindsamen Idealen fußende politische Formen nicht nur zu propagieren, sondern im geschlossenen Zirkel auch zu erproben. In Weimar gab es seit 1764 eine Loge namens „Anna Amalia". Zwar stellten die Freimaurer die herrschende Ordnung weder in Frage, noch versuchten sie gar sie umzustürzen, sondern plädierten eher für eine Reform von oben; dennoch traf auch sie eine Stimmung wachsenden Misstrauens und grassierender Verschwörungstheorien. Man fürchtete, „unsere moralische und politische Welt [sei] mit unterirdischen Gängen, Kellern und Kloaken miniert"[9], wie Goethe 1781 formulierte.

Daher ist auch die These nicht leicht von der Hand zu weisen, dass Goethe und Karl August im Februar 1783 dem Illuminatenorden beitraten, um „die Entwicklung von Anfang an ,von innen' zu überwachen".[10] (Der spätere Versuch des Ordens, Schiller zum Beitritt zu bewegen, scheiterte übrigens.) Die Illuminaten verfolgten zunächst ähnliche Ziele wie die Freimaurer. Tatsächlich aber verschob sich ihr Wirken von einer „pragmatischen Anthropologie" im Dienste aufklärerischer Verbesserung des Menschen zu einer manipulativen „Psychotechnik"[11], die der Orden vor allem zur eigenen hierarchischen Organisation einsetzte. 1785 wurde er in Bayern verboten und die geheimen Schriften seines Gründers Adam Weishaupt (1748-1830) wurden veröffentlicht. Dabei wurde dann der Widerspruch zwischen den Zielen Freiheit, Gleichheit, Brüderlichkeit und den Mitteln, Despotismus und Denunziation, offenkundig.

Bis heute bieten die Illuminaten Stoff für (trivial-)literarische Bestseller und absurdeste Verschwörungstheorien: Weishaupt soll später Präsident der USA geworden sein – unter dem Namen George Washington –, und die Illuminaten sollen nicht nur, mit Goethes Wissen, Schiller ermordet, sondern zuvor bereits die Französische Revolution ausgelöst haben.

Die Französische Revolution   3.

Die Französische Revolution von 1789 samt ihrer Folge, dem Napoleonischen Eroberungskrieg, war zweifellos das wichtigste europäische Ereignis des 18. Jahrhunderts. Sie veränderte auch die politische Landkarte Deutschlands nachhaltig: Ein Ergebnis des Wiener Kongresses (1814/15), der die Verhältnisse in Europa nach der Niederlage Napoleon Bonapartes (1769-1821) stabilisierte, war, dass Deutschland nur mehr aus 39 Einzelstaaten bestand. Und auch wenn die Tendenz der sich anschließenden Epoche der Restauration darin bestand, die Verhältnisse der Zeit vor 1792 wieder herzustellen – alle Errungenschaften der Revolution ließen sich nicht zurücknehmen.

Frankreich war für Deutschland im 18. Jahrhundert *das* Leitbild. Dies betraf zunächst vor allem den Adel, der sich in Fragen der Repräsentation und des Geschmacks am Ideal des französischen Königshofs orientierte. Obwohl die bürgerliche ästhetische Diskussion der Zeit um 1770 – bei Lessing und den Autoren des ‚Sturm und Drang' – von einem starken antifranzösischen Impuls getrieben wurde, spielten französische Autoren wie Diderot, Voltaire, Rousseau eine wichtige Rolle in der deutschen Aufklärungsphilosophie. `Leitbild Frankreich`

Auch für Deutschland bedeuteten die Revolution und die von Napoleon durchgesetzten Reformen eine radikale **Verbürgerlichung**. So übernahmen die Staaten des Rheinbundes, dessen Gründung 1806 das faktische Ende des Heiligen Römischen Reichs Deutscher Nation bedeutete, die Napoleonischen Reformen von Wirtschafts- und Finanzwesen, Verwaltung und Schule; der seit 1804 in Frankreich geltende *Code civil* sicherte persönliche Freiheit und Rechtsgleichheit. Gesteigert wurden die soziale **Emanzipation** (etwa auch der Juden), die Politisierung der gebildeten Schichten und weiter Kreise des Volks, aber auch – spätestens ab der Phase der so genannten Befreiungskriege (1813-15) – die „Nationalisierung des kulturellen und des politischen Lebens".[12]

Reaktionen auf die Revolution

Von einer politischen Öffentlichkeit im modernen Sinne kann um 1790 in Deutschland eigentlich nicht gesprochen werden.[13] Die Aufklärung war stärker an moralischen Fragen interessiert als an politischen oder sozialen. Die Französische Revolution führte aber zu einer deutlichen allgemeinen Politisierung. Dabei kann man keineswegs von *der* deutschen Reaktion auf *die* Französische Revolution sprechen; vielmehr wandeln sich die verschiedenen Wahrnehmungen in den politischen Lagern mit der Entwicklung des revolutionären Geschehens selbst. **Drei Phasen** können dabei unterschieden werden[14]: die konstitutionelle Monarchie (bis 1792), die jakobinische Diktatur (1793/94) sowie die bürgerliche Republik (bis 1799). Daran schließt sich Napoleons Siegeszug durch Europa an.

Die erste Phase der Wahrnehmung der Französischen Revolution ist durch eine gewisse wohlwollende Distanz gekennzeichnet, die sich vor allem an der Häufigkeit ablesen lässt, in der über die Revolution mit Metaphern des Theaters gesprochen wird.[15] Wieland etwa erschien sie als „gröste[s] und interessanteste[s] aller Dramen, die jemahls auf dem Weltschauplatze gespielt wurden".[16] In den Zeitschriften, die das Forum zur Diskussion der Ereignisse boten, findet sich aber schon früh ein großes Spektrum von Haltungen; es reicht von deutlicher Reserviertheit bis zu enthusiastischer Parteinahme, etwa bei dem Republikaner Georg Forster (1754-1794). Für viele Autoren stand die Revolution zu Beginn im Zeichen der aufklärerischen Vernunft. Der Publizist und Politiker Friedrich Gentz (1764-1832) wertete sie als „ersten praktischen Triumph der Philosophie": als „erste[s] Beispiel einer Regierungsform, die auf Prinzipien und auf ein zusammenhängendes, konsequentes System gegründet wird".[17] Damit setzte sich die Haltung fort, mit der zu dieser Zeit in Deutschland politische Fragen als moralische behandelt werden.

Unter den deutschen Beobachtern wurde die Revolution oft als eine längst fällige Erneuerung Frankreichs begrüßt. Dabei wurde häufig die Meinung formuliert, dass der aufgeklärte Absolutismus in den deutschen Staaten eine revolutionäre Veränderung eigentlich unnötig mache. (Tatsächlich waren aber etwa die Standesgrenzen zwischen Adel und Bürgertum in Deutschland erheblich undurchlässiger als in Frankreich.[18]) Erst Napoleon setzte dann umgreifende Reformen auch in Deutschland durch.[19]

Während unter den Autoren der Frühromantik einige, wie etwa Wilhelm Heinrich Wackenroder (1773-1798) oder Ludwig Tieck (1773-1853), zunächst begeisterte Anhänger der Revolution gewesen sind, war Goethe von Beginn an mehr als skeptisch – auch wenn er später durchaus die Notwendigkeit der Revolution in Frankreich anerkannt hat.[20] Gewaltsame, plötzliche Veränderungen widersprachen Goethes Vorstellung eines kontinuierlich ablaufenden Natur- und Geschichtsprozesses, wie eine von seinem berühmtem Sekretär Johann Peter Eckermann (1792-1854) berichtete (oder gut erfundene) Äußerung aus dem Jahr 1825 deutlich macht:

Zitat

Ich hasse jeden gewaltsamen Umsturz, weil dabei ebensoviel Gutes vernichtet, als gewonnen wird. Ich hasse die, welche ihn ausführen, wie die, welche dazu Ursache geben [...].
Sie wissen, wie sehr ich mich über jede Verbesserung freue, welche die Zukunft uns etwa in Aussicht stellt. Aber, wie gesagt, jedes Gewaltsame, Sprunghafte ist mir in der Seele zuwider, *denn es ist nicht naturgemäß.*[21]

Mit Schiller und Wieland stimmte Goethe in einer gemäßigten Haltung überein; sie sah eine Stärkung der Bürgerrechte und Reformen des Adels vor[22], lehnte aber eine starke Machtverschiebung zugunsten des einfachen Volks oder gar eine Aufhebung der Stände ab. An sozialen Fragen waren alle drei nicht übermäßig interessiert.[23]

Die so genannten Septembermorde, die vom 2. bis 7. September 1792 zur ‚Gefängnisreinigung' durchgeführt wurden, die Hinrichtung König Ludwigs XVI. (*1754) am 21. Januar 1793 und schließlich die *terreur*, die Diktatur des Wohlfahrtsausschusses unter den Jakobinern um Maximilien de Robespierre (1758-1794), führten bei vielen Autoren zu großer Enttäuschung. Vermehrt wurde nun für evolutionäre Modelle plädiert – oder für revolutionäre Veränderungen der kulturellen Verhältnisse, für eine „ideologische und moralische Revolution", die nebenher auch eine Verbesserung der politischen Situation zur Folge haben sollte.[24]

Hier zeigt sich, dass „Freiheit" in Deutschland nicht dasselbe meinte wie „liberté" in Frankreich, weil das Moment der Freiheit weiterhin nicht als konkrete politische Größe, sondern wie in der Aufklärungsphilosophie als universelle anthropologische verstanden wurde. Dies gilt für Immanuel Kants Denken ebenso wie für Schillers Konzept der Ästhetischen Erziehung. Dass in der deutschen Diskussion der Französischen Revolution die Moral betont und, prototypisch bei Schiller, unter Bezug auf Natur und antike bildende Kunst eine Lösung der Probleme in der **Ästhetik** gesucht

Abb. 6: Die Hinrichtung Ludwigs XVI.

[handschriftliche Notiz: Ästhetik ↓ illusionäre Utopie (Schiller)]

wurde, kann als Flucht in eine illusionäre „Utopie" gedeutet werden, „die von gesellschaftlichen Rahmenbedingungen grundsätzlich absieht".[25] Jedenfalls handelt es sich um eine sehr theoretische und distanzierte Form der Reflexion – der sich auch einige Romantiker anschlossen, sofern bzw. solange sie nicht zu der nationalistischen Fraktion der erbitterten Gegner Napoleons stießen. (Goethe wiederum zeigte sich durchaus fasziniert von Napoleon, der ihm am 2. Oktober 1808 am Rande eines Kongresses in Erfurt eine Audienz gewährte.)

[handschriftliche Notiz: Nationalismus nichts für Weimarer Autoren]

Die Wendung in den **Nationalismus,** die die deutsche Romantik im Zeitalter Napoleons insgesamt kennzeichnet, machen die Autoren der Weimarer Klassik nicht mit. Das bedeutet nicht, dass die Stilisierung der Deutschen zur kulturellen Elite in Europa bei ihnen nicht nachweisbar wäre. Aber nationalistische Töne spielen bei Schiller, verglichen mit dem volltönenden Universalismus der Freiheit, eine sehr geringe Rolle. Dennoch wurde er etwa in den Befreiungskriegen und dann weiter bis zur Reichsgründung 1871 in den Dienst nationalistischer Ideen gestellt: etwa indem die Dramen, die sich als Darstellun-

Abb. 7: Napoleon Bonaparte, um 1800

[handschriftliche Notiz: Nationalismus < Freiheit]

gen heroischen Soldatentums missdeuten lassen – *Wallensteins Lager, Die Jungfrau von Orleans, Wilhelm Tell* –, häufiger aufgeführt wurden als zu anderen Zeiten.[26]

Auch Sachsen-Weimar-Eisenach wurde in die militärischen Auseinandersetzungen verwickelt. Bereits 1792 kämpfte es im Ersten Koalitionskrieg an der Seite Österreichs und Preußens gegen das revolutionäre Frankreich. Goethe nahm, ohne planende Funktion, am Feldzug teil, wovon er in *Campagne in Frankreich* (1822) berichtet.

Weimar und Napoleon

Der 1795 geschlossene Sonderfriede zu Basel bescherte Nord- und Mitteldeutschland und auch Sachsen-Weimar-Eisenach ein Jahrzehnt der Verschonung vom Kriegsgeschehen. Im Vierten Koalitionskrieg dann kämpfte das Herzogtum gegen Napoleon. Nach der verheerenden Niederlage in der Doppelschlacht bei Jena und Auerstedt am 14. Oktober 1806 wurde es von französischen Truppen besetzt und gezwungen, dem von Napoleon kontrollierten Rheinbund beizutreten. Bis zur Niederlage Napoleons in der Völkerschlacht bei Leipzig (16.-19. Oktober 1813), die das Ende des Rheinbundes bedeutete, war Sachsen-Weimar-Eisenach zwangsweise mit Napoleon verbündet und musste auch Truppen für dessen Feldzüge, etwa in Russland, abstellen. Auf dem Wiener Kongress wurde das Herzogtum zum Großherzogtum erhoben.

Abb. 8: Die Völkerschlacht bei Leipzig. Kolorierte Radierung von Chr. G. H. Geißler, 1813

Zusammenfassung

Deutschland ist in den Jahren vor der Französischen Revolution, v.a. gemessen an England, wirtschaftlich und politisch rückständig. Es ist insgesamt gekennzeichnet durch politische Zerrissenheit und Ungleichzeitigkeiten der Entwicklung. War die Französische Revolution zunächst von vielen progressiv Denkenden noch (zurückhaltend) begrüßt worden, vergrößerte sich das Maß der Ablehnung massiv durch die Septembermorde, die Hinrichtung des Königs, die Schreckensherrschaft der Jakobiner.
Das Herzogtum Sachsen-Weimar-Eisenach mit der Kleinstadt Weimar als Zentrum war in vielem ein gewöhnliches Duodezfürstentum – in einer Hinsicht nicht: in kultureller. Dass es zu Recht als eines der geistigen Zentren Deutschlands um 1800 angesehen wird, verdankt sich vor allem dem Wirken der Herzogin Anna Amalia, das von ihrem Sohn Karl August, unter Mitwirkung Goethes, fortgeführt wurde.

Literatur

Bosse, Heinrich: Autorschaft ist Werkherrschaft. Über die Entstehung des Urheberrechts aus dem Geist der Goethezeit. Paderborn u.a.: Schöningh 1981.

Eke, Norbert Otto: Signaturen der Revolution. Frankreich – Deutschland: deutsche Zeitgenossenschaft und deutsches Drama zur Französischen Revolution um 1800. München: Fink 1997.

Fink, Gonthier-Louis: Die Revolution als Herausforderung in Literatur und Publizistik. In: Deutsche Literatur. Eine Sozialgeschichte. Bd. 5. S. 110-129.

Martino, Albert u. Stützel-Prüsener, Marlies: Publikumsschichten, Lesegesellschaften und Leihbibliotheken. In: Deutsche Literatur. Eine Sozialgeschichte. Bd. 5. S. 45-57.

Möller, Horst: Epoche – sozialgeschichtlicher Abriß/Vom aufgeklärten Absolutismus zu den Reformen des 19. Jahrhunderts. In: Deutsche Literatur. Eine Sozialgeschichte. Bd. 5. S. 14-29, S. 30-44.

Oellers, Norbert u. Steegers, Robert: Treffpunkt Weimar. Literatur und Leben zur Zeit Goethes. Mit 56 Abbildungen. Stuttgart: Reclam 1999.

Schenda, Rudolf: Volk ohne Buch. Studien zur Sozialgeschichte der populären Lesestoffe. 1770-1910. Frankfurt a.M.: Klostermann 1970.

Fragen

1. Was kennzeichnet die soziale Situation Deutschlands in der Mitte des 18. Jahrhunderts?

2. Wie sehen Leseverhalten und Verlagswesen um 1800 aus?

3. Welche Rolle spielte Goethe in Weimar?

4. Was ändert sich in Deutschland durch die Französische Revolution bzw. Napoleon?

3. Aufbaumodul 1: Konstellationen

Im ersten Aufbaumodul werden die für die Weimarer Klassik zentralen persönlichen, vor allem aber konzeptionellen Konstellationen skizziert: Herder und Wieland, die beide ebenfalls in Weimar lebten und wirkten, als Vorbereiter und (kritische) Begleiter, Karl Philipp Moritz als wichtiger Gesprächspartner Goethes in der Zeit seines Rom-Aufenthalts, das Verhältnis zwischen Goethe und Schiller selbst, die Gruppierung der ‚Weimarischen Kunstfreunde‘, das spannungsvolle Verhältnis zu den Frühromantikern und schließlich zum zeitgenössischen Publikum.

1. Wegbereiter und -gefährten: Herder und Wieland

Zu den wichtigsten Verbündeten und kritischen Begleitern von Goethes und Schillers „Commercium" der Jahre 1794-1805 gehören neben dem (Sprach-)Philosophen und späteren preußischen Bildungspolitiker Wilhelm von Humboldt (1767-1835) in erster Linie die im engeren Sinne poetischen Autoren Herder und Wieland.

Joh. G. Herder

Den aus dem ostpreußischen Mohrungen stammenden Theologen Johann Gottfried Herder (1744-1803) hatte Goethe im Oktober 1770 während seines Jura-Studiums in Straßburg kennengelernt, wo Herder sich einer Operation am Auge unterzog. In einem halben Jahr intensiven persönlichen Umgangs kreisten die Gespräche um Themen wie Ästhetik, griechische Literatur, das Alte Testament und nicht zuletzt Shakespeare. Goethe hat nie einen Hehl daraus gemacht, dass er Herder wesentliche Anregungen verdankte. Vor allem seinen Blick auf die (deutsche) **Literaturgeschichte** habe Herder, der sich seinerzeit intensiv mit dem Volkslied beschäftigte, radikal verändert: indem er ihm gezeigt habe, „daß die Dichtkunst überhaupt eine Welt- und Völkergabe sei, nicht ein Privat-Erbtheil einiger feinen gebildeten Männer".[1]

Abb. 9: Johann Gottfried Herder. Kreidezeichnung von Anton Graff (?), 1803

Herder hatte großen Einfluss auf die im letzten Drittel des 18. Jahrhunderts stattfindende Aufwertung der **Sinne** gegenüber dem **Verstand** des Menschen. Wie sich schon an der optischen Metapher „Aufklärung" ablesen lässt, ist für die Aufklärungsphilosophie der Gesichtssinn des Menschen der wichtigste gewesen: weil er einen distanzierten Überblick und damit rationale Erkenntnis ermöglicht. Herder hingegen bevorzugt den Tastsinn, weil er ein Gefühl der Nähe erzeugt. Demzufolge versteht Herder Werke der bildenden Kunst in seiner Schrift *Plastik* (1770/78) als ganzheitliche, in sich geschlossene Gestalten, die aus einem Gefühl für Körperliches hervorgegangen sind. Goethe weitet diesen Gedanken auf die Dichtung aus; auch seine später formulierte Überzeugung vom Vorrang der Form gegenüber dem Stoff, die ihn mit Schiller verbindet, dürfte hier ihre Wurzeln haben.[2]

Ein Jahr, nachdem Goethe an den Weimarer Hof gegangen war, am 1. Oktober 1776, trat Herder dort das Amt des Weimarer Generalsuperintendenten, des höchsten protestantischen Geistlichen, an. Es folgt eine Zeit deutlicher Distanziertheit, in der Herder, der stets Schwierigkeiten hatte, seine Pläne zur Kirchen- und Schulreform durchzusetzen, wohl mit einem „gewissen Neid" auf den politisch einflussreichen Jüngeren geschaut hat. In den 1780er Jahren finden dann erneut intensive Gespräche – vor allem über **Morphologie**, also biologische Formenlehre – statt, in denen die „Begriffe Ganzheit und Gestalt" als „Kategorien der Erkenntnis auf die verschiedensten Bereiche der Wirklichkeit angewendet" werden.[3] Jedes einzelne Phänomen erscheint als eine in sich vollendete Gestalt, ist zugleich aber integraler Bestandteil des einen großen Ganzen des Kosmos; in der Anschauung (griech. *theoria*) offenbart sich diese „lebendige Harmonie der Natur"[4] – eine Vorstellung, die Herder wesentlich aus den Schriften des niederländischen Philosophen Baruch de Spinoza (1632-1677) abgeleitet hat.[5] Goethes zentrales Konzept der **Metamorphose**, der Bildung der Gestalten aus einander, ruht auf dem Fundament der Herderschen (Natur-)Geschichtsphilosophie.

Auch Goethes Deutung der **Geschichte** als eines naturhaften Prozesses (wenn auch eines evolutionären und nicht revolutionären) lässt sich auf Herder zurückführen. Herder denkt Geschichte als eine von einem göttlichen Heilsplan gesteuerte Entwicklung von Natur und Kultur, in der auch Revolutionen ihre notwendige Funktion haben, und als eine stetige Aufklärung und Humanisierung des Menschen; andererseits aber vertritt er zugleich einen „erstaunlichen zukunftsträchtigen ‚materialistischen' Ansatz", demzufolge jede Kultur sich aus ihren materiel-

Herder in Weimar

Natur und Kultur

len, natürlichen (etwa klimatischen) Gegebenheiten deuten lässt und deswegen auch nicht höher- oder minderwertiger als andere ist.[6]

Entfremdung

Zur ab 1793 erneut spürbaren Distanz zwischen Herder und Goethe trug wohl auch die unterschiedliche Haltung gegenüber Absolutismus und Revolution bei. Herder vertrat einen entschiedenen Republikanismus, der ihn auch für die Französische Revolution Partei ergreifen ließ (wenn er sich auch von der *terreur* distanzierte). Der Entfernung Goethes von Herder korrespondiert seine wachsende Nähe zu Schiller – und zur Philosophie Immanuel Kants (1724-1804). Herder zählte zu deren erbittertsten Widersachern, während die von Goethe beaufsichtigte Jenaer Universität eine der Hochburgen Kantischer Philosophie war.[7] Herder machte Goethe zudem zum Vorwurf, dass er „dem, was man Talent nennt", die „moralische Existenz" aufopfere[8]; der moralischen Wende Herders (v.a. in den *Briefen zu Beförderung der Humanität*, 1793-97) erteilte Goethe wiederum eine strikte Absage. Dabei sprach er von der „Philisterleyer", der zufolge sich die Künste dem „Sittengesetz [...] unterordnen sollen" – täten sie dies aber, „so wären sie verloren und es wäre besser daß man ihnen gleich einen Mühlstein an den Hals hinge und sie ersäufte, als daß man sie nach und nach ins nützlich-platte absterben ließe".[9] In Goethes Rückblicken, wie in seiner ab 1811 erschienenen Autobiographie *Dichtung und Wahrheit*, stehen neben Zeichen der Verletztheit durch dessen zuweilen schroffe Art aber stets solche des tiefen Respekts gegenüber Herder.

Chr. M. Wieland

Zu der Zeit, als Goethe in Leipzig Jura studierte (1765-68), war Christoph Martin Wieland der berühmteste Schriftsteller Deutschlands. Wieland ist *der* Dichter des deutschen Rokoko als einer heiter-geselligen, stark spielerisch-sinnlichen, dabei aber immer aufklärerisch-vernunftgeleiteten Literaturströmung – „an Frivolität und Kunstfertigkeit den französischen [Dichtern] ebenbürtig".[10] Gerade das Sinnlich-Frivole machte dabei für die Leser natürlich einen großen Reiz aus, rief aber genauso konsequent auch moralische Kritiker auf den Plan.

An der in einem fiktiven arkadischen Griechenland spielenden Verserzählung *Musarion, oder die Philosophie der Grazien* (1768) wird besonders deutlich, dass sich

Abb. 10: Christoph Martin Wieland. Kohlezeichnung von Anton Graff, 1794

Wielands Dichtung keineswegs aufs Rokoko reduzieren lässt: Der Text erzählt vom Sieg der durch Musarion verkörperten (weiblichen) Praxis der Grazie über die zur Dogmatik neigende (männliche) Vernunft in Gestalt ihres Freundes Fanias. Dabei ist bezeichnend und zeittypisch, dass sich eine Lebensperspektive daraus nur außerhalb der Gesellschaft, auf einem Landgut, gewinnen lässt. Wielands Rückbezug auf die literarische Überlieferung – etwa auf die griechische Mythologie – ist höchst ironisch und lässt sich als Ausprägung seiner „konservativen Modernität"[11] lesen: Das ‚ur'-klassische Programm der „**Grazie**", der Anmut, die Musarion verkörpert[12], setzt der tendentiell „sinnentleerten Erfahrung" einer ungeordneten Realität eine kohärente Konstruktion im Medium des literarischen Textes entgegen.[13]

Wieland, der seit 1769 an der Universität Erfurt Philosophie lehrte, wurde 1772 als Prinzenerzieher nach Weimar berufen, was er bis 1775 blieb. Danach erhielt er eine herzogliche Pension, die es ihm ermöglichte, als ‚**freier Schriftsteller**' tätig zu sein, wobei seine Abhängigkeit von Hof und Publikum sich eher wechselseitig relativierten als verstärkten.[14] Seit 1773 gab er mit dem *Teutschen Merkur*, der bis 1810 erschien (ab 1790 unter dem Titel *Der neue teutsche Merkur*), eine der wichtigsten deutschen Zeitschriften der Goethezeit heraus: keine reine Kulturzeitschrift, sondern auch ein Forum für Entwicklungen im Bereich der Politik, Ökonomie und Technik. Mit dem *Merkur* verfügte Wieland nicht zuletzt über eine „etablierte Machtposition in der literarischen Öffentlichkeit"[15], die sich gerade herausbildete.

Der junge Goethe zählte Wieland neben Shakespeare zu seinen literarischen Vorbildern; und tatsächlich zeigt sich, dass Goethe in den 1770er Jahren „immer wieder gerade das weiter[entwickelte], womit Wieland früher experimentiert hatte".[16] Besonders *Musarion* schätzte Goethe sehr – wie er in *Dichtung und Wahrheit* rückblickend feststellt: „Hier war es, wo ich das Antike lebendig und neu wieder zu sehen glaubte. Alles was in Wielands Genie plastisch ist, zeigte sich hier aufs vollkommenste [...]."[17]

Auch bei der Vermittlung von Shakespeares Werken spielte Wieland eine wichtige Rolle: seine Übersetzungen von über 20 Dramen des englischen Dichters brachten diese dem deutschen Publikum nahe und bereiteten die Shakespeare-Begeisterung des ‚Sturm und Drang' vor – und dies, obwohl Wielands zugleich publizierte Kommentare in ihrer kritischen Haltung, wie u.a. Goethe bemängelte, stark vom französischen klassizistischen Ideal beeinflusst sind, gegen das der ‚Sturm und Drang' gerade heftig revoltierte (siehe S. 59 f.).

Wieland in Weimar

Shakespeare-Übersetzungen

Die ironische Pointe der Literaturgeschichte besteht allerdings darin, dass Wieland einen Paradigmenwechsel vorbereiten half, den er einerseits selbst ablehnte und an dessen Revision er später wiederum mitwirken konnte: Als der ‚Sturm und Drang' und mit ihm die Shakespeare-Begeisterung abflauten – nicht zuletzt, weil sich die aggressive Opposition gegen (vermeintliche) regelhafte Starre schwerlich auf Dauer produktiv machen lässt –, spielte Wieland eine entscheidende Rolle bei einer literarhistorischen Neuorientierung, die nicht in jeder Hinsicht rückwärts gewandt ist. Es gelang ihm in der Folge, „Goethe dem Sturm und Drang und dem Einfluß Herders zu entziehen und ihn an der Tradition der europäischen Renaissance neu zu orientieren".[18] Auch auf Schiller wirkte er entsprechend, wie sich an dessen Schriften zur Ästhetik ablesen lässt. Indem er, erfolgreich, „Delikatesse und Feinheit", die er an dessen Produktionen vermisste, einforderte[19], spielte er eine wichtige Rolle in der klassizistischen Wende von Schillers Dramatik. Das Urteil, die deutsche Literatur verdanke Wieland „die Urbanität des Ausdrucks, die Eleganz des Stils, allgemein die ästhetische Bildung in Vers, Prosa und Weltliteratur, den Ausgriff ins Kosmopolitische, die Entprovinzialisierung"[20], ist daher durchaus berechtigt.

Die idealen höfischen Kommunikationsformen der italienischen Renaissance, *grazia* und *sprezzatura*, Anmut und Leichtigkeit, wurden von Wieland, Goethe und Schiller „zur Grazie, zur schönen Seele veredelt und verinnerlicht" und stellen als (verbürgerlichte) höfische Formen die soziale Basis der Klassik dar. Wieland propagierte sie nicht nur in seinen Texten, sondern er verkörperte sie geradezu – und dennoch erreicht er in der Rezeption bis heute nicht „die Exklusivität der Klassik [...], sondern muß wie Herder draußen vor der Tür zum Heiligtum bleiben".[21]

2. Goethes „jüngerer Bruder": Karl Philipp Moritz

Der Ästhetiker, Pädagoge und Experimentalpsychologe Karl Philipp Moritz (1756-1793) ist heute vor allem als Verfasser des stark autobiographischen psychologischen Romans *Anton Reiser* (1785-90) bekannt. Goethe, der ihn im Herbst 1786 in Rom traf, kannte ihn bereits als Autor der 1783 erschienenen *Reisen eines Deutschen in England im Jahr 1782*; an Charlotte von Stein (1742-1827) schrieb er am 24. November 1786: „Moritz ist hier, der die englische Reise schrieb, ein sehr guter, braver Mann mit dem wir viel Freude haben."[22]

Tatsächlich muss man sich die kunsttheoretischen und -prak-   Goethe in Rom
tischen Gespräche zwischen Moritz und der römischen Künstler-
kolonie um Goethe und den Maler Wilhelm Tischbein (1751-1829)
sehr lebhaft und fruchtbar vorstellen. Zudem staunte Goethe über
eine biographische Parallele, die er jedenfalls in einem Brief an
Charlotte von Stein zog. Wie er selbst nämlich die Adressatin habe
auch Moritz „eine Geliebte verlaßen" und sei „ohne Abschied
fortgegangen"[23] (wobei Moritz sich seinerseits, vor allem in seinen
Briefen, als junger Werther inszeniert hatte): „Er ist wie ein jün-
gerer Bruder von mir, von derselben Art, nur da vom Schicksal
verwahrlost und beschädigt, wo ich begünstigt und vorgezogen
bin."[24] Über die Natur dieser Verwahrlosung und Beschädigung
kann man sich deutliche Vorstellungen machen, wenn man den
Anton Reiser liest, der die Geschichte einer durchgehenden Unter-
drückung durch Elternhaus und Gesellschaft sowie der daraus
resultierenden Flucht in die Phantasie, ins Reich der Einbildungskraft erzählt.

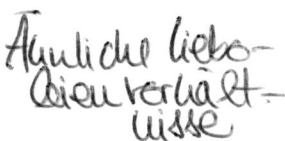

Abb. 11: Goethe und Karl Philipp Moritz. Zeichnung von Wilhelm Tischbein

Kurz nach Goethes Rückkehr trifft auch Moritz in Weimar ein   Moritz in Weimar
und wohnt vom 4. Dezember bis zum 31. Januar 1789 in dessen
Haus. Moritz erweist sich als gern gesehener, allgemein bewun-
derter Gast der Gesellschaft, was von Herder allerdings mit Arg-
wohn beobachtet wird. Dabei wirkt er, der als Verfasser einer
wegweisenden Verslehre (*Versuch einer deutschen Prosodie*, 1786)

schon in Rom bei der Versifizierung der *Iphigenie* beratend tätig war, bei der Vollendung des *Torquato Tasso* mit; und womöglich diente er auch als ein Vorbild für dessen Titelfigur. Nach Berlin zurückgekehrt, wird Moritz, mit Unterstützung durch den Weimarer Herzog Karl August, Professor der Theorie der schönen Künste, später Hofrat und Mitglied der Berliner Akademie der Wissenschaften. Bereits am 26. Juni 1793 stirbt er an einem Lungenleiden.

Üble Nachrede   Im von Friedrich Schlichtegroll herausgegebenen *Nekrolog auf das Jahr 1793* erscheint dann ein Nachruf auf Moritz, der genüsslich die Episode von Moritz' Werther-Selbstinszenierung kolportiert und den *Anton Reiser* als Ausdruck der „Eitelkeit" seines Verfassers liest.[25] Das ist insofern nicht wenig paradox, als der Roman eine ununterbrochene Folge von narzisstischen Kränkungen erzählt. Goethe hingegen habe „einen entscheidenden Einfluss eben sowol auf seine Fortbildung, als auf seine Schicksale" gehabt und „Moritz erkannte die Geistesüberlegenheit seines originellen Freundes unbedingt an, hing mit Entzücken an dessen Munde und machte dessen Philosophie ganz zu der Seinigen".[26]

Diese Einschätzung hat sich lange als Vorurteil gehalten, bis ihr die umgekehrte These, Goethe verdanke seine ästhetische „Philosophie" der italienischen Zeit ganz den Überlegungen Moritz', gegenüber gestellt wurde. Beide Auffassungen sind erheblich zu einfach und verstellen die, bei grundsätzlichen Gemeinsamkeiten, entscheidenden Unterschiede zwischen den beiden ästhetischen Konzeptionen.

Goethe jedenfalls wollte die Abwertung seines verstorbenen römischen Weggefährten nicht unwidersprochen hinnehmen. Schlichtegrolls *Nekrolog* gehört zu den Publikationsorganen, die in den *Xenien*, die 1796 in Schillers *Musen-Almanach für das Jahr 1797* erschienen (siehe S. 52 f.), mit Häme bedacht wurden.

3.   Die Dioskuren: Goethe und Schiller

Goethe und Schiller ließen eine Reihe von Gelegenheiten aus, den prominentesten und produktivsten Freundschaftsbund der deutschen Literaturgeschichte zu schließen. Die allererste Begegnung fand bereits in der **Karlsschule** in Stuttgart statt, einer Kaderschmiede des Württembergischen Herzogs, auf der Schiller zum Mediziner ausgebildet wurde. Im Dezember 1779 besuchten Karl August von Sachsen-Weimar-Eisenach und Goethe die Schule; da war Schiller noch ein Schüler unter vielen.

Als Schiller im Juli 1787 nach Weimar kam, wo er eigentlich　Schiller in Weimar
nur auf der Durchreise nach Hamburg Station machen wollte, war
Goethe gerade in Italien. An seinen besten Freund Christian Gottfried Körner (1756-1831) schrieb er: „Göthens Geist hat alle Menschen, die sich zu seinem Zirkel zählen, gemodelt. Eine stolze
philosophische Verachtung aller Speculation und Untersuchung,
mit einem biß zur Affectation getriebenen Attachement an die
Natur und einer Resignation in seine fünf Sinne, kurz eine gewi-
ße kindliche Einfalt der Vernunft bezeichnet ihn und seine ganze
hiesige Sekte."27 Bereits hier also formuliert sich der später viel
beschworene Gegensatz zwischen Goethes **Realismus** und Schillers **Idealismus**, zwischen Neigung zur Natur und zur Spekulation.

Dass Goethe und Schiller mehrere Gelegenheiten zur Vertie-
fung ihres Verhältnisses ausließen, hat seinen Grund vor allem
in einem Moment der Ungleichzeitigkeit; sie hat bei Goethe lite-
rar- und sozialhistorische Gründe, beim zehn Jahre jüngeren
Schiller ist sie vor allem biographischer Natur. Für Goethe galt
Schiller, dessen *Räuber* 1782, sechs Jahre nach dem Höhepunkt
des ‚Sturm und Drang‘ uraufgeführt worden waren, als Repräsen-
tant einer überlebten Epoche bürgerlicher Literatur, von der er
sich selbst bereits distanziert hatte. Zwar sorgte er neben Charlotte von Stein dafür, dass der Mediziner Schiller im Januar 1789
eine Professur für Geschichte in Jena erhielt, womit eine akademische Karriere begann, die bald aus Gründen schwerer Krankheit wieder enden sollte. Aber der Verdacht liegt nahe, dass Schiller damit in Jena auch auf eine gewisse Distanz gehalten werden
sollte. Schiller hingegen schrieb am 12. September 1788 an Körner
über Goethe: „[...] ich zweifle, ob wir einander je sehr nahe rücken
werden. Vieles was *mir* jezt noch interessant ist, was ich noch zu
wünschen und zu hoffen habe, hat seine Epoche bei ihm durch-
lebt, er ist mir, (an Jahren weniger als an Lebenserfahrungen und
Selbstentwicklung) so weit voraus, daß wir unterwegs nie mehr
zusammen kommen werden [...]."28

Dass Schiller seine Meinung später zunächst vor allem aus　Glückliches
strategischen Erwägungen änderte – um dann allerdings bald　Ereignis
nicht nur ein Arbeitsbündnis, sondern auch eine echte Freundschaft mit Goethe einzugehen –, hat Goethe selbst deutlich gesehen. In seinem 1817 entstandenen Text *Glückliches Ereigniß* bietet
Goethe eine Darstellung dieser Annäherung. Während sie sich ‚in
Wahrheit‘ aber wohl innerhalb einiger Wochen vollzog, wird sie
von Goethe mit Hilfe eines Darstellungsprinzips, das auch *Dichtung und Wahrheit* kennzeichnet, auf „eine einzige eindrucksvolle

Begegnung" verdichtet.[29] Goethe ‚berichtet', wie er und Schiller am 20. Juli 1794 in Jena bei einer Tagung der *Naturforschenden Gesellschaft* zusammengetroffen und danach ein Stück des Heimwegs gemeinsam gegangen seien:

Zitat

Wir gelangten zu seinem Hause, das Gespräch lockte mich hinein; da trug ich die Metamorphose der Pflanzen lebhaft vor, und ließ, mit manchen charakteristischen Federstrichen, eine symbolische Pflanze vor seinen Augen entstehen. Er vernahm und schaute das alles mit großer Theilnahme, mit entschiedener Fassungskraft; als ich aber geendet, schüttelte er den Kopf und sagte: ‚Das ist keine Erfahrung, das ist eine Idee.' Ich stutzte, verdrießlich einigermaßen; denn der Punct der uns trennte, war dadurch auf's strengste bezeichnet.[30]

Interessant an diesem Rückblick ist auch eine gewisse reservierte Distanz Goethes. Obwohl oder weil Goethe sich 1794 in einer Phase gesellschaftlicher Isolation und poetischer Stagnation befand und erheblich von Schillers Impulsen profitiert hat, betont er, wie groß Schillers Interesse an ihm gewesen sei: Schiller habe ihn nicht nur aus „Lebensklugheit", sondern auch „wegen der *Horen*, die er herauszugeben im Begriff stand, mehr anzuziehen als abzustoßen gedacht[]".[31] Das ist in der Sache nicht falsch, denn tatsächlich hatte Schiller wenig zuvor an Goethe einen Brief mit der Einladung zur Mitarbeit an seiner Zeitschrift *Die Horen* geschrieben. Diesen Sammelbrief hatte nahezu jeder bekommen, der seinerzeit Rang und Namen hatte – darunter Kant, Lichtenberg, Klopstock (die sämtlich nicht mitarbeiteten), Herder, Alexander und Wilhelm von Humboldt sowie August Wilhelm Schlegel.

Die Horen   Die nach den Göttinnen der Jahreszeiten benannte Zeitschrift sollte ein strikt anti-politisches Periodikum sein; das Publikum sollte im Zeichen einer (unpolitischen) ästhetischen Erziehung vereint werden. Dass dabei die Französische Revolution ausdrücklich nicht zum Thema gemacht werden sollte, hatte auch ökonomische Gründe: Bei der insgesamt geringen Zahl von potentiellen Lesern wäre es unklug gewesen, eindeutig Position zu beziehen und dadurch Leser mit einer anderen politischen Haltung von vornherein abzustoßen. (Letztlich sollten die *Horen* aber doch am Moment der Parteinahme und den zwangsläufig folgenden wirtschaftlichen Schwierigkeiten scheitern.)

Man kann also tatsächlich von einer „Koalition aus dem Geiste des Widerspruchs zur Revolution" sprechen, die erst möglich geworden war, als auch Schiller, nach den Ereignissen der Jahre 1792/93, sich endgültig von der Revolution abgewandt hatte. Dass diese sich allerdings im Juli 1794, nach dem Sturz Robespierres, gerade in der (vorübergehenden) „Rückkehr zur liberalen Anfangsphase" befand, ist von beiden nicht mehr wahrgenommen worden.[32]

Der berühmte, über tausend Briefe umfassende Briefwechsel zwischen Schiller und Goethe, der wie die Freundschaft erst mit dem Tod Schillers am 9. Mai 1805 endete und den Goethe 1828/29 selbst herausgab, setzt mit Goethes förmlicher Zusage seiner Mitarbeit an den *Horen* ein. Intensiviert wird die Kommunikation durch Schillers so genannten ‚Geburtstagsbrief' vom 23. August 1794, in dem er „in wenigen Strichen ein Gesamtbild von Goethes künstlerischem Habitus" entwirft.[33] Goethe erscheint dort als in die „nordische Schöpfung" geworfener „griechischer Geist", der „gleichsam von innen heraus und auf einem rationalen Wege ein Griechenland [gebärt]"[34], also geradezu als Verkörperung der beginnenden Weimarer Klassik.

Zudem wird Goethe in einer Polarität situiert, die Schiller zeitgleich entwickelt und in seinem ab September 1794 entstehenden, 1795/96 ebenfalls in den *Horen* erscheinenden Text *Ueber naive und sentimentalische Dichtung* ausformuliert. Dieser Text ist in erster Linie ein geschichtsphilosophischer Entwurf, demzufolge die Kultur den Menschen in einem unendlichen Fortgang, „auf dem Wege der Vernunft und der Freyheit, zur Natur zurückführen" soll.[35] Daneben systematisiert er aber auch die Literarhistorie unter dem Gegensatzpaar **naiv** vs. **sentimentalisch** und dient damit beiläufig auch zur Abgrenzung der Dichtung Schillers von derjenigen Goethes. Im Anschluss an die zeitgenössische ästhetische Diskussion bestimmt Schiller „Naivetät" als das Fehlen einer Reflexion über Kunstregeln und -wirkungen und damit als notwendige Bedingung von Genie: „Naiv muß jedes wahre Genie sein, oder es ist keines."[36] Der naiven „Einfalt" als einem Naturzustand ist die sentimentalische Reflexion über dessen Verlust in der Gegenwart entgegengesetzt.

Wie der ‚Geburtstagsbrief' zeigt, muss aber auch dem „Genie" Goethe zugestanden werden, dass es um den Verlust des ursprünglichen Naturzustands weiß; also wird auch er (und nicht nur er, sondern eigentlich jedes Genie) unter sentimentalischen Bedingungen zwangsläufig selbst sentimentalisch – oder kurz und pointiert: „Das Naive ist das Sentimentalische."[37]

Mit Schillers Brief wird der ursprünglich ‚verdrießliche' trennende Punkt – der Gegensatz von „speculativem Geist", der von der „Einheit", und dem „intuitiven, der von der Mannichfaltigkeit ausgeht"[38], zwischen deduktivem Idealismus und induktivem Realismus – zu einer produktiven Dialektik erklärt, für deren Synthese das ‚Genialische' sorgen soll.

Zusammenarbeit Goethes und Schillers

Der **Briefwechsel** bietet, bis zu Schillers Umzug von Jena nach Weimar im Dezember 1799, in dessen Folge sich die Zusammenarbeit weitgehend auf persönliche Gespräche verlagert, einen Werkstattbericht der Weimarer Klassik. Es beginnt mit der Beratung über *Wilhelm Meisters Lehrjahre* und findet weitere Höhepunkte anlässlich von Schillers *Wallenstein*-Trilogie und Goethes Arbeit am *Faust*-Drama. Bestimmend bleiben aber auch weiterhin gemeinsame publizistische Projekte. Während Schiller sich aber an Goethes Zeitschrift *Propyläen* und der von ihm begründeten *Jenaischen Allgemeinen Literatur-Zeitung* kaum beteiligte, spielte Goethe eine wichtige Rolle für beide Periodika, die Schiller Ende der 1790er Jahre herausgab: Neben den *Horen*, in deren erstem Jahrgang z.B. die *Unterhaltungen deutscher Ausgewanderten* erschienen, publizierte er noch in den jährlich erscheinenden *Musen-Almanachen*. Aufschlussreich für die Sozialgeschichte der Literatur um 1800 ist dabei der 1796 erscheinende *Musen-Almanach für das Jahr 1797*, der so genannte „Xenien-Almanach"; für die Literaturgeschichte im engeren Sinne (als einer Geschichte auch formaler Innovationen) interessanter ist der Almanach des Folgejahres, der so genannte „Balladen-Almanach", für den einige der berühmtesten Balladen beider Autoren geschrieben wurden.

Weimarer Hoftheater

Früh wird zudem eine, neben dem wechselseitigen Lektorat und den publizistischen Projekten, dritte Säule des Gemeinschaftsunternehmens Weimarer Klassik installiert: das Theater. Goethe, der seit 1791 Leiter des Weimarer Hoftheaters ist, bittet Schiller bereits im September 1794 um eine Bearbeitung seines *Egmont* (die am 25. April 1796 mit dem berühmten August Wilhelm Iffland in der Titelrolle aufgeführt wird). Die Zusammenarbeit intensiviert sich während der Arbeit an Schillers *Wallenstein*-Trilogie; mit *Wallensteins Lager* wird, am 12. Oktober 1798, das umgebaute Hoftheater feierlich wieder eröffnet.

Schillers Tod und Bestattung

Um Schillers Tod, seine Beerdigung und spätere Umbettung ranken sich eine ganze Reihe von Spekulationen und Legenden. Schon die Berichte über Goethes Reaktion auf die Nachricht von Schillers Tod sind durchaus widersprüchlich. Den einen zufolge soll er wortlos in heiße Tränen ausgebrochen sein[39]; andere wollen wissen, dass er lediglich lapidar gesagt habe: „Nun, so ist denn wieder Einer dahin gegangen."[40] Dass Goethe aber nicht bei Schillers Beerdigung zugegen war, bedeutet gar nichts – schon gar nicht, dass er diesen mit Hilfe des Geheimordens der Illuminaten hat ermorden lassen, wie übelwollende Zeitgenossen und irrsinnige Nachfahren (wie etwa Mathilde Ludendorff, die Frau des Militärs und nationalsozialistischen Politikers Erich Ludendorff) spekulierten. Goethe mied Beerdigungen grundsätzlich, wann immer es ging.

Auch die von heute aus gesehen irritierende Schmucklosigkeit der Grablegung im „Kassengewölbe" auf dem Weimarer Jakobskirchhof war einerseits üblich und entsprach andererseits den Vorstellungen der Witwe Charlotte von Schiller (*1766). Deren späterem Wunsch, dass Schiller auf dem 1818 eingeweihten neuen Friedhof neben ihr bestattet würde, konnte dann nicht mehr entsprochen werden. Charlotte von Schiller starb 1826 in Bonn, wo sie auch begraben wurde.

[handschriftliche Randnotiz: Schiller nicht neben seiner Frau begraben]

Nach einer Reihe von Komplikationen, die unter anderem die Identifikation von **Schillers Schädel** betrafen[41], wurden die Gebeine Schillers im Dezember 1827 in die Gruft der herzoglichen Familie überführt. Am 26. März 1832 folgte der Leichnam des vier Tage zuvor verstorbenen Goethe.

W. K. F. *Weimarer Kunstfreunde* 4.

Die Weimarer Klassik lässt sich als ästhetisches Projekt verstehen, das einer Reihe von Phänomenen der Unordnung, wie etwa den politischen Folgen der Französischen Revolution, eine neue Ordnung entgegensetzen will; sie sollte aus Deutungen der klassischen **griechischen Kunst** gewonnen werden. Besonders deutlich wird dies an der Auseinandersetzung mit der bildenden Kunst, die sich vor allem als Goethes Versuch darstellt, gegen die Unübersichtlichkeit des entstehenden, vom Geschmack des Rezipienten bestimmten Kunstmarkts konsolidierende Maßnahmen zu ergreifen.

[handschriftliche Randnotiz: Frz.-Revolution → neue Ordnung]

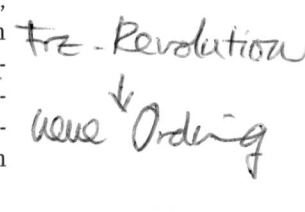

Ausgangspunkt der goetheschen Betrachtungen über Kunst ist die vor allem in Rom gewonnene „Erfahrung, daß wir nicht allein, sondern gemeinschaftlich denken und wirken".[42] Indem Einigkeit über die Beobachtungen hergestellt wird, ergibt sich eine **Harmonie** der Beobachtenden. In Rom war zudem das Ideal verwirklicht,

Abb. 12: Johann Heinrich Meyer, Selbstbildnis (o.J.)

dass die zum Gespräch Versammelten selbst Künstler waren; es gab also eine Rückkopplung zwischen harmonischer Rezeption und harmonisierter Produktion.

Propyläen   In einer sich herausbildenden (literarischen) Öffentlichkeit sind solche harmonischen Übereinstimmungen naturgemäß schwerer zu erreichen. Zwei Strategien sollten einerseits das disparate Publikum in einen virtuellen Kreis von zuhörenden Betrachtern von Kunst verwandeln und andererseits die Produktion von Kunst steuern. Letzteres sollten vor allem „Preisaufgaben" für Künstler erreichen, die von einer Zeitschrift ausgelobt wurden, die beide Strategien bündelte: den *Propyläen*, die Goethe ab Ende 1798 herausgab. Unterstützt wurde er dabei von einem kleinen Kreis Kunstinteressierter, den **„Weimarischen Kunstfreunden"**, kurz „W. K. F.". Zu ihnen zählten neben Goethe und Schiller vor allem der „Kunstmeyer": der Maler Heinrich Meyer (1760-1832), den Goethe im Dezember 1786 in Rom kennengelernt hatte und der für seine Anschauung bildender Kunst eine wesentliche Rolle spielte. Das Projekt erwies sich als Fehlschlag: Die Zeitschrift musste bereits im November 1800 mangels Abonnenten eingestellt werden; auch die Preisaufgaben hatten eher geringen Erfolg.

Die *Propyläen* sollten „Betrachtungen harmonirender Freunde über *Natur* und *Kunst*" enthalten, die „für den bildenden Künstler brauchbar" sein sollten.[43] Ihre ästhetischen Grundprinzipien erhielten sie durch Rückgriff auf die Grundsätze der klassischen Kunst und ihre (vorgeblichen) Merkmale des richtigen Maßes, der „Ordnung" und „Symmetrie", die das Kunstwerk als ein schönes

Ganzes „faßlich" machen.[44] All dies fand Goethe exemplarisch verwirklicht in der berühmten **Laokoon**-Statuengruppe (um 50 v. Chr.). Darin folgte er dem kunsttheoretischen Pionier Johann Joachim Winckelmann (1717-1768); dessen These, das „allgemeine vorzügliche Kennzeichen der griechischen Meisterstücke" sei „eine edle Einfalt, und eine stille Größe, sowohl in der Stellung als im Ausdrucke", gewesen[45], ist geradezu als Motto des Weimarer Klassizismus gelesen worden.

Abb. 13: Die Laokoon-Gruppe

Die *Propyläen* wurden von Heinrich Meyer und Goethe fast allein getragen. Goethes Beiträge bedienen sich zwar romantischer Formen wie des Kunstgesprächs (*Über Wahrheit und Wahrscheinlichkeit der Kunstwerke*) oder des theoretisierenden Erzähltexts (*Der Sammler und die Seinigen*); in ihrer Betonung der rational gesteuerten vergleichenden Betrachtung sind sie aber geradezu antiromantisch, gegen das Moment einer mystischen Versenkung in die Kunst gerichtet.

Das Programm, in „diesen Zeiten allgemeiner Auflösung"[46] Ordnung durch „alleingültige Grundsätze" (wieder-)herstellen zu wollen, kann als geradezu „unzeitgemäß" charakterisiert werden.[47] Allerdings sollte es nicht um eine Rückkehr zu Ausführungsregeln, sondern – analog zur Verschiebung von der Nachahmung der geschaffenen Natur zur Nachahmung der schaffenden Natur – um einen Rückgriff auf strukturelle Merkmale gehen (siehe S. 78). Und doch erwecken Goethes und Meyers Kritiken (sowie nicht wenige der eingesendeten Werke) zuweilen eher den Anschein eines „musealen Akademismus".[48]

Da schon Winckelmann die bildenden Künstler auf die Mythologie, wie sie in den Homerischen Epen erzählt wird, als Sujet hingewiesen hatte und obendrein eine Vielzahl von bildnerischen Umsetzungen von Szenen aus der *Ilias* oder *Odyssee* als gelungene Beispiele überliefert waren, stellten die ‚Kunstfreunde' Goethe und Meyer meist Homerische Themen als Aufgaben. (Dabei war

Preisaufgaben

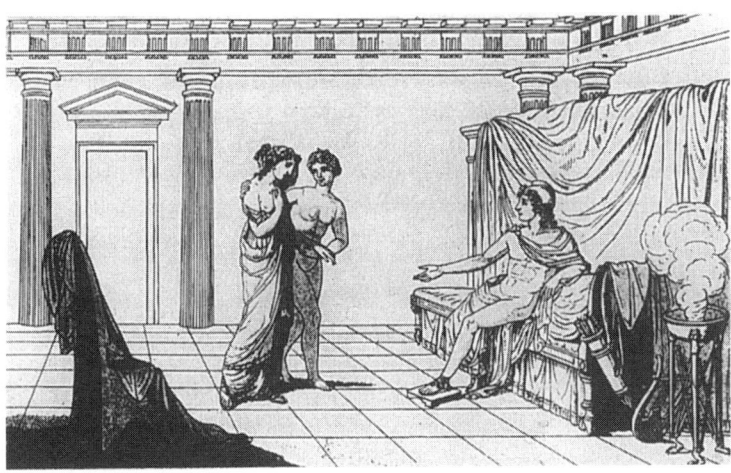

Abb. 14: Weimarer Preisaufgabe 1799: Venus führt Helena dem Paris zu. Zeichnung von Heinrich Kolbe

Abb. 15: Weimarer Preisaufgabe 1805: Prozession bei Sonnenaufgang. Zeichnung von C. D. Friedrich

vor allem Goethe weniger an Mythologie als am Menschen als Naturgegenstand interessiert.) Die Qualität der Ergebnisse schwankte: Während 1799 eine „Handvoll mühsamer Versuche, den Text des Homer pedantisch im Medium der Zeichnung nach-zubuchstabieren"[49], eingingen, waren die Einsendungen des nächsten Jahres überzeugender.

Zwar zeigen aufs Ganze gesehen die kunsthistorisch promi-nenten Namen der Einsender, dass die Preisaufgaben auch als wichtiges Förderinstrument wahrgenommen wurden, mit dem die Tatsache kompensiert werden sollte, dass es in Deutschland im Gegensatz zu Frankreich kein Kunstzentrum gab. Aber die weitere Entwicklung der bildenden Kunst ging über den Ver-such der Etablierung eines malerischen Klassizismus hinweg – in Richtung romantischer Malerei. Dass 1805 der letzte Preis zur Hälfte Caspar David Friedrich (1774-1840) zuerkannt wurde – noch dazu für Zeichnungen, die mit der Aufgabe, die Taten des Herkules darzustellen, nichts zu tun hatten –, macht eine besondere Pointe aus, weil „damit [...] Goethes Programm eines konsequenten Klassizismus in die Förderung des bedeutends-ten Malers der deutschen Romantik [mündete]", ohne dass Goe-the deswegen zum Freund romantischer Kunst geworden wäre.[50]

Klassiker und Romantiker 5.

Die Klassik strikt von der Romantik abzugrenzen, macht ebensoviel oder -wenig Sinn, wie von einer ‚klassisch-romantischen' Epoche zu sprechen (siehe S. 40 f.). Besonders zwischen Goethes Werken der 1790er Jahre und der **Frühromantik** bestehen enge Affinitäten – engere jedenfalls als zwischen der Jenaer Frühromantik um die Schlegels, Novalis, Tieck und der Spätromantik. In der wechselseitigen Abgrenzung der Weimarer und Jenaer Gruppierungen voneinander hat die Unterscheidung zwischen Klassikern und Romantikern aber noch keine Rolle gespielt; Goethe und Schiller erschienen den Brüdern Schlegel etwa eher als Gegensatzpaar.

Die für ‚die' Romantik konstitutive Spannung zwischen „reflexiver Öffnung und restaurativer Schließung"[51] kennzeichnet auch Goethes Werk der Jahre 1794-1805 – obwohl die Abschließungsbewegung jeweils in eine ganz andere Richtung führt. Formelhaft verkürzt lässt sich vielleicht Folgendes sagen: Wie die Brüder Schlegel auch experimentiert Goethe, etwa in *Wilhelm Meisters Lehrjahre*, auf der Basis einer als autonom gedachten Kunst auf eine „reflexive" Weise – also so, dass die Reflexion über die literarischen Möglichkeiten von der Literatur selbst angestellt wird – mit Formen ‚moderner' Literatur; sie sollten im Geiste des von Winckelmann begründeten Griechenland-Bildes gerade nicht den (römischen) Klassizismus Frankreichs fortsetzen. Goethe beendet diese Experimente, indem er den Weg in einen formalen Klassizismus antritt – ganz deutlich im Epos *Hermann und Dorothea*. Der Weg der Frühromantik hingegen führt ins Mittelalter und in den Katholizismus (im Falle des Protestanten Friedrich Schlegel auch in Form der Konversion), in die politische Restauration und den Nationalismus. Goethe allerdings setzt der klassizistischen Schließung schließlich wieder eine erneute reflexive Öffnung entgegen, indem er an das ‚progressive' universelle Moment anknüpft – z.B. mit *Wilhelm Meisters Wanderjahre* oder dem zweiten Teil des *Faust*.

Die Nähe zwischen den poetologischen Positionen Goethes und Friedrich Schlegels (1772-1829) ist schon von beiden selbst bemerkt worden. Dabei setzt Schlegel Goethe geradezu in die Rolle des poetischen Ziehvaters der Frühromantik ein: Nach einer Zeit des Niedergangs der Literatur, die nach Shakespeare als dem letzten Höhepunkt eingesetzt habe, stehe Goethe für einen zu erhoffenden Neubeginn, oder, wie es im so genannten „Studiums-Aufsatz" (1797) heißt: „*Goethens* Poesie ist die Morgenröte echter

Marginalien:
Öffnung vs. Schließung

Friedrich Schlegel

Abb. 16: Friedrich Schlegel. Zeich-   Abb. 17: August Wilhelm Schlegel.
nung von Caroline Rehberg, 1794   Gemälde von Joh. Fr. A. Tischbein,
1793

Kunst und reiner Schönheit."[52] Die eigentliche Wirkung Goethes auf die Jenaer Romantiker um die Brüder Schlegel konzentriert sich auf die Jahre 1795-1800; ab 1806 ist ein deutlicher Bruch in ihrem Verhältnis zu Goethe spürbar, während dessen Verhältnis zu den romantischen Autoren sich ab 1808 deutlich wandelt.[53]

Goethes Einfluss wird etwa in Friedrich Schlegels Konzepten der **Ironie** und des Symbols deutlich. Grundlegende Gemeinsamkeit ist dabei die Auffassung des Kunstwerks „als eines von der Phantasie hervorgebrachten Ganzen".[54] Auch für die Konzeption des romantischen **Romans** als einer Mischform, die die Trennung der literarischen Gattungen, aber auch die Unterscheidung von Poesie und Theorie aufheben soll, spielt Goethe eine wichtige Rolle: *Wilhelm Meisters Lehrjahre* erscheint als Urtyp des Romans, wie ihn Friedrich Schlegel später konzipierte – dies aber fast ausschließlich in formaler Hinsicht (siehe S. 159 f.).

Die Wirkung Schillers hingegen ist besonders auf dem Feld der Tragödie und damit bei Friedrichs älterem Bruder August Wilhelm Schlegel (1767-1845) nachweisbar. Aber auch auf die Geschichtsphilosophie der Schlegels, auf deren Charakterisierung des Verhältnisses zwischen Antike und Moderne (und damit auf die literarische Selbstpositionierung der Frühromantik) hat Schiller wesentlichen Einfluss gehabt.

August Wilhelm Schlegel   August Wilhelm Schlegel war bereits Mitarbeiter von Schillers *Horen* und seinem *Musen-Almanach*, als Goethe Mitte der 1790er Jahre auf den Kritiker und Übersetzer von Dante und Shakespeare aufmerksam wurde und ihn, der bald ein wichtiger Berater in metrischen Fragen wurde, zu fördern begann.[55] Goethes Vermittlung trug ihm eine außerordentliche Professur für Philologie an der Universität in Jena ein, wo er seit Juli 1796 mit seiner Frau Caroline lebte. Sein Haus entwickelte sich schnell zum Zentrum eines geselligen Salons, dem sein Bruder Friedrich, Novalis, später auch Ludwig Tieck und Dorothea Veit angehörten – der Kreis der Jenaer Frühromantiker, zu dem Goethe in enger Verbindung stand.

Goethe schätzte besonders August Wilhelm Schlegel sehr und gewann ihn auch 1803 als Mitarbeiter für die *Jenaische Allgemeine Literatur-Zeitung*, die die nach Halle abgewanderte *Allgemeine Literatur-Zeitung* ersetzen sollte; hingegen war die Beziehung zwischen Schiller und den Schlegels „von Anfang an durch scharfe gegenseitige Vorurteile beeinträchtigt", obwohl sie eine offene Kritik an Schiller meist aus Rücksicht gegenüber Goethe vermieden.[56]

Besonders Friedrich Schlegel entwickelte sich zum entschiedenen Gegner Schillers. Seine satirische Rezension der *Horen* nahm Schiller Ende Mai 1797 zum Anlass für den stellvertretenden radikalen Bruch mit seinem Bruder August Wilhelm, der aber wohl „tiefere konzeptionelle Ursachen" hatte; so hegte auch dieser eine grundsätzliche Abneigung gegen Schiller – seit dessen überaus kritischer Besprechung der Gedichte von Gottfried August Bürger (1791; siehe S. 181 ff.).[57] Darin noch einmal bestärkt wurde A. W. Schlegel lange nach Schillers Tod: durch Goethes Veröffentlichung seines Briefwechsels mit Schiller, angesichts dessen jener sich über die „Erbärmlichkeiten" Schillers gegenüber den Frühromantikern empörte[58] – woraus er nun wiederum das Recht ableitete, nicht immer geschmackssichere Schiller-Parodien in einem *Musenalmanach für 1832* als *Literarische Scherze* zu veröffentlichen:

Schiller und die Romantiker

Zitat

Kennzeichen
Wenn jemand Schoße reimt auf Rose;
Auf Menschen, wünschen; und in Prose
Und Versen *schillert:* Freunde! wißt,
Daß seine Heimat Schwaben ist.[59]

Schiller war es nicht gelungen, Goethe auf seine Seite zu ziehen und dauerhaft gegen die Schlegels aufzubringen. Goethes Verhältnis zu ihnen verschlechterte sich erst nach Schillers Tod, entscheidend verstärkt durch Fr. Schlegels *Vorlesungen der alten und neuen Literatur* (1815 veröffentlicht). Goethes berühmt-berüchtigtes Diktum von 1820 – „Classisch ist das Gesunde, romantisch das Kranke"[60] – bezieht sich allerdings eher auf „allgemeine ästhetische Wertmaßstäbe" als auf Konstellationen oder Autoren.[61] An der romantischen Literatur bemängelte er, was er 1789 unter den Begriff der „Manier" gefasst hatte (siehe S. 76 ff.): ungebändigte Subjektivität, dazu Phantastik und Gestaltlosigkeit. Den entstehenden zweiten Teil des *Faust* stellte Goethe 1827 aber selbst in den Kontext einer erwünschten ‚Versöhnung' des „leidenschaftlichen Zwiespalts zwischen Classikern und Romantikern".[62]

Goethes ebenfalls prominentes Urteil über das „klosterbrudrisirende, sternbaldisirende Unwesen", das auf Wackenroder/ Tiecks *Herzensergießungen eines kunstliebenden Klosterbruders* (1796) sowie auf Tiecks Roman *Franz Sternbalds Wanderungen* (1798) anspielt, bezieht sich auf eine von ihm bemerkte „neukatholische Sentimentalität" und die „Gefahr", die sie für die bildende Kunst darstelle[63] – nicht etwa auf Ludwig Tieck (1773-1853) selbst, über den er 1824 Eckermann gegenüber geäußert haben soll, dass er ihm „herzlich gut" sei und ihn als „Talent von hoher Bedeutung schätze".[64]

Die Ambivalenz des Urteils über die Brüder Schlegel hingegen kommt noch wenige Monate vor seinem Tod zum Ausdruck: Zwar verfügten sie über „schöne Gaben", wollten aber „mehr vorstellen als ihnen von Natur gegönnt war und mehr wirken als sie vermochten; daher haben sie in Kunst und Literatur viel Unheil angerichtet".[65]

6. Das Publikum

Gemessen an der literarischen Qualität der Texte Goethes und Schillers – und besonders an dem Renommee, das ihnen im 19. Jahrhundert zugeschrieben wurde –, fällt auf, wie gering die Resonanz beim zeitgenössischen Publikum gewesen ist. Mit der Jenaer Romantik verbindet die Klassiker dabei, dass sie eine Nähe zum Publikum oder gar Popularität auch gar nicht angestrebt haben. Im Gegenteil: Goethe und Schiller standen meist geradezu in **Opposition** zum Publikum, von dem sie eine geringe Meinung hatten, das sie vor allem als Zielgruppe einer ästhetisch-ethischen Erziehung verstanden – und das wiederum dem Weimarer „Commercium" seinerseits insgesamt recht teilnahmslos gegenüberstand.[66] Wirklich gelesen jedenfalls wurden Unterhaltungsautoren wie der Abenteuer-Romancier August Lafontaine (1758-1831) oder Goethes Schwager Christian August Vulpius (1762-1827), der Autor des berühmten Räuberromans *Rinaldo Rinaldini* (1799). Erfolg auf der Bühne hatten die Erfolgsdramatiker August Wilhelm Iffland (1759-1814) und August von Kotzebue (1761-1819), von dessen insgesamt etwa 230 Dramen der Weimarer Theaterdirektor Goethe selbst fast 90 aufführen ließ.

Auch den *Horen* war kein wirtschaftlicher Erfolg beschieden. *Die Horen* Es sieht so aus, als hätten Goethe und besonders Schiller, der von den Einkünften der Zeitschrift erheblich abhängiger war als der Hofmann Goethe, als Reaktion auf die schnell einbrechenden Verkaufszahlen von aussichtsloser Position aus ihr Heil geradezu in der Kontroverse gesucht; denn schon allzu bald entzündete sich eine heftige publizistische Fehde, die Schiller geschickterweise aber wiederum an einem anderen publizistischen Ort austrug. Ein Grund der Kritik war der Widerspruch zwischen dem Anspruch der *Horen* und ihrer tatsächlichen Qualität, die hinter Schillers volltönenden Ankündigungen, „die Schönheit zur Vermittlerin der Wahrheit zu machen und durch Wahrheit der Schönheit ein daurendes Fundament und eine höhere Würde zu geben"[67], eigentlich nur zurückbleiben konnte. Um die Zeitschrift füllen (und verkaufen) zu können, war Schiller genötigt, auch Mittelmäßiges aufzunehmen (wie etwa das Romanfragment *Herr Lorenz Stark* von Johann Jakob Engel [1741-1802]), das dann zu seinem Ärger beim Publikum größeren Erfolg hatte als Ambitionierteres wie seine Briefe *Ueber die ästhetische Erziehung des Menschen* oder auch Goethes Übersetzung der *Vita* des italienischen Goldschmieds Benvenuto Cellini (1500-1571). Zudem erregten literaturpolitische Maßnahmen wie der Plan, positive Rezensionen der *Horen* in anderen Organen zu lancieren, das Missfallen der literarischen Kritik; und auch der nicht eben leserfreundliche Stil von Schillers theoretischen Texten wurde bemängelt. Hinzu kommt

Abb. 18: Die Xenienritter. 1797 (vorn Herder zwischen Schiller und Nicolai, im Gebüsch Goethe)

noch, dass die Gruppe der Mitarbeiter von Beginn an brüchig war: Fichte und Schiller gerieten bald über ihren philosophischen Stil aneinander und A. W. Schlegel erwies sich als wenig zuverlässiger Verbündeter Schillers.

Xenien   Goethe plädierte dafür, auf die Angriffe nicht im Einzelnen zu reagieren („Wenn man dergleichen Dinge in Bündlein bindet brennen sie besser"[68]) und zugleich die Kampfzone auszuweiten. Er schlug auch die besondere Form dafür vor: „Xenien". Dabei handelt es sich um Distichen (also Verspaare aus einem Hexameter und einem Pentameter), wie sie vom römischen Dichter Martial (um 40-103/104) als mehr oder minder spöttische Beigaben zu Gastgeschenken, die zum Anlass der Saturnalienfeste gemacht wurden, überliefert sind. Insgesamt über 900 dieser oft inhaltlich und zuweilen auch metrisch ungehobelten Spottverse entstanden in wenigen Monaten; 414 von ihnen erschienen in Schillers *Musen-Almanach für das Jahr 1797* (zusammen mit 103 *Tabulae votivae*: eher zahmen Distichen allgemeineren Inhalts). Sie wenden sich gegen unliebsame Kritiker und Befürworter der Revolution (wie Joh. Fr. Reichardt; siehe S. 167), gegen Vertreter konträrer ästhetischer, etwa orthodox-aufklärerischer Positionen (wie Friedrich Nicolai [1733-1811]), gegen Trivialautoren – oder kurz: eigentlich gegen alles und jeden. Anlass konnte bieten, was sich zum bösen (Wort-)Spiel eignete: Nicolais 12-bändige *Beschreibung einer Reise durch Deutschland und die Schweiz* (1783-96) ebenso wie Kotzebues Drama *Menschenhaß und Reue* (1789) – ungeachtet der Tatsache, dass es eines der höherklassigen Werke dieses Vielschreibers ist; und Grund genug boten die Verhältnisse allemal:

Zitat

Nicolai auf Reisen
Schreiben wollt er und leer war der Kopf, da besah er sich Deutschland,
    Leer kam der Kopf zurück, aber das Buch war gefüllt.

Menschenhaß und Reue
Menschenhaß? Nein, davon verspürt' ich beim heutigen Stücke
    Keine Regung, jedoch Reue, die hab ich gefühlt.

Deutscher Nationalcharacter
Zur *Nation* euch zu bilden, ihr hoffet es, Deutsche, vergebens,
    Bildet, ihr könnt es, dafür freyer zu Menschen euch aus.[69]

Die Angegriffenen hielten aber natürlich nicht still, sondern reagierten, meist empört – und zuweilen, indem sie die Weimarer ‚Sudelköche‘ mit deren eigenen Waffen zu schlagen suchten:

Zitat

Goethens Aufruf an Deutschland.
Deutsche, vernehmt es, ihr habt nur *einen* Dichter erzielet.
Dieser Eine bin ich. Drum, wenn ich niese, so klatscht.

Poetische Einbildung.
Weil ihn Goethe besucht, so dünkt er sich Goethe der Zweite.
Schiller der Erste, mein Freund, bist du und bleibst es gewiß![70]

Als literaturpolitische Maßnahme ist das Projekt gründlich gescheitert: Unter den Zeitgenossen verloren die Weimarer Dichter mehr Gefolgsleute, als sie gewannen, und die *Horen* liefen in der Folge noch schlechter (während sich der *Musen-Almanach*, in dem die *Xenien* abgedruckt waren, wohl wegen des Sensationshungers des Publikums, recht gut verkaufte). Über der Tatsache, dass es sich bei dem „Xenienkampf"[71] um eine spannende, teils vergnüglich zu lesende Episode aus der deutschen Pressegeschichte handelt, könnte leicht vergessen werden, dass sich ihm auch viel Grundsätzlicheres ablesen lässt: dass Goethes und Schillers Projekt einer autonomen (National-)Literatur von Publikum und Kritik „bereits in Frage gestellt und untergraben wurde", bevor seine Begrifflichkeit recht formuliert war.[72] Die Erfolgsgeschichte der ‚Deutschen Klassik‘ sollte erst viel später beginnen – freilich um den Preis nicht geringer Verzerrungen.

Zusammenfassung

Herders kulturhistorischer Ansatz spielt für den ‚Sturm und Drang‘ und für Goethes Natur- und Geschichtsdenken eine entscheidende Rolle. Wieland hingegen bereitete die spätere erneute Öffnung Schillers und Goethes für französisch-höfische Einflüsse vor; sie folgte einer Phase der Abstoßung und Orientierung an Shakespeare, für die wiederum Wieland und Herder zentral sind. Während beide in Weimar tätig waren, war Karl Philipp Moritz nur in einer kurzen, wenn auch entscheidenden Phase: während des gemeinsamen Rom-Aufenthalts, ein Weggefährte Goethes.
Goethe und Schiller schmiedeten ihr freundschaftliches Arbeitsbündnis erst 1794, anlässlich der Gründung von Schillers Zeitschrift *Die Horen*. Sie verstehen sich selbst als Gegensatzpaar von Realist und Idealist und setzen sich in Opposition

zu nahezu allen anderen literarischen Autoren und Gruppierungen – und zum Publikum. Das Verhältnis zur Jenaer Frühromantik ist auf beiden Seiten ambivalent, wobei das Verhältnis zu Goethe immer positiver und – im Blick auf die Rolle von *Wilhelm Meisters Lehrjahre* für den romantischen Roman – auch wirkmächtiger gewesen ist. Den Versuch, auf den Geschmack des Publikums klassizistisch-normierend einzuwirken, haben schon Goethe und Schiller selbst als gescheitert ansehen müssen.

Literatur

Arnold, Günter: Herder, Johann Gottfried. In: Goethe-Hb. Bd. 4/1. S. 481-486.

Behler, Ernst: Romantik. In: Goethe-Hb. Bd. 4/2. S. 918-925.

Behler, Ernst: Die Wirkung Goethes und Schillers auf die Brüder Schlegel. In: Unser Commercium. S. 559-583.

Böhler, Michael: Geteilte Autorschaft: Goethe und Schiller. Visionen des Dichtens, Realitäten des Schreibens. In: Goethe-Jahrbuch 112 (1995). S. 167-181.

Boettcher, Ines u. Tausch, Harald: Meyer, Johann Heinrich/Weimarische Kunstfreunde. In: Goethe-Hb. Bd. 4/2. S. 702-706.

Hinderer, Walter: Wielands Beiträge zur deutschen Klassik. In: Deutsche Literatur zur Zeit der Klassik. S. 44-64.

Irmscher, Hans Dietrich: Goethe und Herder im Wechselspiel von Attraktion und Repulsion. In: Goethe-Jahrbuch 106 (1989). S. 22-52.

Jørgensen, Sven-Aage: Ist eine Weimarer Klassik ohne Wieland denkbar? In: Unser Commercium. S. 187-197.

Osterkamp, Ernst: „Aus dem Gesichtspunkt reiner Menschlichkeit". Goethes Preisaufgaben für bildende Künstler 1799-1805. In: Goethe und die Kunst. Hg. v. Sabine Schulze. Ostfildern: Hatje 1994. S. 310-322.

Otto, Regine: Die Auseinandersetzung um Schillers „Horen". In: Debatten und Kontroversen. Literarische Auseinandersetzungen in Deutschland am Ende des 18. Jahrhunderts. Bd. 1. Hg. v. Hans-Dietrich Dahnke und Bernd Leistner. Berlin/Weimar: Aufbau 1989. S. 385-450.

Reed, T. J.: Ecclesia militans: Weimarer Klassik als Opposition. In: Unser Commercium. S. 37-54.

Schrimpf, Hans Joachim: Karl Philipp Moritz. Stuttgart: Metzler 1980.

Schwarzbauer, Franz: Die Xenien. Studien zur Vorgeschichte der Weimarer Klassik. Stuttgart, Weimar: Metzler 1993.

Starnes, Thomas C.: Wieland, Christoph Martin. In: Goethe-Hb. Bd. 4/2. S. 1152-1155.

Fragen

1. Welche Rolle spielten

a) Herder,
b) Wieland,
c) Moritz

für die Herausbildung der Weimarer Klassik?

2. Wie entwickelt sich das Verhältnis Schillers zu Goethe?

3. Wie sieht die Position Friedrich Schlegels gegenüber Goethe bzw. Schiller aus?

4. Wie verhalten sich die Klassiker und das Publikum zueinander?

4. Aufbaumodul 2: Theorie und Poetik

Es werden exemplarisch drei Positionen ‚klassischer' Poetik beschrieben: Karl Philipp Moritz versucht, einen Begriff der Schönheit des Kunstwerks aus dessen In-sich-vollendet-Sein zu entwickeln; Schillers Konzept der Ästhetischen Erziehung reagiert auf die Französische Revolution mit dem Entwurf einer ästhetisch-sozialen Evolution, während Goethes Poetik um den Begriff der Naturwahrheit kreist. Zunächst werden jedoch die historischen Voraussetzungen skizziert, von denen sich diese Positionen absetzen.

1. Aufklärung und bürgerliche Emanzipation

Um 1800 werden in Deutschland nicht nur radikal neue Poetiken formuliert; es verändert sich auch der Begriff von Poetik ganz grundsätzlich. Um 1720, mit dem Aufkommen einer spezifischen Dichtungstheorie der Aufklärung, ist noch völlig selbstverständlich, dass dem Dichter vorgeschrieben werden kann, wie seine Dichtung auszusehen und was sie zu bewirken habe; von beidem kann um 1800 nicht mehr die Rede sein. Das bedeutet nicht, dass keine theoretischen Überlegungen mehr darüber angestellt würden, wie ‚gute' Dichtkunst beschaffen sein soll. Es bedeutet aber, dass aus diesen Überlegungen keine **Regeln** mehr abgeleitet werden – und dass die Kriterien aus den Eigenarten der (literarischen) Kunst selbst entwickelt werden.

Verbürgerlichung   Im 18. Jahrhundert vollzieht sich in Deutschland ein Prozess der Verbürgerlichung der Kunst, die noch wesentlich höfisch-repräsentative Funktion hat. Die wichtigsten (und wirkmächtigsten) Positionen im Denken über das Wesen und die Funktion der Kunst werden nun von bürgerlichen Autoren im Rahmen bürgerlicher Kategorien für ein bürgerliches Publikum formuliert. Für die Dichtung der frühen Aufklärung und noch für diejenige Lessings gilt, dass sie sich daran messen lassen muss, wie groß ihr Beitrag zum Gesamtprojekt der praktischen **Aufklärungsphilosophie** ist – also dazu, das Leben aller Menschen dadurch zu verbessern, dass der einzelne Mensch verbessert wird. Gegen Ende des Jahrhunderts aber wird danach gefragt, was den Wert eines einzelnen Kunstwerks für die Kunst selbst ausmacht. Der Dienst am moralischen Fortschritt der Menschheit wird ersetzt durch einen Beitrag zum Fortschritt der Kunst.

Dass diese Entwicklung, wie so viele, um 1800 eine starke **Beschleunigung** erfährt, hat mehrere Gründe: In globaler Hinsicht ist der Umbau des gesamten Gesellschaftssystem zu einer ‚funktional ausdifferenzierten' Gesellschaft (im Sinne der Luhmannschen Systemtheorie) zu nennen: Wie andere Systeme (Recht, Wirtschaft, Wissenschaft u.a.) auch kann und muss die Kunst ihr Funktionieren nun selbst sicherstellen, d.h. ‚die' Kunst allein entscheidet, was Kunst ist und welche Funktion sie hat. Damit emanzipiert sich die Kunst inhaltlich von anderen Systemen, die ihr zuvor Vorschriften machen, also von ihr eine spezifische Leistung verlangen konnten. Was es nämlich bedeutet, ein besserer Mensch zu sein, hat nicht die Kunst festgelegt, sondern die Moralphilosophie und damit, vor 1800, letztlich die Theologie. Vor allem Letztere aber verliert, innerhalb einer allgemeinen Tendenz der Säkularisierung, der Verweltlichung des Denkens und der Gesellschaft, massiv an Einfluss auf andere Bereiche. Dabei emanzipiert sich dann – ganz deutlich etwa bei Immanuel Kant (1724-1804) – auch die philosophische Theorie der Moral von der Theologie. *(Um 1800)*

Dass Kunst ein **autonomes System** wird, bedeutet aber einerseits nicht, dass sie nur noch betrieben wird, damit sie betrieben wird, und ansonsten nutzlos ist; sondern es bedeutet, dass die Zweckbestimmung der Kunst aus ihr selbst stammt. Autonomie bedeutet andererseits auch nicht Autarkie, also absolute Unabhängigkeit von anderen Systemen. Fast das Gegenteil ist richtig: Denn nun wird es notwendig, die Entscheidungen darüber, ob etwas gute Kunst sei, so zu treffen, dass die Leistung der Kunst auch wahrgenommen – und gekauft – wird. Damit werden die Originalität auf der Seite der Produzenten und der Geschmack auf der Seite der Rezipienten wichtig, und die Kunstkritik verändert sich vom Kunstrichtertum zum Orientierungsinstrument. Denn Kunst wird nur hoch geschätzt und teuer bezahlt, wenn sie etwas Neues zu bieten hat, das aber wiederum auch nicht allzu neu sein darf. Kurz: Kunst muss ‚interessant' sein.[1]

Johann Christoph Gottsched (1700-1766) kann in seinem *Versuch einer Critischen Dichtkunst* (1730) noch die formal-ästhetischen Merkmale eines literarischen Textes den inhaltlichen Forderungen eindeutig unterordnen – und diese werden moralisch bestimmt. Schön ist ein literarischer Text für Gottsched genau dann, wenn er mit philosophisch begründeten, vernünftigen Regeln übereinstimmt; darauf zielt das Adjektiv „critisch". Ein Werk, das

Regelpoetik

den Regeln widerspricht, kann (oder darf) schlechterdings nicht gefallen – und wenn es das doch tut, dann zeigt sich darin eben der noch unterentwickelte Zustand des Geschmacks; denn der hat denselben Regeln zu folgen wie das Werk.[2]

Die zeitgenössische literarische Gattung mit dem höchsten Prestige ist im 18. Jahrhundert die **Tragödie** – nicht zuletzt, weil sich bereits Aristoteles in seiner *Poetik* (um 335 v. Chr.) ausführlich mit ihr beschäftigt hat und seitdem die Kette philosophischer Reflexionen nicht abgerissen ist. Deswegen, und weil sie von den bürgerlichen Autoren als Vehikel für aufklärerische Programme entdeckt wird, gilt ihr der höchste theoretische Aufwand. (Eine erste zusammenhängende Theorie des Romans etwa entwirft erst Friedrich von Blanckenburg mit seinem *Versuch über den Roman* [1774].) Auch Gottsched widmet sich ausführlich der Tragödie. Sie solle einerseits moralische „Wahrheiten lehren" und andererseits „die Zuschauer, durch den Anblick solcher schweren Fälle der Großen dieser Welt, zu ihren eigenen Trübsalen vorbereiten".[3] Zwar beruft Gottsched sich dabei auf Aristoteles und seine *Poetik* – aber zu Unrecht. Vielmehr kollidieren hier zwei Positionen, deren eine („Wahrheiten lehren") typisch frühaufklärerisch ist, während die andere („die Zuschauer [...] zu ihren eigenen Trübsalen vorbereiten") auch für das barocke Trauerspiel Geltung hatte. Die zweite kann als neostoizistisch charakterisiert werden, weil sie die für die spätrömische Philosophie der Stoa wesentliche Tugend der *constantia* (Standhaftigkeit) gegenüber dem Schicksal betont.[4]

Zwar weiß auch Gottsched – wie schon der römische Dichter Horaz (65-8 v. Chr.)[5] –, dass die „Gemüthsbewegungen" des Zuschauers einer Tragödie „weit lebhafter und stärker gerühret werden" als die des Lesers eines Epos[6]; aber daraus leitet sich noch keine Bestimmung einer ästhetischen Eigengesetzlichkeit des Dramas ab. Die „Gemüthsbewegungen" – im Anschluss an Aristoteles bestimmt als „Schrecken und Mitleiden" – sollen „auf eine der Tugend gemäße Weise" erregt werden.[7] Die moralische Funktion bleibt also bestimmend und eine Vermittlung zwischen ihr und den Gemütsbewegungen findet noch nicht statt.

Poetik des Mitleids   Von einer praktischen Wirkungsabsicht der Tragödie rückt auch Gotthold Ephraim Lessing (1729-1781) in seiner *Hamburgischen Dramaturgie* (1767-69) nicht ab. Allerdings erhält hier das Spezifische der Tragödie: die Erregung von **Affekten** durch unmittelbare Anschauung einer Handlung auf der Bühne, ein deutlich höheres Gewicht. Dies ist ein entscheidender Schritt auf dem Weg zur Autonomie der Kunst – aber nicht, weil die Funktion der

Kunst jetzt vollständig von der Kunst selbst bestimmt würde; denn die Bestimmung, dass die Tragödie „Mitleid und Furcht" erregen und in „tugendhafte Fertigkeiten" verwandeln soll[8], hat ja eine wesentliche Voraussetzung: das moralische Urteil, dass Mitleid eine Tugend ist (die ein Gemeinwesen benötigt, um allen Mitgliedern ein gutes Leben zu ermöglichen). Entscheidend ist aber, dass die dramatische Kunst an der Verbesserung des Menschen durch Steigerung seiner Mitleidsfähigkeit auf eine Weise mitwirkt, die genau auf ihre Möglichkeiten und Eigenheiten zugeschnitten ist. Damit werden zwei Momente wichtig, die bei Gottsched noch keine Rolle gespielt haben: der natürliche Ausdruck der Leidenschaften auf der Bühne und die exakte psychologische Motivation von Handlungen und Affekten. Letzteres ist notwendig, weil nur ein lückenloser Zusammenhang des auf der Bühne Dargestellten auf den natürlichen, göttlich geordneten Zusammenhang der Schöpfung verweist. Und weil es Lessing letztlich darum geht, im Drama zu zeigen, dass im Weltganzen „Weisheit und Güte" herrschen[9], handelt es sich nicht um eine autonome Ästhetik, sondern um eine, die als Ganze noch im Dienst der Theologie steht – wenn sie auch, in der Betonung der dargestellten Affekte, den Keim ihrer Emanzipation bereits enthält.

Auf geradezu plakative Affekte setzt die Bewegung des so ge- **Genieästhetik** nannten ‚Sturm und Drang', also die Literatur der jungen Avantgarde der 1770er Jahre. Hier werden vor allem zwei Momente wichtig, die miteinander zusammenhängen: das künstlerische **Genie** des Einzelnen und die Ablehnung der Regeln. Dass es sich dabei vor allem um eine Auflehnung gegen die literarischen ‚Väter' handelt, lässt sich zum einen an den formalen Eigenschaften der Dramen ablesen: etwa an der Vielzahl von Auftritten und Ortswechseln in Goethes *Götz von Berlichingen* (1773), die offenbar weniger dramaturgischen Zwängen folgt als vielmehr dem Ziel, der überkommenen Forderung der so genannten ‚drei Einheiten' von Handlung, Zeit und Ort zuwider zu handeln. Wie viele andere sitzt dabei auch Jakob Michael Reinhold Lenz (1751-1792) in seinem Manifest *Anmerkungen übers Theater* (1774) dem Irrtum auf, diese Regeln (Lenz spricht von der „erschröckliche[n] jämmerlichberühmte[n] Bulle von den drei Einheiten"[10]) stammten von Aristoteles selbst. Vielmehr aber hatten sich die aristotelische Forderung nach einer einheitlichen, geschlossenen Handlung sowie seine Differenzierung, dass das Drama anders als das Epos möglichst innerhalb eines Tagesablaufs spiele (von ‚verbotenen' Ortswechseln ist bei ihm gar nicht die Rede), in der Tragödientheorie der italienischen Renaissance und des französischen

Klassizimsus zu einem Dogma verdichtet. Der anitfranzösischen Haltung, die typisch ist für die bürgerlichen Autoren der Zeit, geht es nicht um historische Gerechtigkeit, sondern vor allem um eine affektorientierte Nähe dramatischer Figuren zur menschlichen Natur. Die hatte schon Lessing gefordert – aber im Dienste aufklärerischer Wirkung und als Effekt von Regeln, die das Genie nicht kennen muss, um sie zu befolgen. Für den ‚Sturm und Drang‘ ist ein Genie hingegen jemand, der seine Regeln selbst setzt. An einer moralischen Belehrung des Publikums sind seine Autoren wenig interessiert.

2. Moritz: Proklamation der Kunstautonomie

In seiner *Kritik der Urteilskraft* (1790) bringt Kant das Wesen der Schönheit vor allem in der Natur auf die paradox klingende Formel der „Zweckmäßigkeit ohne Zweck"[11]: *„Schönheit* ist Form der *Zweckmäßigkeit* eines Gegenstandes, sofern sie *ohne Vorstellung eines Zwecks* an ihm wahrgenommen wird."[12] Dasjenige erscheint als schön, was aus objektiven Gründen eine „subjektive Zweckmäßigkeit der Vorstellungen im Gemüte des Anschauenden" erregt; die innere „Vollkommenheit" eines Gegenstandes ist damit Gegenstand des **Geschmacksurteils** und nicht des Verstandesurteils.[13] So erweckt eine schöne Blume den subjektiven Gefühlseindruck einer Stimmigkeit – ohne dass die Blume zu einem Zweck gut sein müsste oder auch nur dürfte. Die angemessene Rezeption des Schönen fragt nicht nach dem äußeren Zweck und versucht nicht, das Schöne auf den Begriff zu bringen. Dass er um seiner selbst willen als schön betrachtet wird, macht die Autonomie des einzelnen schönen Gegenstands aus. (Die neben dem Schönen zentrale zweite Kategorie der Kantischen Ästhetik, das Erhabene, liefert einen für Schillers Ästhetik und v.a. für seine Tragödientheorie wesentlichen Aspekt; siehe S. 86 ff.)

Karl Philipp Moritz war wenig zuvor in seinem ästhetischen Hauptwerk *Über die bildende Nachahmung des Schönen* (1788) zu Ergebnissen gekommen, die in den Wesensbestimmungen des Kunstwerks denjenigen bei Kant ähnlich sind; zugleich formulieren sie aber eine Funktionsbestimmung der Kunst, die von Kants Positi-

Abb. 19: Karl Philipp Moritz. Gemälde von Friedrich Rehberg

onen deutlich wegführt. Charakteristisch ist dabei vor allem Moritz' „energische Betonung" der Kunstautonomie.[14]

Moritz' Ausgangspunkt ist ein Gedanke, den bereits der Titel eines früheren Textes, der *Versuch einer Vereinigung aller schönen Künste und Wissenschaften unter dem Begriff des in sich selbst Vollendeten* (1785), ankündigt. In sich selbst vollendet ist das Schöne, etwa ein Kunstwerk, weil es nicht durch etwas Äußeres, also etwa einen Zweck, bestimmt wird. Gegenbegriff zur Schönheit ist damit die Nützlichkeit; denn was einen Nutzen hat, ist wesentlich durch ihn bestimmt. Ein Werkzeug wird danach beurteilt, ob es nützlich ist, seinen Zweck erfüllt; wenn es obendrein auch noch schön ist, schadet das nicht, es nützt aber auch nichts. Moritz spricht hier von der Schönheit als einer bloßen „Zierde".[15]

Das in sich selbst Vollendete

An Kant und Moritz (aber auch an Schiller) lässt sich der „Vorgang der semantischen Rangminderung des ‚Nutzens'" in der Poetik ablesen, der sich etwa ab den 1770er Jahren vollzieht; er hat seinen Grund darin, dass die bürgerlichen Autoren ihr Verhältnis zur Gesellschaft grundlegend ändern: vom Dienst an der Gesellschaft zu deren **Kritik**.[16] Sie fragen also nicht mehr danach, wie sie der Gesellschaft nutzen können (was bedeutete, sich der Orientierung am Nutzen unterzuordnen), sondern danach, ob die Kunst die Gesellschaft nicht darauf aufmerksam machen muss, dass es noch etwas jenseits des Nutzens gibt; denn dieser wird, als „große[s] Idol der Zeit, dem alle Kräfte frohnen und alle Talente huldigen sollen"[17], gerade für die Erfahrung einer Entfremdung, die Aufspaltung in eine öffentliche und eine private Existenz, verantwortlich gemacht.

Und noch ein weiteres Moment ist zeittypisch: die Verkopplung von Schönheit und **sittlicher Freiheit**. Moritz vergleicht den schönen Gegenstand mit einer schönen, edlen, d.h. guten Handlung: So wie diese hat auch jenes seinen „innern Werth in sich selber", weil es „auch keines Endzwecks, keiner Absicht, warum es da ist, ausser sich *bedarf*".[18]

Das Kunstwerk hat also, wie der schöne Naturgegenstand, keinen äußeren Zweck, aber es ist dennoch, gewissermaßen zeichenhaft, auf etwas bezogen, das außerhalb seiner selbst liegt – was durchaus im Widerspruch zu seiner behaupteten Vollendung in sich selbst steht. Während das Kunstwerk ein für sich bestehendes Ganzes ist, das auch als Ganzes von den Sinnen wahrgenommen und von der Einbildungskraft „umfaßt" werden kann, gelingt das im Falle der Natur, als des „ganzen Zusammenhangs der Dinge", nicht; deswegen kann sie als Ganze auch nicht ‚schön' genannt werden, sondern nur „von unserm Verstande gedacht werden".[19]

Das große Ganze

(Hier besteht eine Analogie zu Kants Begriff des „Mathematisch-Erhabenen".[20]) Jedes gelungene Kunstwerk spiegelt das Wesen des universalen Naturzusammenhangs wider; es ist „im Kleinen ein Abdruck des höchsten Schönen im grossen Ganzen der Natur".[21] Damit bekommt auch das künstlerische Genie eine Rolle im universellen Zusammenhang aller Dinge zugewiesen: Es soll das „vollendete Schöne" spiegeln. Der Künstler wird so zum Mittler der Natur selbst, die sich in der Spiegelung durch das Genie reflektiert.

Die Kunst wird also letztlich in einem „ontologischen Argument" auf der Tatsache begründet, dass die Welt selbst „ein einziges, riesenhaftes Kunstwerk" sei – eine eher „altmodische" Auffassung.[22] (So versteht sich etwa die frühaufklärerische Naturlyrik als Widerschein der Schönheit, und das heißt inneren Zweckmäßigkeit, der Natur als der Schöpfung Gottes.) Zugleich markiert diese Position aber auch das „Ende der Gegenständlichkeit", denn der „Kultus des Schönen um seiner selbst willen" richtet sich gar nicht auf den konkreten schönen Gegenstand, sondern auf die in ihm gespiegelte Schönheit der ganzen Natur.[23]

Tatkraft Was den Künstler dazu befähigt, das Naturschöne, das als Ganzes ja nicht wahrgenommen werden kann, „bildend" nachzuahmen, ist kein rezeptives, sondern ein produktives Vermögen: seine Tatkraft. Darin kehrt einerseits zwar das Moment der absoluten Subjektivität des Genies aus dem ‚Sturm und Drang' wieder; andererseits ist das Subjektive dennoch durch zwei Momente beschränkt: Zum einen darf der Künstler nicht über die gewünschte Wirkung seines Werks reflektieren (etwa über den Beifall des Publikums), weil das sein Werk scheitern und ihn zum Dilettanten werden ließe; andererseits geht es gar nicht wirklich um den Ausdruck der künstlerischen Subjektivität: weil die Natur das eigentliche Subjekt einer Selbstbespiegelung im Medium der Kunst ist.

„Durch ruhiges Selbstgefühl" geht die eigentlich zerstörende Tatkraft in schaffende Bildungskraft über, und nur die dem Wirken der Bildungskraft „vorhergegangne ruhige Betrachtung der Natur und Kunst, als eines einzigen grossen Ganzen" kann zum „wahren Genuß des Schönen" bilden.[24] Im Durchgang durch ein Stadium der ruhigen Selbstvergewisserung wird also die Tatkraft zur Bildungskraft gebändigt. Hinzu kommt nun noch ein organisches Moment, das seinen Ursprung vielleicht in den Gesprächen hat, die Goethe und Moritz in Rom über **Morphologie** geführt haben: Es darf nämlich nicht nur nicht nach dem Nutzen des Schönen gefragt werden, sondern auch nicht nach einem möglichen Schaden. Der nämlich entstehe nur, wenn Vollkommeneres unter Unvollkommenem leidet, nicht aber wenn das Maß der Vollkommenheit sich erhöht, also wenn das Einfachere im Vollkommeneren aufgeht.

Die höchste Organisationsform des einzelnen Menschen ist die Gattung des Menschen. Ihre Vollendung ist das eigentliche Ziel der Moritzschen Ästhetik. „Und das Individuum muß dulden, wenn die *Gattung* sich erheben soll."[25] Aber die Vollendung der menschlichen Gattung durch das **Leiden** des Einzelnen vollzieht sich nicht physisch und durch direkten Einfluss, sondern indirekt, im Medium der Darstellung. Moritz braucht also eine Vermittlungsinstanz zwischen dem dargestellten Leiden und der Gattung. Dazu benutzt er ein Moment, das seit Beginn der theoretischen Beschäftigung mit der Wirkung von Literatur, und besonders der Tragödie, für diesen Zweck eingesetzt wird, auch wenn sich das, was darunter verstanden wird, historisch immer wieder geändert hat: das **Mitleid**. (Zugleich gerät er damit, dass das Mitleid mit dem Leid des Einzelnen zu einer Erhebung der Gattung führt, in die Nähe Lessings sowie der frühen tragödientheoretischen Schriften Schillers.) Dass er ein Modell der Tragödienwirkung zitiert, deutet Moritz implizit mit der Formulierung an, dass sich der „tragische" Stoff der Dichtkunst „in der Veredlung unsres Wesens durch das Mitleid" auflöse.[26]

In der Darstellung wird die Duldung zur Erscheinung und löst sich damit in das Schöne auf; zugleich wird individuelles Leiden transformiert in Mitleiden. Aber weder, was Mitleid eigentlich ist, noch warum es zur Vollendung der Gattung dient, lässt sich mit Mitteln der Ästhetik formulieren. Dass etwa der „mitleidigste Mensch" der „beste Mensch" sei, weil er „zu allen gesellschaftlichen Tugenden [...] der aufgelegteste" sei, wie es bei Lessing heißt[27], ist eine Behauptung, die ganz außerhalb der Reichweite der Ästhetik liegt.

Bemerkenswert ist auch, dass Moritz das individuelle Leiden nicht als von der Dichtung bloß fiktional vorgestelltes versteht, sondern als tatsächliches. Auf diese Weise geht die Duldung von Leid durch ein Individuum, „wenn sie vorüber ist, durch die Darstellung zugleich in den höchsten Vollendungspunkt des Schönen mit hinüber".[28] Moritz geht es letztlich um eine „ästhetische Theodizee"[29], um eine Rechtfertigung des tatsächlichen Leidens in der Welt – unter der mystisch inspirierten „Idee des Opfers"[30] –, nicht um eine Funktionsbeschreibung *dargestellten* Leidens. Da Zerstörung sich damit als Kehrseite der Bildung des Schönen erweist,

Die menschliche Gattung

treffen beide zuletzt „in eins zusammen".[31] Und klar wird auch, warum die Bildungskraft des einzelnen Künstlers eine Ausprägung seiner Tatkraft ist – weil beide eigentlich am selben Vorgang mitwirken.

Geschichts-philosophie

Dass es in einer geschichtsphilosophischen Perspektive letztlich darum geht, dass die Gattung des Menschen sich vollendet, bedeutet wiederum eine gewisse Nähe zu Schiller. Eine geradezu heilsgeschichtliche Dimension erhält Moritz' Ästhetik dadurch, dass die Vollendung der Gattung sich erst am Ende der Geschichte wirklich vollzieht: indem die Individuen in der Gattung aufgehoben werden, wodurch diese zugleich im Ganzen der Natur aufgeht und selbst das Schöne wird. Innerhalb der Geschichte hingegen sind der Mensch und das Kunstschöne noch unvollkommen, noch nicht-identisch. Das Kunstwerk gibt nur „ein Vorgefühl von jener grossen Harmonie, in welche Bildung und Zerstöhrung einst Hand in Hand, hinüber gehn".[32]

Damit mündet aber das Moritzsche Modell in ein ähnliches Problem wie Schillers Ästhetik später auch. Indem dem Kunstwerk die Funktion zugesprochen wird, Vorschein der Vollendung des Menschen zu sein, formuliert sich doch eine Erwartung, die von außen an das Kunstwerk heran getragen wird. Seine Autonomie ist dann keine ästhetische, sondern eine sittliche; bestimmt wird sie von einem Diskurs über **Freiheit**, nicht über Schönheit. Er kommt durch das Moment des Mitleids ins Spiel. Dass die Frage, was Mitleid eigentlich mit der Vollendung des Menschen zu tun hat, eine außerästhetische Frage ist, zeigt sich zuletzt daran, dass Moritz sie weder stellt noch beantwortet.

3. Schiller: Ästhetische Erziehung

In Schillers ästhetischen Schriften werden einerseits die zentralen Probleme der Ästhetik um 1800 auf grundlegende Weise verhandelt – etwa die Frage, wie eine autonome Funktion der Kunst zu begründen ist, mit der diese nicht in völlige Unverbindlichkeit entlassen wird. Andererseits bietet Schiller in viel höherem Maße als etwa Moritz oder Goethe auch eine recht genaue gesellschaftliche **Zeitdiagnose**. Schließlich hat die Ästhetik Schillers auch eine anthropologische, also auf den Menschen als solchen bezogene Dimension: Der ausgebildete Mediziner Schiller fragt nicht nur allgemein nach dem Zusammenhang zwischen der Kunst und der Natur des Menschen, sondern auch konkret etwa nach **psychologischen Mechanismen**, wie sie im Zuschauer eines tragischen Bühnengeschehens ablaufen.

Die logischen Unklarheiten und argumentativen Schwierigkeiten, die Schillers Ästhetik prägen, sind vor allem Symptome
einer **Umbruchsituation**: In dieser Zeit gerät das Projekt einer
aufklärerischen Verbesserung des Menschen in eine tiefe Krise
– angesichts der schockierenden Erfahrungen von Gewalt und
Unordnung als Folgen der Französischen Revolution sowie der
grundsätzlichen Beschleunigung aller Lebensbereiche. Schiller
hält aber, in der Theorie, daran fest, dass Kunst nicht nur alternative (subjektive) Weltsichten präsentiert (wie eine mögliche Funktionsbestimmung der Kunst in der Moderne sich formulieren
ließe)[33]; Kunst soll vielmehr aktiv daran mitwirken, die Welt zum
Besseren zu verändern. Der optimistische Glaube, Menschen,
Herrscher, Staaten ließen sich dadurch verbessern, dass dem Einzelnen positive Exempel oder abschreckende Fallbeispiele vorgestellt werden, ist aber schon damals endgültig vergangen.

Die Entstehungs- und Publikationsgeschichte von Schillers
umfangreichster theoretischer Schrift, *Ueber die ästhetische Erzie-*
hung des Menschen, ist geradezu paradigmatisch für Schillers Leben und Werk, weil sie durch zwei Faktoren ganz entscheidend
geprägt ist: schwere **Krankheit** und **ökonomische Unsicherheit**.
An Silvester 1790 erkrankt er an der Lunge – so schwer, dass in
der Folgezeit immer wieder das Gerücht aufkommt, der berühmte
Autor sei bereits verstorben. So auch im Mai 1792, als in der Nähe
von Kopenhagen ein Kreis von Schiller-Verehrern darauf reagiert,
indem eine bereits geplante Feier zu Schillers Ehren zur Toten-
feier umgewidmet wird. Nachdem sich der Irrtum aufgeklärt hat,
beschließt Prinz Friedrich Christian von Schleswig-Holstein-Son-
derburg-Augustenburg (1765-1814) im Herbst 1792, Schiller drei
Jahre lang eine Rente zukommen zu lassen, damit der sich scho-
nen und finanziell einigermaßen gesichert literarisch tätig
sein könne.

Der Text *Ueber die ästhetische Erziehung des Menschen*
entsteht dann aus Briefen, die Schiller dem ‚Augustenburger‘ zwischen Februar und Dezember 1793 aus Dank geschrieben hat: Zunächst wollte Schiller nur der Bitte des
Mäzens nachkommen und die ursprünglichen Briefe, die
bei einem Brand des Kopenhagener Stadtschlosses verlo-
rengegangen waren, durch Abschriften seiner eigenen
Abschriften ersetzen. Dabei beschloss er dann aber, eine

Marginalien:
Veränderungen um 1800

Ästhetische Erziehung

Abb. 20: Friedrich von Schiller. Gemälde von Gerhard von Kügelgen,
postum 1808/09

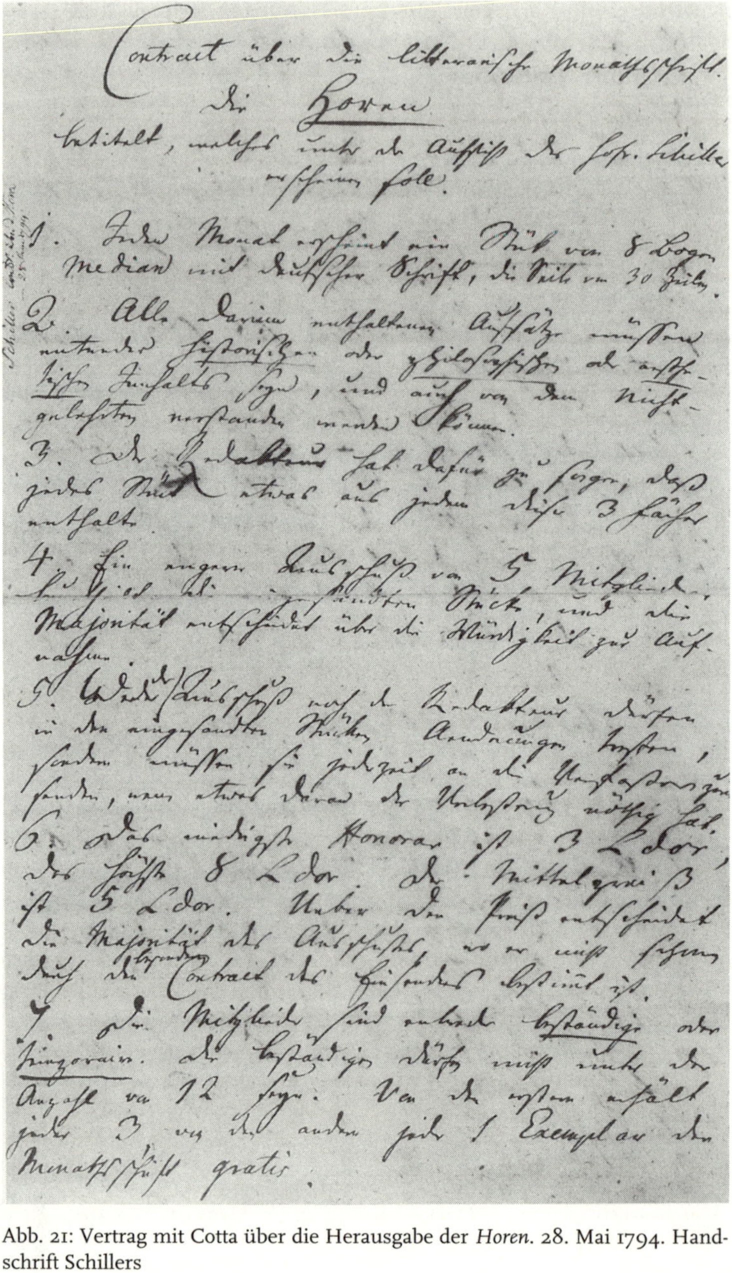
Contract über die litterarische Monatschrift
die Horen
betitelt, welche unter der Aufsicht des Hofr. Schiller
erscheinen soll.

1. Jeden Monat erscheint ein Stück von 8 Bogen Median mit deutscher Schrift, die Seite von 30 Zeilen.

2. Alle darinn enthaltenen Aufsätze müssen entweder historischen oder philosophischen oder aesthetischen Inhalts seyn, und auch von dem Nichtgelehrten verstanden werden können.

3. Der Redakteur hat dafür zu sorgen, daß jedes Stück etwas aus jedem dieser 3 Fächer enthalte.

4. Ein engerer Ausschuß von 5 Mitgliedern beurtheilt die eingesandten Stücke, und die Majorität entscheidet über die Würdigkeit zur Aufnahme.

5. Weder Ausschuß noch Redakteur dürfen in den eingesandten Stücken Abänderungen treffen, sondern müssen sie jederzeit an die Verfasser zurücksenden, wenn etwas daran der Verbesserung nöthig hat.

6. Das niedrigste Honorar ist 3 Ldor, das höchste 8 Ldor, der Mittelpreiß ist 5 Ldor. Ueber den Preiß entscheidet die Majorität des Ausschusses, wo er nicht schon durch den besondern Contract des Einsenders bestimmt ist.

7. Die Mitglieder sind entweder beständige oder Honorairs. Der beständigen Mitglieder muß immer die Anzahl von 12 seyn. Von den ersten erhält jeder 3 von den andern jeder 1 Exemplar der Monatsschrift gratis.

Abb. 21: Vertrag mit Cotta über die Herausgabe der *Horen*. 28. Mai 1794. Handschrift Schillers

„Verbeßerung" vorzunehmen, die schließlich zu einer systematischen Ergänzung zu einem „größern Ganzen" führte.[34]

1795 erschien *Ueber die ästhetische Erziehung des Menschen*, erheblich erweitert, in drei Teilen in Schillers Zeitschrift **Die Horen**. Die Veröffentlichung beginnt im allerersten Stück, was ihr zusätzliches programmatisches Gewicht verleiht. Ein geplantes Buch, das den Entwurf noch weiter hätte systematisieren sollen, kam nicht zustande.

Die *Horen*, Schillers ehrgeizigste Zeitschrift (siehe S. 40 f.), sollten auch Instrument einer (unpolitischen) ästhetischen Erziehung des Publikums sein, also das Programm der Briefe an den ‚Augustenburger' praktisch umsetzen. An ihre Ankündigung, die Französische Revolution nicht zum Thema zu machen, halten sich aber weder Schiller noch Goethe: Goethes *Unterhaltungen deutscher Ausgewanderten* haben die Revolution zum Hintergrund, und in den Briefen *Ueber die ästhetische Erziehung* ist sie ungenannt, aber unverkennbar präsent.

In der Urfassung der Briefe ist der Bezug auf die Revolution noch ganz konkret. Dass er in der *Horen*-Fassung abgemildert ist, erklärt sich zum einen aus den genannten publikationsstrategischen Gründen; zum anderen gewinnt Schillers Diagnose eine größere Reichweite: Die Revolutionskritik erweitert sich zur Kritik der Aufklärung und der Moderne. Im Brief vom 13. Juli 1793 hatte Schiller die Hoffnung, die sich zunächst an die Revolution geknüpft hatte, als den „lieblichen Wahn" charakterisiert, es beginne eine „Epoche [...], wo die Philosophie den moralischen Weltbau übernehmen, und das Licht über die Finsterniß siegen könnte", also eine Zeit, in der die Ideale der Aufklärung in die politisch-moralische Praxis überführt würden. Diese Hoffnung habe, so Schiller, getrogen:

[handschriftliche Randnotiz: HOREN, Goethe]

[Randnotiz: Revolutionskritik]

Zitat

Der Versuch des Französischen Volks, sich in seine heiligen Menschenrechte einzusetzen, und eine politische Freiheit zu erringen, hat bloß das Unvermögen und die Unwürdigkeit desselben an den Tag gebracht, und nicht nur dieses unglückliche Volk, sondern mit ihm auch einen beträchtlichen Theil Europens, und ein ganzes Jahrhundert, in Barbarey und Knechtschaft zurückgeschleudert. Der Moment war der günstigste, aber er fand eine verderbte Generation, die ihn nicht werth war, und weder zu würdigen noch zu benutzen wußte.[35]

Schiller fühlte sich abgestoßen vom Verlauf der Französischen Revolution, von Chaos und enthemmter Gewalt, von den Septembermorden, von der Hinrichtung Ludwigs XVI., aber auch von angeblichen bestialischen Übergriffen bei einem Marsch von Frauen auf das Königsschloss in Versailles (die in den „Weibern", die „zu Hyänen" werden, im „Lied von der Glocke" wiederkehren[36]).

Schiller verwirft den realen Verlauf, aber nicht das **ideale Ziel** der Französischen Revolution. Er hält daran fest, dass die „Philosophie den moralischen Weltbau übernehmen" soll. Dass er es der Kunst zur Aufgabe macht, dieses Ziel in einem unendlichen Fortschritt zu erreichen, ändert aber nichts an der Tatsache, dass jenes sich nur in philosophischen Begriffen beschreiben lässt: Es gibt keinen eigentlich ästhetischen Mehrwert, sondern nur einen praktischen. Der Kunst gelingt es, momentan zu verwirklichen, was die Philosophie nur gültig formulieren kann: Freiheit. Dass es sich aber letztlich doch um ein (moral-)philosophisches und kein eigentlich ästhetisches Projekt handelt, bedeutet allerdings ein Problem für den Status als autonome Kunst.

Schiller schließt aus der konkreten Erfahrung der Französischen Revolution auf die allgemeine Unreife des Menschen, ein eigentlich legitimes Ziel zu erreichen. Damit gewinnt er „aus dem anthropologisch begründeten Scheitern der Politik die Rechtfertigung der Ästhetik".[37] Denn eigentlich gibt es in dieser Zeit drängendere Aufgaben als ästhetische; da aber die Politik ihr Unvermögen zur Lösung politischer Fragen erwiesen habe, müsse nun die Ästhetik deren Aufgaben übernehmen. Mit der Aufgabe, dafür zu sorgen, dass die Idee der **Freiheit** und des „Selbstzwecks" des Menschen zur Grundlage von Politik werde, übernimmt die Kunst einen Zweck der praktischen Philosophie; sie gewinnt aber keinen genuin eigenen. Es handelt sich also nicht um eine Autonomieästhetik im modernen Sinne.[38]

Schillers Zeitkritik wendet sich nicht nur gegen die „niedern und zahlreichern Klassen", modern gesprochen: das Proletariat, dessen „Verwilderung" für das Chaos im Verlauf der Revolution verantwortlich ist; er kritisiert auch die „Erschlaffung" und „Depravation des Charakters" in den „civilisirten Klassen" – also die Korruption des Adels, die eine konkrete Ursache der Revolution gewesen ist.[39] (Darin ist seine Revolutionskritik derjenigen Goethes ähnlich.) Gegen beides wirkt die ästhetische Erziehung: durch Abspannung der Verwilderung bzw. durch Anspannung der Erschlaffung. Hieraus resultiert eine differenzierende doppelte Bestimmung der Schönheit, die allerdings im Verlauf der Argumentation wieder verloren geht: Abspannende Wirkung hat die „schmelzende Schönheit", anspannende die „energische Schönheit"[40], deren Stelle in Schillers Tragödientheorie das Erhabene einnimmt (siehe S. 86 ff.).

Seine Gegenwart charakterisiert Schiller als geprägt von einer umfassenden **Zweckrationalität**, die den Einzelnen „zu einem Abdruck seines Geschäfts, seiner Wissenschaft" stempelt. Indem man das Individuum auf seinen Beitrag zum Funktionieren einer als zunehmend anonymer empfundenen Gesellschaft reduziert, wird es seiner selbst entfremdet: „Ewig nur an ein einzelnes kleines Bruchstück des Ganzen gefesselt, bildet sich der Mensch selbst nur als Bruchstück aus, ewig nur das eintönige Geräusch des Rades, das er umtreibt, im Ohre, entwickelt er nie die Harmonie seines Wesens [...]."[41]

Gegenwartskritik

Dieser mangelhafte Zustand der Gegenwart wird nun mit einem Idealzustand verglichen, wobei es für die Theorie gleichgültig ist, ob er jemals faktisch geherrscht hat oder nur utopische Qualität besitzt.[42] Dass ‚Griechenland' als Chiffre einer herrschenden Harmonie eingesetzt wird, versteht sich weniger als historische Behauptung, sondern vielmehr – im Anschluss an Winckelmann – als ästhetische Setzung. Ziel der Ästhetik muss es nach Schiller sein, die harmonische Totalität des Menschen, den Einklang von „Sinnen" und „Geist", von materieller und ideeller Existenz (wieder) herzustellen.

Schiller geht es dabei um die individuelle und die kollektive **Entfremdung**, um die Defizite der Gesellschaft wie des Lebens des Einzelnen. Um beide als zusammenhängend zu beschreiben, benötigt er eine Begründung der gesellschaftlichen Entwicklung im Menschen selbst, eine anthropologische Fundierung der Kultur. Sie findet er in der Idee des „Antagonism der Kräfte" als „Instrument der Kultur". In einer Konstruktion, die an das Modell der Polarität zu Beginn von Goethes *Faust* erinnert, heißt es: „die mannichfaltigen Anlagen im Menschen zu entwickeln, war kein anderes Mittel, als sie einander entgegen zu setzen".[43]

In der Argumentation des zehnten Briefs, mit dem die zweite Folge der *Horen*-Fassung einsetzt, vollzieht sich eine „Wende".[44] Es geht Schiller nun nicht mehr um Folgerungen aus dem tatsächlichen historischen Zustand des Menschen und der Gesellschaft, sondern um die transzendentalen, also erfahrungsunabhängigen Bedingungen der Möglichkeit, das Schöne wahrzunehmen; ja mehr noch: Schiller will zeigen, dass die „Schönheit [...] eine nothwendige Bedingung der Menschheit", des Menschseins selbst, ist.[45]

Zwei antagonistische, im Widerstreit stehende Triebe, „Stofftrieb" und „Formtrieb", bestimmen den Menschen; sie gehen von

Stoff- vs. Formtrieb

dessen sinnlicher bzw. vernünftiger Natur aus. Der Stofftrieb unterwirft den Menschen den Beschränkungen der materiellen Existenz (wie etwa der Vergänglichkeit); der Formtrieb richtet sich hingegen auf die Sittlichkeit. Beide stehen in einem spannungsvollen Verhältnis zueinander; ihr harmonischer Ausgleich ist die Aufgabe der vermittelnden Instanz des „Spieltriebs". Als „ebenfalls anthropologische Konstruktion" zielt er auf die „Veränderung der Individuen durch Schönheit" ab; durch seine Tätigkeit sollen die Menschen letztlich zu einem Zusammenleben in Freiheit fähig werden.[46] ‚Aufgeweckt' wird der Spieltrieb vom Kunstwerk, bei dessen Anblick der Mensch eine „vollständige Anschauung seiner Menschheit" erhält.[47] Im Kunstwerk wird aktuell zur Anschauung gebracht, was Ziel eines geschichtsphilosophischen Prozesses (der Erziehung) ist: die Wiedergewinnung eines ‚ursprünglichen' menschlichen Idealzustandes. Indem der Spieltrieb die physische bzw. moralische „Nöthigung" von Stoff- und Formtrieb verbindet, hebt er das Moment der Nötigung auf und setzt „den Menschen, sowohl physisch als moralisch, in Freyheit".[48]

Spieltrieb — Die Herrschaft des Spieltriebs lässt den Menschen erst im emphatischen Sinne Mensch sein: Das Spiel macht den Menschen „vollständig", indem es, vorübergehend, das Ideal des Menschen verwirklicht und ihn die „Idee seiner Menschheit" erfahren lässt[49] – oder in einer berühmten Formel: „der Mensch spielt nur, wo er in voller Bedeutung des Worts Mensch ist, und *er ist nur da ganz Mensch, wo er spielt*".[50]

Weil es den Menschen im ästhetischen Spiel seine Entfremdung überwinden lässt, ist das Kunstwerk „Symbol seiner [des Menschen] *ausgeführten Bestimmung*" und dient der „Darstellung des Unendlichen".[51] Ähnlich wie in Moritz' Konzept der Bildenden Nachahmung bezeichnet Schillers Konzept des Schönen keine Eigenschaft von Gegenständen, „sondern vielmehr eine spezifische Qualität der Wahrnehmung", ein „ästhetisches Weltverhältnis".[52] Die Wahrnehmung eines schönen Gegenstandes versetzt den Rezipienten in einen „ästhetischen Zustand", der einen „mittleren Zustand", eine Balance zwischen „Sinnlichkeit und Vernunft", also einen harmonischen Ausgleich von Stoff(trieb) und Form(trieb), bedeutet.[53]

Ästhetischer Staat — Diese transzendental-anthropologische Konstruktion muss aber wieder an die Ausgangsfrage, wie das legitime Ziel der Revolution durch angemessene Mittel, nämlich eine ästhetische Erziehung, erreicht werden kann, zurück gebunden werden. Den Staat, wie er mit all seinen Mängeln in Geschichte und Gegenwart anzutreffen ist, nennt Schiller „Naturstaat" – und dies nicht, weil er ein natürlicher Zustand wäre, sondern weil in ihm „Natur durch Natur bezähmt"[54], Gewalt durch Gewalt eingedämmt wird: Die egoistische, gewalttätige Natur des Menschen wird durch unmittelbare Zwangsmaßnahmen in Zaum gehalten. Und was passiere, wenn diese mangelhafte Ordnung beseitigt wird, ohne dass eine vernünftige an ihre Stelle tritt, habe der Verlauf der Revolution gezeigt.

Dieser Naturstaat hat zwar keine Gültigkeit für die Vernunft, aber für den „physischen und wirklichen Menschen"[55]: Der konkrete Mensch braucht einen Staat; deswegen darf der tatsächliche Staat nicht für ein mögliches Ideal aufs Spiel gesetzt werden.[56] Das „lebendige Uhrwerk des Staats muß gebessert werden, indem es schlägt". Diese Besserung ist Aufgabe der ästhetischen Erziehung; sie bahnt den „Uebergang" „von der Herrschaft bloßer Kräfte zu der Herrschaft der Gesetze", vom Naturstaat zum Staat, in dem *vernünftige* Gesetze herrschen.[57] Schiller plädiert also, wie Goethe, für Evolution statt Revolution.[58]

Der Staat, der als das Gegenteil des Naturstaats und als Ziel der evolutionären Entwicklung gedacht ist, kann, obwohl Schiller selbst das nicht tut, mit guten Gründen als „**Vernunftstaat**" bezeichnet werden.[59] Schiller selbst spricht nur vom „ästhetischen Staat", und es ist die Frage wie sich dieser und der Vernunftstaat zueinander verhalten; denn Schillers Begrifflichkeit ist – nicht nur in diesem Punkt – alles andere als klar und eindeutig: Einerseits ist es plausibel, den ästhetischen Staat als eine „Vermittlungskategorie"[60] zu deuten – analog zum ästhetischen Zustand, der zwischen Sinnlichkeit und Moral vermittelt. Die Charakterisierung des ästhetischen Staats spricht aber andererseits auch nicht dagegen, dass er selbst das Ziel der Entwicklung ist: In ihm herrscht eine an Vorstellungen der Empfindsamkeit erinnernde harmonische Eintracht, weil die „schöne Mittheilung [...] die Gesellschaft" vereinigt.[61] Ein Vorbild hat dies wohl im relativ beschaulichen Hofleben in Weimar.[62] Zugleich zeigt sich, dass es sich bei dem „ästhetischen Staate", in dem jeder ein „freier Bürger" ist, „der mit dem edelsten gleiche Rechte hat"[63], um einen „Staat des schönen Scheins", also der Repräsentation handelt: um einen geselligen Zirkel, der sich „an den Umgangsformen der ‚guten Gesellschaft' orientiert". Dass in ihm der Bürger zum Adligen erhoben wird, bedeutet eine deutliche Ähnlichkeit mit dem Modell in Goethes *Wilhelm Meisters Lehrjahre*.[64] Es handelt sich also um einen Entwurf, der höchstens in der „Subkultur einer Elite" realisierbar ist – und der die entfremdete Gesellschaft voraussetzt, von der die Elite sich abgrenzt.[65]

Vernunftstaat

An der praktischen Realisierbarkeit solcher Sozialutopien sind jedenfalls nicht zu Unrecht massive Zweifel geäußert worden; letztlich handelt es sich um einen „anthropologischen Entwurf ohne Realitätsgehalt".[66] (Damit erteilt Schiller zugleich solchen konkreten politischen Projekten, die in der Wahl ihrer Mittel keine Skrupel kennen – wie demjenigen der Illuminaten, dem auch der Mäzen und Empfänger der ursprünglichen Briefe anhing –, eine entschiedene Absage.[67])

Herrschaft der Vernunft Auch wenn der ästhetische Zustand ein Zustand der Vermittlung zwischen Sinnlichkeit und Sittlichkeit ist und Schillers Konzeption stark vom Moment des Ausgleichs geleitet ist: die Synthese zwischen Sinnlichkeit und Sittlichkeit, zwischen Stoff und Form ist – wie auch das Konzept des Erhabenen – asymmetrisch. Wie die Leistung des Künstlers darin besteht, „daß er den Stoff durch die Form vertilgt"[68], ‚vertilgt' auch die Vernunft (Form) das sinnliche Moment (Stoff) der Ästhetik; sie wird von der Ethik überschrieben, indem sie deren Aufgabe übernimmt. Deswegen ist auch wohl der ästhetische Staat selbst der Vernunftstaat, denn der ästhetische Zustand ist vom schlechthin ethischen Zustand der Freiheit nur durch ein Moment unterschieden: Ihm fehlt die Dauer, weil er nur vorübergehend, in der Rezeption des Schönen erreicht wird. Durch die Institutionalisierung im ästhetischen Staat wird er zum dauerhaften Zustand. Daher bereitet die Herrschaft des Ästhetischen im ästhetischen Staat die Herrschaft von Vernunft und Freiheit im Vernunftstaat nicht bloß vor, sondern verwirklicht sie bereits. Was den Prozess der Erziehung betrifft, gilt Schillers Satz, man müsse „durch das ästhetische den Weg nehmen [...], weil es die Schönheit ist, durch welche man zu der Freyheit wandert"[69]; auf der Ebene der Staatsmodelle gilt er nicht, weil hier die ‚Schönheit' schon die Freiheit ist.

Dass in der aktuell schon möglichen ästhetischen Erfahrung „bereits die Verheißung der Freiheit beschlossen" liegt[70], bedeutet, dass der utopische ästhetische Staat seinen Vorschein im „Reich der Schönheit [hat], das sich wie ein schattenhaftes Paradies schon in der Gegenwart etabliert".[71] Daher hat aber auch das Ästhetische nicht den „Selbstzweck einer Totalitätsvergegenwärtigung"[72]; die (ethisch bestimmte) Totalität ist der Zweck, nicht die (ästhetische) Vergegenwärtigung, denn diese findet um jener willen statt, nicht umgekehrt.

Wenn Schiller gegen Ende des Textes von Schönheit spricht, meint er deren schmelzende Variante. Von der energischen Schönheit ist – allerdings nur implizit – in den Schriften zum Erhabenen die Rede; daher kann die Tatsache, dass Schiller die

Briefe in der Ausgabe seiner *Schriften* von 1801 zwischen *Ueber das Erhabene* und *Ueber das Pathetische* anordnet, durchaus als „Komposition" einer „Trilogie"[73] gedeutet werden. Eine widerspruchsfreie Systematik von schmelzender und energischer Schönheit ergibt sich daraus nicht; vielmehr stehen die utopische und die tragische Konzeption im Widerspruch zueinander.[74] Eine echte Autonomie, die deren Funktion unabhängig von anderen, etwa ethischen, begrifflichen Bestimmungen beschreiben würde, gewinnt die Kunst in beiden nicht.

Goethe: Natur und Kunst 4.

Verglichen mit Schiller, der mehrere umfangreiche ästhetische Programme vorgelegt hat, sind Goethes Äußerungen vereinzelter und weniger systematisch. An der Stelle, die bei Schiller das Moment der Freiheit einnimmt, steht bei Goethe die Natur. Sein Bild von ihr bestimmt Goethes Geschichtsdenken ebenso wie die Prinzipien seiner ästhetischen Auffassung und seiner literarischen Produktion.[75] Goethes Klassizismus ist die „naturwissenschaftlich fundierte Neubegründung eines Ideal-Realismus".[76] Dass sein Blick auf die Geschichte durch seinen Blick auf die Natur bestimmt ist, (ver–)leitet ihn dann aber auch zur Mythisierung – etwa der Französischen Revolution (siehe S. 137 f., S. 171).

Goethe hat sich zeit seines Lebens für naturwissenschaftliche Fragen interessiert.[77] Seit etwa 1780 beschäftigte er sich mit **Anatomie** und Osteologie, der Lehre vom Knochenbau. 1784 meinte er gar, auf diesem Gebiet eine epochale Entdeckung gemacht zu haben, als er herausfand, dass nicht nur die höheren Säugetiere, sondern auch der Mensch einen Zwischenkieferknochen besitzt. Diese Erkenntnis war allerdings schon 1780 von einem französischen Anatomen publiziert worden; sie setzte sich aber nur schwer durch: weil mit der angeblichen Nicht-Existenz die Sonderstellung des Menschen in der Schöpfung behauptet werden konnte, während die Tatsache, dass nicht nur Tiere, sondern auch der Mensch einen solchen Knochen besitzt, auf eine Stammesverwandtschaft von Mensch und Tier hinweist. Sie deutet Goethe nicht als blasphemischen Wi-

Naturforschung

Abb. 22: Johann Wolfgang von Goethe. Kreidezeichnung von Friedrich Bury, 1800

derspruch gegen die Gottesebenbildlichkeit des Menschen, sondern als Beleg der „Übereinstimmung des Ganzen", der „grosen Harmonie"[78] und damit als Ausdruck der Göttlichkeit der Natur selbst.

Auch die **Geologie**, auf die Goethe als Vorsitzender der Kommission für das Ilmenauer Bergwerk gestoßen wurde, fesselte ihn. Und ab 1815 dehnte er seine Interessen schließlich noch auf das Gebiet der **Meteorologie** aus, wobei er auch hier eher an morphologisch-typologischen Fragen, v.a. der Wolkenbildung[79], interessiert war als an gemessenen Daten. Am intensivsten und mit dem größten Engagement hat Goethe jedoch seine Forschungen in der **Farbenlehre** betrieben. Hier war er, von seinen – von ihm falsch interpretierten – Beobachtungen Anfang der 1790er Jahre an, zeitlebens davon überzeugt, nicht weniger als die herrschende Lehre Isaac Newtons (1643-1727) widerlegt zu haben, der zufolge das weiße Licht aus den so genannten Spektralfarben zusammengesetzt ist, in die es beim Durchgang durch ein Prisma zerlegt werden kann.

Zitat

‚Auf Alles was ich als Poet geleistet habe, pflegte er [Goethe] wiederholt zu sagen, bilde ich mir gar nichts ein. Es haben treffliche Dichter mit mir gelebt, es lebten noch Trefflichere vor mir, und es werden ihrer nach mir sein. Daß ich aber in meinem Jahrhundert in der schwierigen Wissenschaft der Farbenlehre der Einzige bin, der das Rechte weiß, darauf tue ich mir etwas zu gute, und ich habe daher ein Bewußtsein der Superiorität über Viele.'[80]

Goethe wandte sich gegen die schon im 18. Jahrhundert erfolgreiche, von Newton vertretene quantifizierende analytische Naturwissenschaft, die sich auf mathematische Modelle für Messdaten beschränkt. Aber ebenso lehnte er metaphysische Blindheit gegenüber den Phänomenen ab. Beiden Extremen setzte er ein von religiösen Vorstellungen wie dem von Spinoza beeinflussten **Pantheismus** geprägtes Weltbild entgegen, demzufolge das Göttliche in den weltlichen Dingen anwesend ist. Weitere wichtige Impulse erhielt er ab 1798 aus der von Friedrich Wilhelm von Schelling (1775-1854) geprägten Naturphilosophie.[81]

Naturphilosophie   Natur ist auch für den ‚klassischen' Goethe eine ‚große Harmonie', die sich vom Menschen nicht – wie noch der Goethe der 1770er Jahre glaubte und im *Werther* poetisch umsetzte – im Gefühl umfassen, sondern in einem unendlichen Prozess durch das

Studium einzelner Phänomene schauend erforschen lässt.[82] Der angemessene Zugang zur Natur ist also nicht messend oder (idealistisch) spekulierend, sondern (zunächst) ,empirisch' und ,realistisch'.[83] Empirischer Ausgangspunkt aller Beobachtungen ist das **konkrete Phänomen**; indem es aber letztlich auf die Prinzipien abzielt, die durch rationale Abstraktion aus den Phänomenen gewonnen werden, ist das Verfahren eines, wie Schiller es charakterisiert hat, der „rationellen Empirie".[84]

Grundgedanke der Goetheschen Naturanschauung ist, dass natürliche Prozesse stetige Ausgleichsbewegungen von Gegensätzen sind – eine Auffassung, die auch immer wieder aus seinen literarischen Texten heraus- oder in sie hineingelesen worden ist. Ein zentrales Konzept dafür bilden die Begriffe **Polarität** (zu dem Goethe auch durch Herder angeregt worden war[85]) und **Steigerung** als die „zwei großen Triebräder aller Natur".[86] Aus der materiell gedachten Polarität entstehen die vielfältigen Erscheinungsformen der Natur; Steigerung als ein geistiges Prinzip sorgt dafür, dass die Erscheinungen sich zielgerichtet entwickeln. Polarität ist für Goethe ein kosmologisches Grundprinzip, aber auch ein kosmogonisches, es ist also nicht nur für die Erscheinungsform der Welt grundlegend, sondern schon für ihre Entstehung: Noch in der Wette zwischen Gott und Mephisto in *Faust I* kehrt Goethes frühe Vorstellung der Weltentstehung wieder, als eines Prozesses der Ausfaltung des Gegensatzes zwischen Gut und Böse.

Polarität prägt für Goethe nicht nur etwa die Elektrizität, sondern auch Wesen und Erscheinung der Pflanzen und der Farben. Jene entstehen aus der Polarität von Ausdehnung und Kontraktion, diese, Goethes *Farbenlehre* zufolge, aus der Polarität von Licht und Dunkelheit. Das Prinzip der Steigerung übernimmt Goethe von Schelling und sieht es auch in nicht-naturhaften Prozessen verwirklicht: „Die Formel der Steigerung läßt sich auch im Ästhetischen und Moralischen anwenden."[87]

Die Prinzipien Polarität und Steigerung wirken paradigmatisch in Goethes Morphologie, der Lehre von den Gestalten im Tier- und Pflanzenreich. Polar wirken hier die beiden „Leitbegriffe"[88] ,Metamorphose' und ,Typus' als dynamisches bzw. statisches Prinzip: Durch Metamorphose realisiert sich im Individuellen der allgemeine Typus. Die Vorstellung einer Einheit in der Vielheit der pflanzlichen Erscheinungen ließ Goethe 1787 auf das Konzept der „Urpflanze" verfallen, des „Musters", nach dem alle Pflanzen „gebildet" seien.[89] Seine Bemühungen, sie in der Vegetation Italiens tatsächlich aufzufinden, scheitern aber. Schiller wird dann darauf beharren, dass es sich bei dieser Konzeption eben nicht um

Polarität und Steigerung

Morphologie

Abb. 23: Kopfstudien. Zeichnung von Goethe, 1787 o. später

eine realistische, sondern um eine idealistische handelt, weil sie die Idee der Urpflanze schon voraussetze und nicht aus der Erfahrung der Realität gewonnen habe. Die Einheit der Pflanzen denkt Goethe später als Einheit der einzelnen Pflanze, die sich aus dem Keim durch differenzierende Steigerung eines einzelnen Organs, des Blattes, entwickelt.

Einfache Nachahmung der Natur, Manier, Stil

Wie sehr in Goethes Vorstellung die Möglichkeiten der (bildenden) Kunst durch naturwissenschaftliche Kenntnisse beeinflusst werden, zeigt der kleine Aufsatz *Einfache Nachahmung der Natur, Manier, Stil*, der im Februar 1789 in Wielands *Teutschem Merkur* erschien. Einfache Nachahmung, Manier und Stil unterscheiden sich voneinander durch den Grad der Abstraktion. Einfache Nachahmung der Natur entsteht in der gewissenhaften und genauen Wiedergabe der Gestalten und Farben natürlicher Gegenstände; sie setzt auf Seiten des Künstlers „natürliches Talent" voraus, das durch Übung ausgebildet und mit „Treue und Fleiß" umgesetzt werden muss.⁹⁰ Der Künstler muss den abzubildenden Gegenstand vor allem genau beobachten – aus der Distanz und in Ruhe. Künstler und Naturschönes treten in eine statische Konstellation; das nachahmende „Gemüth" muss „still, in sich gekehrt, und in einem mäßigen Genuß genügsam" sein.⁹¹

Während die einfache Nachahmung in der Übereinstimmung Manier
zwischen Bild und Abgebildetem Objektivität erreicht, trägt „Manier" ein subjektivistisches Moment: Einer subjektiven Sicht der
Natur wird mit subjektiven Mitteln Ausdruck verliehen. Nicht die
einzelnen Gegenstände aber werden subjektiv gesehen, sondern
deren Zusammenhang; er kann nur in einem Akt der Abstraktion
in ein Bild gebracht werden: indem der Künstler „das Einzelne"
dem Ganzen „aufopfert". Es genügt dem Künstler nicht mehr,
„der Natur ihre Buchstaben im Zeichnen nur gleichsam nachzu-
buchstabieren"; vielmehr schafft er sich eine eigene „Sprache", in
der er das ausdrückt, „was er mit der Seele ergriffen" hat.[92] Darin,
dass der Künstler einen Zusammenhang empfindet, den er dann
„unmittelbar ausdrückt"[93], zeigt sich eine deutliche Nähe zu Moritz' Konzept einer bildend nachahmenden Tatkraft, die das
Kunstschöne aus sich herausbildet.

Der „höchste Grad", den ein Künstler erreichen kann, ist Stil. Stil
Er setzt die Fähigkeit zur Nachahmung, zur genauen Abbildung,
und einen Aspekt der Manier voraus: subjektiven Ausdruck. Hinzu kommt aber ein Moment objektiver Erkenntnis vom „Wesen
der Dinge, in so fern uns erlaubt ist es in sichtbaren und greif-
lichen Gestalten zu erkennen".[94] Erworben wird diese Erkenntnis
„durch genaues und tiefes Studium der Gegenstände selbst",
durch die Beobachtung von Analogien und Kontrasten, durch
Übersicht über die „Reihe der Gestalten" und die „verschiedenen
charakteristischen Formen"[95], also durch eigentlich naturwissenschaftliche Verfahren.

Aber nicht nur die Wissenschaft dient der Kunst; umgekehrt
dient die Kunst auch der Verbreitung wissenschaftlicher Erkenntnis, denn der Künstler wird „durch eine richtige Darstellung der
Eigenschaften [der dargestellten Pflanzen] zugleich in Verwunde-
rung setzen und belehren".[96] Dies erinnert nicht zufällig an Funk-
tionsbestimmungen der Literatur, wie sie in der Aufklärung formuliert worden sind und wie sie sich schon auf Horaz berufen
können.[97] Da aber nicht klar wird, inwiefern Kunst auf eine spezifische Weise belehrt, handelt es sich hier nicht um eine autonome Funktionsbestimmung.

Wenn es um die Frage der Übereinstimmung der künstlerischen Darstellung eines Gegenstandes mit dem theoretischen
Wissen über diesen Gegenstand geht, dann fällt die Kunst zudem
unter ein Kriterium, das um 1800 eigentlich aus der Ästhetik
verabschiedet wird: dasjenige der Wahrheit, verstanden als Übereinstimmung mit dem Faktischen. Nicht recht deutlich wird zudem, was eigentlich genau die Leistung der Subjektivität des

Künstlers, seiner eigenen Ausdruckssprache ist. Man gewinnt den Eindruck, dass es Goethe vordringlich um Abwehr, mindestens aber um Beschränkung von Subjektivität geht; dies bedeutete eine Abkehr von seiner eigenen genieästhetischen Position der 1770er Jahre und womöglich auch eine Reaktion auf Moritz' Konzept der Bildenden Nachahmung.

Die Manier nämlich lässt sich durchaus analog zur Moritzschen Konzeption der Tat- und Bildungskraft verstehen. Manier „im höchsten Sinne" entsteht, wenn sich Nachahmung und Charakterisierung der Gegenstände verbinden: „durch eine reine, lebhafte, thätige Individualität". Fehlt aber die Rückkopplung an die Natur – als Moment der Nachahmung oder der (wissenschaftlichen) Erkenntnis –, dann verliert die Kunst ihre Bedeutung, „seine [des Künstlers] Manier wird immer leerer und unbedeutender werden, je weiter sie sich von der einfachen Nachahmung und von dem Stil entfernt".[98]

Kunst und Wissenschaft   In Goethes Einleitung in die Zeitschrift *Propyläen* (siehe S. 44 f.) haben sich die Relationen gegenüber dem Modell einer Steigerung der künstlerischen Ausdrucksformen von einfacher Nachahmung über die Manier zum Stil etwas verschoben. Nun erhält die Subjektivität des Künstlers wieder ein erhöhtes Gewicht, womit zugleich der Unterschied zwischen Kunst und Wissenschaft betont wird. Die Wissenschaft dient dem Künstler, aber der Künstler muss sich nicht mehr am Wahrheitsbegriff der Wissenschaften messen lassen. Der Künstler soll sich einerseits „an die Natur halten, sie studiren, sie nachbilden"; andererseits aber soll er „sowohl in die Tiefe der Gegenstände, als in die Tiefe seines eignen Gemüths [...] dringen [...], um in seinen Werken nicht bloß etwas leicht- und oberflächlich Wirkendes, sondern wetteifernd mit der Natur, etwas geistig Organisches hervorzubringen".[99] In der Vorstellung des schöpferischen ‚Wetteiferns' mit der Natur kehren nun Bestimmungen der Genie-Ästhetik wieder; zugleich erinnert das Modell wiederum an Moritz' Konzept einer Bildenden Nachahmung des (Natur-)Schönen. Nachahmung der Natur, also das, was seit Aristoteles **Mimesis** heißt, bedeutet in beiden Konzeptionen nicht mehr, die Natur als geschaffene, die *natura naturata*, sondern die Natur als schaffende, die *natura naturans*, nachzuahmen.

Gegenüber Moritz gibt es aber zwei entscheidende Unterschiede: Es handelt sich bei Goethe nicht um ein dynamisches Konzept, der Künstler verfügt nicht über eine besondere Tat- und Bildungskraft; und die Subjektivität des Künstlers ist – anders auch als in der romantischen Literatur – beschränkt durch ein intersubjektiv-objektives Moment harmonischer Übereinstimmung, die bei Goethe ganz konkret als ein Effekt von Kommunikation gedacht ist (nicht als eschatologische, heilsgeschichtliche ‚große Harmonie' der Natur). Ganz anders als Moritz kann Goethe daher auch den „Wunsch nach Beifall"[100] positiv bewerten: als Trieb zur Perfektion. Denn wenn das Publikum gemeinsame Idealvorstellungen hat, kann der Künstler daran objektiv gemessen werden. (Diese Vorstellung prägte allerdings auch schon die aufklärerische Poetik Gottscheds.)

Während das Konzept des Stils noch durch ein hohes Gewicht theoretischer Erkenntnis charakterisiert ist und sich die Frage stellt, ob eigentlich ein Bild einer Rose etwas anderes leistet als eine botanische Abhandlung, ermöglicht ein anderes, das wohl wichtigste ästhetische Konzept Goethes genau die Abgrenzung ästhetischer Anschauung von theoretisch formulierbarer empirischer Erkenntnis: das Symbol.

Der Begriff erscheint zuerst in einem Brief Goethes an Schiller vom 16./17. August 1797. „Symbolische" Gegenstände, so erläutert Goethe dort, sind „eminente Fälle, die, in einer charakteristischen Mannigfaltigkeit, als Repräsentanten von vielen andern dastehen, eine gewisse Totalität in sich schließen" und daher „an eine gewisse Einheit und Allheit Anspruch machen".[101] Symbole sind Gegenstände, die eine Totalität „in sich schließen", die also nicht einfach als besondere, womöglich konventionell definierte Zeichen auf etwas Allgemeineres hindeuten. Das Goethesche Symbol ist ein quasi-natürliches Zeichen, und es ist zugleich mehr als nur Zeichen.

Symbol und Allegorie

Goethe definiert das Symbol als ein Besonderes, das ein Allgemeines repräsentiert – „als lebendig-augenblickliche Offenbarung des Unerforschlichen".[102] Durch diese Bestimmung wird auch sichergestellt, dass die Kunst doch einen Mehrwert gegenüber der Wissenschaft hat, der nicht in diskursiver, begrifflicher Sprache zu fassen ist. Und genau dies unterscheidet symbolische Kunst auch von allegorischer:

Zitat

Die Symbolik verwandelt die Erscheinung in Idee, die Idee in ein Bild, und so, daß die Idee im Bild immer unendlich wirksam und unerreichbar bleibt und, selbst in allen Sprachen ausgesprochen, doch unaussprechlich bliebe.[103]
Die Allegorie verwandelt die Erscheinung in einen Begriff, den Begriff in ein Bild, doch so daß der Begriff im Bilde immer noch begränzt und vollständig zu halten und zu haben und an demselben auszusprechen sei.[104]

Eine Allegorie lässt sich also in begriffliche Sprache übersetzen, ein Symbol nicht. Und auch hier besteht wieder eine Nähe zu Moritz, der in seiner Schrift *In wie fern Kunstwerke beschrieben werden können?* (1788) das Wesen des Kunstwerks u.a. darin gesehen hatte, dass es „sich durch sich selbst beschreibt" und nicht in Begriffssprache übersetzt werden kann.[105] Diese Ablehnung der Allegorie und die Betonung des ästhetischen Mehrwerts, die das Symbol gegenüber der Begriffssprache erwirtschafte, sowie auch die gewisse begriffliche Unklarheit des Redens *über* das Symbolische sind längst nicht nur bei Goethe und Moritz sichtbar; sie stehen im Kontext der Emanzipation der Kunst, die im letzten Drittel des 18. Jahrhunderts vehement eine *spezifische* Leistung für sich reklamieren muss.[106] Die Allegorie wird im 19. Jahrhundert zurückkehren, und es ist sehr plausibel, Goethes eigenen *Faust II* eben nicht als Gipfel der Symbolik[107], sondern als einen höchst allegorischen Text zu lesen – als Allegorie des allegorischen 19. Jahrhunderts und als „allegorische Gesamtdeutung der Moderne".[108]

Auch am Symbol-Begriff zeigt sich wieder die enge Verschränkung von Naturwissenschaft und Kunst in Goethes Denken. Bemerkenswert ist auch der „viel zu selten betonte Sachverhalt"[109], dass Goethe selbst den Begriff häufig im naturwissenschaftlichen Kontext, aber nur selten im Bezug auf Literatur anwendet. Dennoch ist der Begriff im 19. und 20. Jahrhundert oft auf Goethes literarische Texte angewandt worden – und dies meist auch auf plausible Weise.

Goethe vs. Moritz   Im Dezember 1786, in der Phase der ersten ausführlichen Gespräche mit Moritz, schreibt Goethe in einem Brief aus Rom: „die Dinge für das zu nehmen was sie sind, [...] iedes im Verhältniße zum andern zu betrachten [sei] der größte Genuß nach dem wir im Kunst wie im Natur und Lebenssinne streben sollten".[110] Das Verhältnis der einzelnen Dinge zueinander aber ist Gegenstand des Stils. Das Kunstschöne bedeutet nicht, wie bei Moritz, den Zusammenhang des großen Ganzen der Natur, sondern bildet die (funktionalen) Verhältnisse des Dargestellten in Konzentration auf das Wesentliche ab. Nicht der Verzicht auf künstlerische Subjektivität unterscheidet den Stil von der Manier, sondern deren Rückbindung an Beobachtung und Analyse; die Subjektivität gewinnt mit der Übersicht über die Objekte tiefe Einsicht in das Objektive, sie wird in der Beschränkung gesteigert.

Zugleich deutet der Begriff des Stils eine Versöhnung von Schönheit und Nutzen an: Der in seinem Stil schaffende Künstler stellt die Einsicht in die Schönheit organischen Nutzens, die er am Naturschönen gewonnen hat, im Kunstschönen dar; dessen Nutzen besteht dann in der Vermittlung dieser Einsicht, die aber, sofern sie symbolisch ist, keine theoretisch-begriffliche Einsicht ist. Diesen ästhetischen Mehrwert kann nur die Subjektivität des Künstlers garantieren; zugleich sichert er der Kunst – zumindest theoretisch – ihre Autonomie: nicht, weil nur sie Erkenntnisse über die Natur ermöglichen würde (das gesteht Goethe der Naturwissenschaft durchaus auch zu), sondern weil nur ihre Einsicht sich als „lebendig augenblickliche Offenbarung" des Wesentlichen darstellen lässt.

Zusammenfassung

Im letzten Drittel des 18. Jahrhunderts emanzipiert sich die bürgerliche Kunst im doppelten Sinne: von aufklärerisch-moralischen Forderungen an ihre Wirkung einerseits, von adligen Rezeptionsbedingungen (wie dem Hoftheater) andererseits. Es wird eine Reihe von Versuchen angestellt, die neue Autonomie der Kunst theoretisch zu begründen. Moritz' Projekt steht unter der Generalthese, das Kunstwerk habe keinen äußeren Zweck, sondern sei in sich selbst vollendet, schreibt dem Kunstschönen dann aber doch wieder eine doppelte äußere Bestimmung zu: Es spiegelt die Schönheit der Natur und dient dazu, den einzelnen Menschen in der Gattung aufzuheben. Schiller arbeitet an dem Projekt einer Ästhetischen Erziehung, die ebenfalls die Vereinzelung des Menschen aufheben soll. Das Kunstwerk ist einerseits Vorschein dieser Aufhebung, weil seine Rezeption sich als freies Spiel vollzieht; andererseits dient es, erzieherisch, dem evolutionären Umbau des Staats zu einem ‚ästhetischen'. Bei Goethe schließlich sind Kunst und Natur eng verschränkt: Die Kunst dient letztlich dazu, die Schönheit der Natur (die eine Form von Organisation ist) tiefer einzusehen – und dies auf eine Weise, die nicht auch durch begriffliche Sprache erreicht werden kann.

Literatur

Allkemper, Alo: Ästhetische Lösungen. Studien zu Karl Philipp Moritz. München: Fink 1990.
Costazza, Alessandro: Schönheit und Nützlichkeit. Karl Philipp Moritz und die Ästhetik des 18. Jahrhunderts. Bern u.a.: Lang 1996.
Dörr, Volker C.: „Reminiscenzien". Goethe und Karl Philipp Moritz in intertextuellen Lektüren. Würzburg: Königshausen und Neumann 1999.
Fischer, Bernhard: Kunstautonomie und Ende der Ikonographie. Zur historischen Problematik von ‚Allegorie' und ‚Symbol' in Winckelmanns, Moritz' und Goethes Kunsttheorie. In: Deutsche Vierteljahrsschrift für Literaturwissenschaft und Geistesgeschichte 64 (1990). S. 247-277.

Fohrmann, Jürgen: Schiffbruch mit Strandrecht. Der ästhetische Imperativ in der „Kunstperiode". München: Fink 1998.

Janz, Rolf-Peter: Über die ästhetische Erziehung in einer Reihe von Briefen. In: Schiller-Hb. Hg. Koopmann. S. 610-626.

Saine, Thomas P.: Die Ästhetische Theodizee. Karl Philipp Moritz und die Philosophie des 18. Jahrhunderts. München: Fink 1971.

Scheible, Hartmut: Die Begründung der Autonomieästhetik. Karl Philipp Moritz. In: ders.: Wahrheit und Subjekt. Ästhetik im bürgerlichen Zeitalter. Bern, München: Francke 1984, S. 190-222.

Schmidt, Alfred: Natur. In: Goethe-Hb. Bd. 4/2. S. 755-776.

Sørensen, Bengt Algot: Symbol und Symbolismus in den ästhetischen Theorien des 18. Jahrhunderts und der deutschen Romantik. Kopenhagen: Munksgaard 1963.

Stockhammer, Robert: Symbol. In Goethe-Hb. Bd. 4/2. S. 1030-1034.

Wenzel, Manfred: Naturwissenschaften. In: Goethe-Hb. Bd. 4/2 S. 781-797.

Wilkinson, Elizabeth M. u. Willoughby, L. A.: Schillers Ästhetische Erziehung des Menschen. Eine Einführung. München: Beck 1977.

Wölfel, Kurt: Moralische Anstalt. Zur Dramaturgie von Gottsched bis Lessing. In: Deutsche Dramentheorien I. Beiträge zu einer historischen Poetik des Dramas in Deutschland. Hg. v. Reinhold Grimm. 2. Aufl. Wiesbaden: Athenaion 1978. S. 45-122.

Zelle, Carsten: Über die ästhetische Erziehung des Menschen in einer Reihe von Briefen (1795). In: Schiller-Hb. Hg. Luserke. S. 409-445.

Fragen

1. Was sind die wichtigsten Merkmale aufklärerischer Ästhetik?

2. Wie ist Moritz' Autonomie-Konzept charakterisiert?

3. Was diagnostiziert Schiller an seiner gesellschaftlichen Gegenwart?

4. Welches sind die Grundzüge der ästhetischen Erziehung Schillers?

5. Was kennzeichnet Goethes Naturbegriff? Was bedeutet er für seine Kunstauffassung?

6. Wie unterscheidet Goethe Symbol und Allegorie?

Aufbaumodul 3: Schillers Dramatik   5.

Als Beispiele für Schillers Dramatik werden vier ‚klassische' dramatische Werke vorgestellt: die *Wallenstein*-Trilogie, *Maria Stuart*, *Die Braut von Messina* sowie Schillers letztes vollendetes Drama, *Wilhelm Tell*. Zunächst jedoch werden die Grundzüge seiner theoretischen Überlegungen zum Drama, die vor allem an einer Theorie der tragischen Wirkung interessiert sind, skizziert und das Verhältnis des Dramatikers Schiller zur historischen Wahrheit bestimmt.

Wirkungstheorie   1.

Schillers theoretische Ausführungen zum Drama im Allgemeinen und zur Tragödie im Speziellen schließen in einem zentralen Punkt an die Ausführungen in Lessings *Hamburgischer Dramaturgie* an: bei der Wirkung auf die Affekte des Zuschauers. Lessing bestimmt den Hauptzweck des Trauerspiels in der Erregung von **Mitleid und Furcht**. Dadurch soll immer noch der aufklärerische Auftrag an die Literatur, den Menschen moralisch zu bessern, erfüllt werden. Allerdings sollen nicht mehr nachzuahmende positive oder abstoßende negative Beispiele von (a-)moralischem Handeln vorgestellt werden; vielmehr soll vor allem der Affekt des Mitleids im Zuschauer ins richtige Maß gebracht werden. Das Trauerspiel wirkt direkt auf das Gefühl des Betrachters; indem er, mit dem rechten Maß an Mitleid ausgestattet, in sein bürgerliches Leben zurückkehrt, verwandelt sich dieses Mitleid in eine „tugendhafte Fertigkeit".[1] Das ist möglich, weil das Mitleid der sozialste Affekt ist: derjenige, der sich am stärksten auf den Mitmenschen und sein Befinden richtet.

Schillers Dramentheorie ist nicht in einem großen systematischen Theoriegebäude überliefert, sondern in einer Reihe von programmatischen Aufsätzen, Vorreden und (Selbst-)Rezensionen. Dies verstärkt noch die für Schillers theoretisches Denken charakteristische Tendenz zur dynamischen Verschiebung von Begriffen. Daher muss jede an Kohärenz, an einem eindeutigen Sinnzusammenhang interessierte zusammenfassende Darstellung Schillers Texte einer starken Systematisierung unterziehen.

Publikationen

Die Schaubühne als eine moralische Anstalt betrachtet

Der erste wichtige dramentheoretische Text Schillers, und einer der prominentesten dazu, ist der Aufsatz *Was kann eine gute stehende Schaubühne eigentlich wirken?* (Er wurde ursprünglich 1784 unter dem Titel *Vom Wirken der Schaubühne auf das Volk* als Rede gehalten; bekannt geworden ist er unter dem oft zum Schlagwort verdichteten Titel *Die Schaubühne als eine moralische Anstalt betrachtet*.) Darin führt Schiller Lessings Bemühungen um eine theoretisch begründete Verbürgerlichung des Theaters als eines Instruments der praktischen Philosophie fort – wenn auch mit verfeinerten **psychologischen Mitteln**. Die Schaubühnenrede reklamiert für das Theater den Rang einer ebenso „konstitutiven Institution des Gemeinwesens"[2], wie es das Recht und die Religion sind; allerdings hat die Religion bereits an Bedeutung verloren und soll vom Theater beerbt werden.

Seinem starken psychologischen Interesse hatte Schiller kurz zuvor in seinem Erstlingsdrama *Die Räuber* dramatischen Ausdruck verliehen. Hier zeigt es sich in dem Gedanken, dass die Bühne einen „unfehlbaren Schlüssel zu den geheimsten Zugängen der menschlichen Seele" biete und dabei das „geheime Räderwerk" der Handlungsmotivationen aufdecke.[3] Zu diesem Interesse an psychologischer Erkenntnis kommt aber eines an psychologischer Steuerung des Zuschauers. Das Theater soll zugleich als „schrecklicher Richterstuhl" für Laster individueller, aber auch politischer Art dienen – mit abschreckender Wirkung.[4]

Tragödientheoretische Schriften

In Schillers Zeitschrift *Neue Thalia* erschien in den Jahren 1792-94 eine Reihe von tragödientheoretischen Aufsätzen: *Ueber den Grund des Vergnügens an tragischen Gegenständen, Ueber die tragische Kunst* und *Vom Erhabenen*. Letzterer erschien in zwei Teilen im September 1793 bzw. August 1794. Recht verwirrend ist die Tatsache, dass etwas weniger als die Hälfte des ersten Teils sowie der gesamte zweite Teil von *Vom Erhabenen* 1801 in Schillers *Kleineren prosaischen Schriften* unter dem neuen Titel *Ueber das Pathetische* abgedruckt wurden. Dort erschien dann, zum ersten Mal, auch noch der Text *Ueber das Erhabene*, von dem bis heute strittig ist, ob er bald nach den anderen Texten zum Thema des „Erhabenen" oder erst deutlich später entstanden ist.

In all diesen Texten geht es um das in der Tragödie dargestellte **Leiden** und seine **Wirkung** auf den Zuschauer. Für ein positives Menschenbild ist folgende Beobachtung irritierend: Der Zuschauer empfindet ja nicht nur, wie Lessing es sah, Mitleid mit den leidenden Protagonisten, sondern hat auch ein **ästhetisches Vergnügen** an der Darstellung des Leidens selbst. Es stellt sich daher die Frage, wie sich daraus eine spezifische Leistung der Tragödie bestimmen lässt, die weder das „Vergnügen" am Leiden zugunsten der „Furcht" (als eines auf den Zuschauer selbst bezogenen Mitleids[5]) verdrängt, noch gar, wie bei Gottsched, die Tragödie zur bloßen Illustration eines moralischen Satzes verpflichtet. Denn dieser Mechanismus erregt eben, so der Ausgangspunkt des Textes *Ueber den Grund des Vergnügens an tragischen Gegenständen*, kein sinnliches Vergnügen – im Gegenteil, der Zuschauer fühlt sich bevormundet, in seiner Freiheit eingeschränkt.

In den früheren Texten *Ueber den Grund des Vergnügens an tragischen Gegenständen* und *Ueber die tragische Kunst* operiert Schiller noch mit der bis dahin zentralen Größe des Mitleids, die letztlich, wie verzerrt auch immer, auf Aristoteles zurück verweist; später rückt er allein die Kategorie des Vergnügens ins Zentrum. Das ästhetische Vergnügen an tragischen Gegenständen kann aber nicht über die Kategorie des **Schönen** bestimmt werden; denn Schiller stimmt mit Kant überein, dass der Eindruck der Schönheit eines Gegenstands von dessen innerer Zweckmäßigkeit erweckt wird: Wohlgefallen an der ‚in sich selbst vollendeten‘, zweckmäßigen Einrichtung des Schönen resultiert in einem ‚freien‘ Vergnügen des Betrachters. Menschliches Leiden aber ist zweckwidrig, weil es der Bestimmung des Menschen widerspricht. Was also ist der Grund des Vergnügens an der Darstellung des Leidens anderer?

Das Vergnügen kann nicht durch das Leiden des Helden selbst ausgelöst werden, weil es, jedenfalls gemessen an der „Naturzweckmäßigkeit", ‚zweckwidrig‘ ist. Daher wird das Vergnügen an einen noch höheren Zweck gekoppelt: den **moralischen**. Tragische Darstellungen des Vorgangs, wie die Natur des Menschen (seine physische Existenz) der Moral (seiner Freiheit) geopfert wird, erregen einerseits Schmerz *und* „ergötzen" den Zuschauer auf diese Weise zugleich.[6] (Hier zeigt sich das Interesse des Psychologen Schiller vor allem an den gemischten, aus polaren Einzelmomenten zusammengesetzten Empfindungen.)

Im Anschluss an Kant stellt Schiller fest, dass sich die wirkliche Macht der „Idee" der Sittlichkeit des Menschen erst im Moment der (sinnlichen) Bedrohung erweist, „daß das höchste Bewußtseyn unsrer moralischen Natur nur in einem gewaltsamen Zustand, im Kampfe, erhalten werden kann".[7] Indem die Tragödie den Sieg der Tugend gerade im Moment ihrer Bedrohung zeigt (und dies noch unter Aufopferung der körperlichen Existenz des Helden selbst), erregt sie beim Zuschauer ein Vergnügen an der darin sichtbar werdenden Macht des moralischen Bewusstseins.

Vergnügen an tragischen Gegenständen

Moral

Das Vergnügen erwächst aus der Verdeutlichung eines moralischen Siegs und ist daher ein „Mittel zur Sittlichkeit".[8]

Das Erhabene

Um das nur scheinbar ästhetische, tatsächlich aber ‚ethische' Vergnügen genauer zu analysieren, bedient sich Schiller eines Begriffs, der in der Ästhetik der zweiten Hälfte des 18. Jahrhunderts allgemein Konjunktur hat. Dort dient die Kategorie des **Erhabenen** dazu, den Reiz, den nicht im üblichen Sinne schöne, sondern vor allem beeindruckende Gegenstände erwecken, zu beschreiben. Eine wichtige Rolle spielt dabei – nicht nur für Schiller – Kants *Kritik der Urteilskraft*. Hier wird Erhabenheit als Form einer souveränen Reaktion der subjektiven Vernunft auf zunächst Überwältigendes beschrieben: Während das „mathematisch Erhabene" (z.B. ein Gebirge) zu groß ist, um von der Einbildungskraft gefasst zu werden, erregt das „dynamisch Erhabene" (z.B. ein Gewitter) das furchterregende Gefühl körperlich-sinnlicher Ohnmacht. In beiden Fällen entsteht zunächst eine „Unlust", weil man sich sinnlich überwältigt fühlt; diese Unlust ermöglicht aber wiederum eine lustvolle Erfahrung: Gegenüber den Möglichkeiten der menschlichen Vernunft, die z.B. das Zustandekommen der Eindrücke erklären kann, erweist sich die Natur zuletzt immer als beschränkt; im Bereich des Übersinnlichen, jenseits dessen, was sinnlich wahrgenommen wird, zeigt sich stets, „daß wir reine selbständige Vernunft haben".[9]

In Schillers Bestimmung des „Gefühls des Erhabenen" wird seine Orientierung an Kant und an der zeitgenössischen Psychologie deutlich: Er bestimmt es als ein gemischtes Gefühl, zusammengesetzt aus Schmerz als Ausdruck „unsrer *Ohnmacht* und Begrenzung" und dem „Gefühl unsrer *Uebermacht*, welche vor keinen Grenzen erschrickt, und dasjenige sich *geistig* unterwirft, dem unsre sinnlichen Kräfte unterliegen".[10]

Die Leistung der Tragödie, die der Text *Vom Erhabenen* im Zusammenhang mit dieser Kategorie bestimmt, liegt in der Darstellung der geistigen Unterwerfung dessen, was sich den Menschen körperlich unterwirft. Die Handlung der Tragödie macht die Tatsache, dass der Mensch von noch so übermächtigen physischen Bedrohungen „geistig", und das heißt eigentlich moralisch, unabhängig ist, für den Zuschauer wiederum sinnlich erfahrbar.

Zitat

Erhaben nennen wir ein Objekt, bey dessen Vorstellung unsre sinnliche Natur ihre Schranken, unsre vernünftige Natur aber ihre Ueberlegenheit, ihre Freyheit von Schranken fühlt; gegen das wir also *physisch* den Kürzern ziehen, über welches wir uns aber *moralisch* d. i. durch Ideen erheben.[11]

Als Dramatiker ist Schiller v.a. an Formen des dynamisch Erhabenen interessiert: an Gewalten, die dann gerade nicht, wie bei Kant, natürlichen Ursprungs sind, sondern menschlichen – wie etwa überwältigende Bedrohungen des einzelnen Lebens durch Mächtigere. Sie können zwar physisch nicht bewältigt, aber durch die Vernunft auf einer abstrakteren Ebene überwunden werden, was die spezifische Lust an der Anschauung der Überwältigung ausmache. Bei Kant ist das „Dynamische" eine Qualität desjenigen Objekts, das ein „Gefühl des Erhabenen" im „Gemüt" des Subjekts auslöst[12]; bei Schiller tritt an diese Stelle eine Bestimmung, die auf Objekt, Subjekt und das Medium der Darstellung zugleich anwendbar ist: das Pathetische. Pathos (Leiden) empfindet der Held der Tragödie und empfindet der Zuschauer mit ihm (Empathie); zugleich ist Pathos eine rhetorische Stilkategorie.

Schillers theoretische Entwürfe sind durch ein starkes Moment der Dualität charakterisiert, weil Begriffe fast immer in Gegensatzpaaren gedacht sind. Daher hat auch der zentrale Begriff des „Pathetischerhabenen" ein Pendant: Das Gefühl des „Kontemplativerhabenen" wird vordringlich von Naturgegenständen erregt, die eine potentielle Gefahr sind (wie etwa ein Gewitter); es kommt also nur die (mögliche) „Ursache des Leidens" in Betracht. Im Falle des „Pathetischerhabenen" hingegen wird „das Leiden selbst" dargestellt.[13] Schiller interessiert vor allem das „Pathetischerhabene", weil dargestellt wird, wie sich die Übermacht „wirklich feindlich *äußert*".[14] „Wirklich" heißt hier: ‚in ihrer Wirkung', nicht etwa ‚tatsächlich'; denn ganz wesentlich ist, dass es sich nicht um eine Übermacht handelt, die der Zuschauer an sich selbst erfährt, sondern dass sie ihm im distanzierenden Modus des Ästhetischen vorgestellt wird (weil sie ihn sonst überfordern würde). „Das Pathetische als ein künstlich forciertes Leid ermöglicht das Erhabene als Erfahrung unseres intelligiblen Vermögens." Genau dies meint der Begriff des „Pathetischerhabenen".[15]

Damit sich der Effekt des „Pathetischerhabenen" einstellt, darf nicht bloß Leiden vorgestellt werden, das im Zuschauer Mitleid erweckt (wie dies schon Lessing und wohl auch bereits Aristoteles vorsahen), sondern es muss am Helden auch die „moralische Selbstständigkeit im Leiden" dargestellt werden.[16] Den Helden der Tragödie macht daher nicht etwa Unempfindlichkeit gegenüber dem Leiden, sondern „moralischer Widerstand gegen das Leiden" aus.[17] Und der Zuschauer wird „durch die *objektive* Darstellung der erhabenen Freiheit des Helden dazu herausgefordert [...], sich seine eigene *subjektive* Gemütsfreiheit spontan bewußt zu ma-

Das Pathetischerhabene

Moralischer Widerstand

chen".[18] Die Tragödie soll also letztlich die Freiheit des Menschen ,objektiv' darstellen. Freiheit und andere „Ideen" sind aber ,übersinnliche' Gegenstände, die „im eigentlichen Sinn und positiv nicht darzustellen [sind], weil ihnen nichts in der Anschauung entsprechen kann"; sie können daher nur „negativ und indirekt", in ihrer Wirkung dargestellt werden.[19]

Literatur-geschichte   Der Text *Ueber das Pathetische* ordnet Schillers Modell zudem in einen literaturkritischen und -historischen Kontext ein: Am Bürgerlichen Trauerspiel, das Lessing mit *Miß Sara Sampson* (1755) in Deutschland eingeführt und zu dem Schiller selbst mit *Kabale und Liebe* (1784) einen wesentlichen Beitrag geleistet hatte, kritisiert er, dass die dort dargestellten ,rührenden' Handlungen lediglich „Ausleerungen des Thränensacks", eine „wollüstige Erleichterung der Gefäße" bewirkten.[20] Bis heute ist strittig, ob mit dem aristotelischen Begriff der Katharsis eine reine Triebabfuhr und Reinigung *von* Affekten oder – wofür Lessing entschieden plädiert hatte – eine Reinigung *der* Affekte ,Furcht' und ,Mitleid' im Sinne einer Veredelung gemeint ist.[21] Schiller reduziert das Mitleid auf ein reines Mit-Leiden, an dem er nicht interessiert ist. Die moralische Funktion, die das Mitleid bei Lessing hat, überträgt er dem Moment des Erhabenen.

Die französische *tragédie classique* kritisiert Schiller (wie schon Lessing) für den „kalten, deklamatorischen Ton"; den Griechen hingegen sei es noch gelungen, die „leidende Natur" und damit „den *Menschen*" selbst, darzustellen.[22] An der Laokoon-Statue, die in der Ästhetik seit Winckelmann (und Lessings Erwiderung *Laokoon: oder über die Grenzen der Malerei und Poesie* [1766]) *das* Paradigma für Darstellungen des Leidens in der bildenden Kunst ist (siehe S. 44), rühmt Schiller das „Erhabene der Fassung"[23], die Laokoon nicht schreien, sondern nur seufzen lasse. Dies sei ein Zeichen seiner geistigen Stärke in einer Situation körperlicher Unterlegenheit.

Ueber das Erhabene   Die problematischen **Konsequenzen** des Modells formuliert dann der (späte?) Text *Ueber das Erhabene.* Dass die Konzeption des Erhabenen einen Gegensatz zu derjenigen des Schönen bedeutet, zeigt sich bereits daran, dass Schiller den Gedanken der Zweckwidrigkeit des (dargestellten) Leidens oder gar Todes wieder aufnimmt. Der Tod des Menschen ist aber nicht nur zweckwidrig; er negiert auch, dass der Mensch nicht nur ein sinnliches, sondern auch sittliches Wesen ist. Anders als das Tier hat der Mensch auch einen Willen, der ihn befähigt Nein zu sagen. „Eben deswegen ist des Menschen nichts so unwürdig, als Gewalt zu erleiden, denn Gewalt hebt ihn auf."[24]

Der Mensch ist dasjenige Wesen, das nichts muss, weil er das Wesen ist, „welches will".[25] Aus logischen Gründen kann (richtiger: darf) es daher nichts geben, was der Mensch nicht will; also ist es erforderlich, dass er auch das will, was er muss: Sterben. (Die andere mögliche Folgerung: dass auch der Mensch eben etwas muss, was er nicht will, ist für Schiller undenkbar.) Die Brüchigkeit des Schlusses zeigt sich aber in der geradezu paradoxen Folge, dass der Mensch nun – aus Gründen seiner begrifflichen Bestimmung – wollen muss.

Konkret bedeutet das: In Fällen, in denen es einem Menschen nicht gelinge, sich die „Naturkräfte" zu unterwerfen oder sich zumindest vor ihren Wirkungen zu schützen, bleibe ihm nur übrig, „eine Gewalt, die er der That nach erleiden muß, *dem Begriff nach zu vernichten*". Das bedeutet aber nichts anderes, als sich einer solchen Gewalt aus moralischen Gründen „freywillig [zu] unterwerfen".[26] Konsequenz

Diese Konsequenz beruht auf zwei wesentlichen Voraussetzungen: 1. Es widerspricht dem Wesen des Menschen leiden oder sterben zu müssen, also muss er es wollen; 2. es ist moralisch besser, sich einer überwältigenden physischen Gewalt „freywillig" zu fügen, als etwa noch im Tode gegen sie, etwa mit körperlicher Gegengewalt, aufzubegehren. Beide Prämissen können auch bestritten werden, beide bedürfen außerästhetischer, ethischer Begründungen. Damit untergräbt Ethik die Autonomieästhetik.

Wenn Schiller den Vorgang als „Resignation in die Nothwendigkeit"[27] bezeichnet, also mit einem „moralphilosophischen Terminus"[28], dann ist das kein metaphorischer Sprachgebrauch. Vielmehr zeigt sich das moralphilosophische Fundament des Modells, das zudem auf den barocken Neostoizismus mit seiner „Einübung von geistigen Überlebensstrategien"[29] zurück verweist. Der zielte zwar tatsächlich nicht auf die „harmonische Kultivierung sämtlicher menschlicher Anlagen", sondern die „Unterwerfung seiner Natur unter die Vernunft"[30], aber darauf läuft auch Schillers Modell des „Pathetischerhabenen" hinaus.

Die ,indirekte' Demonstration der Freiheit des tragischen Helden zielt darauf ab, im Zuschauer eine „Fertigkeit" zu erwecken; dies bezeichnet der ausgebildete Mediziner Schiller mit der Metapher der „Inokulation", der Impfung.[31] Der Zuschauer wird dazu angehalten, „einen resignativen Habitus einzuüben"[32], indem ihm die Unausweichlichkeit gewisser Zwänge als Anlass zum (bloß) moralischen Widerstand vorgestellt wird. Es werden „Techniken der Immunisierung gegen Schicksalsschläge" vorgestellt und „Strategien des vernunftautonomen Widerstands" eingeübt[33], wobei wichtig ist, dass dieser „Widerstand" sittlich-moralisch-ideell bleibt und nicht wirklich wird.

Dramenpraxis   Während die Theorie damit – unter dem Eindruck der Französischen Revolution – der Tragödie den „Verzicht auf eine direkte Auseinandersetzung mit den gesellschaftlichen Herausforderungen der Gegenwart" empfiehlt und zu einer „Psychologie der Leidensabdämpfung" rät, wendet sich Schiller mit den *Wallenstein*-Dramen doch wieder den Widersprüchen der Realität zu.[34] Vorbereitet ist diese Wendung dadurch, dass in *Ueber das Erhabene* die „Weltgeschichte" als „ein erhabenes Object", als „Konflikt der Naturkräfte unter einander selbst und mit der Freiheit des Menschen"[35] und damit als „Katastrophengeschichte" gedeutet wird.[36]

Die in den Briefen *Ueber die ästhetische Erziehung des Menschen* entworfene „utopische Anthropologie des Schönen" ist in der Rezeption des angeblichen ‚Humanitätsideals' der ‚Deutschen Klassik' meist absolut gesetzt worden. Das Konzept des Erhabenen ist damit aber nicht zu vereinbaren; vielmehr wird das harmonisch-humane Ideal „von einer dualistischen Anthropologie des Erhabenen überlagert und dementiert".[37] Was die Dramentheorie Schillers betrifft, so findet die „zerrissene Welt der ‚Moderne'" im Schönen weder „adäquaten Ausdruck", noch wird ihr das Schöne als harmonische Utopie entgegengesetzt; vielmehr gelangt die Disharmonie, von der die geschichtliche Welt geprägt ist, zur Darstellung.[38]

Es ist vor allem die Dramenpraxis Schillers, die sich vollständig einem „Versöhnungsdenken" verweigert, das Schiller fälschlich „zu einem uninteressanten Klassiker gemacht hat".[39] Die Theorie hingegen macht letztlich noch ein „Rückzugsangebot" in einen „apolitischen Humanismus".[40] Zwar wendet sich Schillers ästhetische Theorie „gegen die Indienstnahme der Kunst für moralische Zwecke in der spätaufklärerischen Popularphilosophie"[41], aber seine „große Pädagogik des Erhabenen"[42] hebt die disharmonische Wirklichkeit doch in einer umfassenden Sinnstruktur auf: in einer ethischen Begründung des Menschen. Diese Versöhnung mit seinem Schicksal ist mindestens so abstrakt wie die Vorstellung des Reiches der Schönheit; eine autonome Selbstbestimmung der Kunst bedeutet auch sie nicht.

2. Das Drama der Geschichte

Der ausgebildete Mediziner und Psychologe Schiller beginnt früh, sich für das Feld der Geschichte zu interessieren. Bereits sein zweites Drama, das er direkt nach der triumphalen Uraufführung der *Räuber* (im Januar 1782 in Mannheim) in Angriff nimmt, *Die Verschwörung des Fiesco zu Genua*, verwendet einen historischen Stoff; dabei hält Schiller sich jedoch nicht an die überlieferten historischen Fakten. Der reale Fiesco, der Führer eines erfolgreichen Volksaufstands gegen den Genueser Tyrannen, setzte sich selbst zum neuen Herrscher ein und ertrank kurz nach diesem Verrat der republikanischen Ziele zufällig. Schiller ändert einen entscheidenden Punkt: Er lässt den Verräter durch seinen Mitverschwörer Verrina ertränken. Der Grund geht letztlich auf eine Differenzierung der aristotelischen *Poetik* zurück: Während der Historiker darzustellen habe, was tatsächlich geschehen sei, solle der Dramatiker darstellen, was – nach Maßgabe von Kausalität und Wahrscheinlichkeit – hätte geschehen können; sein Feld ist also nicht das Wirkliche, sondern das Mögliche. Und dieses Mögliche soll sich zu einem Ganzen mit Anfang, Mitte und Ende fügen, in dem alle Zwischenschritte ihre (kausale) Funktion haben.

Wenn die Handlung des *Fiesco* an der Stelle abbrechen würde, an der Fiesco zufällig ertrinkt, würde ihr das Entscheidende fehlen: ein Ende. Dies erläutert Schiller in der „Vorrede" zum Drama unter Rückgriff auf einen Gedanken aus Lessings *Hamburgischer Dramaturgie*[43]: Die „Natur des Dramas" duldet den „Finger des Ohngefährs oder der unmittelbaren Vorsehung nicht"[44], weil sich das dramatische Geschehen dann nicht selbst zum Ganzen rundet; denn Zufall wie göttliche Vorsehung wirken ja von außen ein und haben keine Ursache im Drama selbst. Schiller aber glaubt (wie die meisten aufgeklärten Zeitgenossen auch) daran, dass die Weltgeschichte ein solches Ganzes ist; allerdings kann es vom beschränkten menschlichen Verstand nicht ganz überblickt werden. Die Forderung, das Historische im Drama zu einem in sich geschlossenen Ganzen zu machen, ergebe sich aus dem letztlich moralischen Auftrag des Dramas: „der Künstler wählt für das kurze Gesicht der Menschheit, die er belehren will [...]."[45] Damit das *Fiesco*-Drama „belehren" kann, muss gezeigt werden, dass Verrat sich nicht auszahlt, Fiescos Verfehlung und sein Tod müssen also kausal zusammenhängen und dies auf eindeutig erkennbare Weise.

Dem Gedanken, dass ein Drama sich zum Ganzen runden müsse, wird Schiller als Dramatiker treu bleiben (es handelt sich ja um eines der formalen Merkmale der klassizistischen Wende gegen den ‚Sturm und Drang'); dem Glaubenssatz der Ganzheit der Geschichte wird er als Historiker die Treue halten. Der Lessingsche Optimismus, dass im Weltganzen „Weisheit und Güte"

Zufall vs. Notwendigkeit

herrschen[46], dass alles Geschehen seinen Sinn offenbart, wenn nur die Zusammenhänge weit genug überschaut werden, wird später massiv unter Druck geraten: unter dem Eindruck einer letztlich chaotisch verlaufenden Geschichte, die sich gegen das Individuum und seinen Willen kehrt (wie im *Wallenstein* deutlich dargestellt wird).

Schiller als Historiker Dass Schiller sich Mitte der 1780er Jahre verstärkt der Geschichtsschreibung zuwendet, hat wie so viele seiner konzeptuellen Entscheidungen und künstlerischen Neuorientierungen handfeste ökonomische Gründe. Schiller will sich nicht nur als erfolgreicher Zeitschriftenherausgeber etablieren, sondern strebt auch die Sicherheit einer bürgerlich-akademischen Karriere an. Beides glaubt er auf dem Feld der Geschichte erreichen zu können, das zu dieser Zeit sowohl ein großes Publikumsinteresse genoss, wie auch als akademische Disziplin stark ausgebaut wurde.

Schiller veröffentlicht zunächst die *Geschichte des Abfalls der vereinigten Niederlande von der Spanischen Regierung* (1788). Ihr folgt dann – als in drei Jahrgängen (1790-92) erscheinender Beitrag für den *Historischen Calender für Damen* – die voluminöse *Geschichte des Dreißigjährigen Krieges*; sie verfasst Schiller, als er bereits außerordentlicher Professor für Geschichte in Jena ist. Wichtige Leitlinien seines historischen Denkens in dieser Zeit enthält seine Antrittsvorlesung, die er unter großem Publikumsinteresse – von den etwa 500 Anwesenden waren offenbar viele gekommen, um den bekannten Autor der *Räuber* einmal aus der Nähe zu erleben – am 26. und 27. Mai 1789 hielt; im November veröffentlichte er sie unter dem Titel *Was heißt und zu welchem Ende studiert man Universalgeschichte?*

Im ersten Teil spricht Schiller sich strikt gegen eine am praktischen Nutzen orientierte Forschung und für eine Autonomie der Wissenschaften, die auf die mit dem Namen Wilhelm von Humboldt verbundene Universitätsreform vorausdeutet, aus; im zweiten Teil wendet er sich seinem eigentlichen Thema, der „Universalgeschichte", zu. Ganz aufklärerisch sind die Charakterisierung seiner Zeit als eines „Zeitalters der Vernunft"[47] und vor allem der zentrale Gedanke, dass die Vervollkommnung der menschlichen Vernunft im „großen Naturplan" vorgesehen sei, dass „die stille Hand der Natur schon seit dem Anfang der Welt die Kräfte des Menschen planvoll entwickelt" habe.[48]

Universalgeschichte Die Universalgeschichte (also die gesamte Weltgeschichte) ist zwar ein Ganzes mit Anfang, Mitte und Ende; ein bestimmtes historisches Geschehen lässt sich aber nicht als Ganzes wahrnehmen: „Es zieht sich [...] eine lange Kette von Begebenheiten von dem gegenwärtigen Augenblicke bis zum Anfange des Menschengeschlechts hinauf, die wie Ursache und Wirkung in einander greifen. *Ganz* und *vollzählich* überschauen kann sie nur der unendliche Verstand; dem Menschen sind engere Grenzen gesetzt."[49] Diese Grenzen sind zunächst ganz einfach solche der Quellenlage, denn für viele historische Vorgänge sind keine Quellenbelege vorhanden. Dem muss abgeholfen werden, indem die überlieferten „Bruchstücke durch künstliche Bindungsglieder verkettet" werden[50]: durch *hypothetische* Setzungen von Zusammenhängen. Dies leistet der „philosophische Geist".

Zitat

Eine Erscheinung nach der andern fängt an, sich dem blinden Ohngefähr, der gesetzlosen Freyheit zu entziehen, und sich einem übereinstimmenden Ganzen (das freylich nur in seiner Vorstellung vorhanden ist) als ein passendes Glied anzureyhen. [...] Er [der „philosophische Geist"] nimmt also diese Harmonie aus sich selbst heraus, und verpflanzt sie ausser sich in die Ordnung der Dinge d. i. er bringt einen vernünftigen Zweck in den Gang der Welt, und ein teleologisches Prinzip in die *Weltgeschichte*.[51]

Dass also **Kausalität**, gewissermaßen die Mitte im Verlauf der Begebenheiten, in der Welt schon herrscht, steht für Schiller außer Frage; aber erst der Historiker stattet das von ihm darzustellende Geschehen mit einer hypothetischen **Teleologie** aus und erzeugt so im Kleinen ein Ganzes, wie es die Universalgeschichte im Großen ist. Nichts anderes aber: eine Darstellung zu einem Ganzen *machen*, tut der Dramatiker – wie schon Aristoteles wusste.

Kurz vor seiner Ernennung zum Professor trifft Schiller in einem Brief an seine spätere Schwägerin Caroline von Beulwitz einige für seine Auffassung des Verhältnisses zwischen Historiker und Dramatiker (die er ja in seiner Person vereinen will) zentrale Aussagen: „Die Geschichte ist überhaupt nur ein Magazin für meine Phantasie, und die Gegenstände müssen sich gefallen laßen, was sie unter meinen Händen werden." Schiller unterscheidet die *„innre Wahrheit"*, die „philosophische und Kunstwahrheit", von der „historischen" und erklärt die philosophische zur letztlich „wichtigeren Art von Wahrheit".[52] Damit bezieht er sich auf die aristotelische Unterscheidung zwischen der (philosophischen) Wahrheit der poetischen Darstellung und der Wahrheit des Historischen; und auch die Höherbewertung

(Randnotiz:) Philosophische vs. historische Wahrheit

der Ersteren findet sich bereits bei Aristoteles, dem zufolge die Dichtung „etwas Philosophischeres und Ernsthafteres [ist] als die Geschichtsschreibung; denn die Dichtung teilt mehr das Allgemeine, die Geschichtsschreibung hingegen das Besondere mit".[53]

Das individuelle Allgemeine

Zunächst paradox erscheint dabei folgender Gedanke: Das „Allgemeine", das die Dichtung mitteilt und das die ‚Einheit der Handlung' ausmacht, „besteht darin, daß ein Mensch von *bestimmter* Beschaffenheit nach der Wahrscheinlichkeit oder Notwendigkeit *bestimmte* Dinge sagt oder tut"[54]; das heißt also, das Mögliche und Allgemeine liegt in der „Allgemeinheit eines bestimmten – individuellen – Charakters gegenüber seinen einzelnen Handlungen und Äußerungen".[55] Es geht also nicht um den Menschen im Allgemeinen, auch nicht um das Geschehen im Besonderen, sondern um den besonderen Menschen, der gegenüber dem besonderen Geschehen relativ allgemein ist. Die Ausfaltung des Charakters dieses Menschen im Drama lässt sich als „teleologisches Geschehen" verstehen, also eines, das, im Rahmen der von „Wahrscheinlichkeit oder Notwendigkeit" bestimmten Möglichkeiten, zu einem Ziel führt[56]; ein Prozess hingegen, der nur von Notwendigkeit bestimmt wird, der also (natur-)gesetzmäßig zu einem bestimmten Ziel führt, könnte im Sinne der aristotelischen *Physik* als entelechischer charakterisiert werden: als eine Verwirklichung der allein im Stoff liegenden Form.

Das Ende

Im Anschluß an Aristoteles lassen sich also drei Arten von Enden eines dargestellten Prozesses unterscheiden: 1. Ein **teleologisches** Ende eines Vorgangs ergibt sich aus seinem Anfang nach Maßgabe der Wahrscheinlichkeit (was die Möglichkeit einschließt, dass einiges mit Notwendigkeit geschieht): Der Weg vom Beginn des Prozesses zu seinem definitiven Ende ist kausal erklärbar; was passiert, ist wahrscheinlich, aber es ist nicht als Ganzes notwendig. Der Prozess hat schließlich ein folgerichtiges, aber nicht das einzig mögliche Ende gefunden. 2. Ein **entelechisches** Ende folgt notwendigerweise schon aus dem Anfang, ohne mögliche Alternative – so, wie Aristoteles sich das Wachsen einer Pflanze aus einem Keim vorstellt. 3. Dargestellte Vorgänge können aber auch aufhören, ohne dass sie ein eigentliches Ende finden: indem die Darstellung einfach beendet wird, während z.B. das Dargestellte in der Realität weiterläuft. Hier liegt der rein äußere Schluss der Darstellung nicht im Dargestellten selbst. Dies kann als Moment der **Finalität** bezeichnet werden, weil das Dargestellte zwar ein Ende hat, aber kein Ziel (gr. *telos*). Man muss daher bei der Darstellung eines Geschehens unterscheiden, ob das Ende nur in der Darstellung, schon im Dargestellten selbst oder sogar bereits in dessen Anfang liegt. (Allerdings sind alle diese Formen letztlich Effekte der Darstellung; und dass etwa ein teleologischer Prozess nur so dargestellt wird, als sei er selbst teleologisch, sagt Schiller schon in seiner Antrittsvorlesung.)

Eine kausale geordnete teleologische Darstellung eines Geschehens, die ein Ganzes mit Anfang, Mitte und Ende ausmacht, heißt in der Ästhetik des 18. Jahrhunderts eine „Fabel". Dabei handelt es sich um die eingedeutschte lateinische Übersetzung des aristotelischen Begriffs „mythos". Was heute mit dem Begriff „Mythos" bezeichnet wird, ist oft eine entelechische Fabel, d.h. die Darstellung eines Geschehens, dessen Ende in seinem Anfang schon beschlossen ist. Ein Mythos muss nicht unbedingt von Göttern und transzendenten Mächten erzählen; aber sein Geschehen ist meist durch eine transzendente Tiefenstruktur bestimmt.[57] Ein Mythos ist ein Geschehen, das entelechisch *in illo tempore*, in einer Vorzeit, also eigentlich jenseits des Raum-Zeit-Kontinuums gründet; es hat seine Wurzeln also vor allem in einem transzendenten, intentionalen Sinnraum.

(margin: Mythos)

Das Drama und besonders die Tragödie ist also ein Ganzes mit Anfang, Mitte und Ende, wobei das Ende als teleologische, aber nicht unbedingt naturgesetzmäßig-entelechische Entfaltung aus dem Anfang, aus der Erfindung des individuellen Protagonisten, folgt; ein einzelnes historisches Geschehen hingegen hat kein Ende und keinen Anfang – jedenfalls nicht von selbst.

Die Macht des Faktischen: *Wallenstein*   3.

Die historische Person, der Schiller sich mit dem größten dramaturgischen Aufwand zugewendet hat, ist diejenige des Albrecht von Wallenstein (1583-1634), des berühmten Feldherrn des Dreißigjährigen Kriegs. Dabei kann er auf eigene historiographische Vorarbeiten zurückgreifen: seine *Geschichte des Dreißigjährigen Kriegs* von 1790-92. Seinerzeit, vor Beginn der kriegerischen Auseinandersetzung mit dem revolutionären Frankreich, interessierte ihn der Krieg noch als Vorgeschichte des Westfälischen Friedens, in dem sich sein „geheimes weltbürgerliches Telos" offenbarte.[58] Gezeigt werden sollte die Entstehung eines relativ stabilen Friedens in Europa aus den Schrecken des Krieges. Dafür greift Schiller historisch weit zurück: bis zur Reformation, die er als Ursprung aller „Weltbegebenheiten"[59] bis zum Westfälischen Frieden charakterisiert; denn der folgende Kampf von Protestantismus und Katholizismus ist für ihn eine der wesentlichen Triebkräfte der geschichtlichen Entwicklung und des Fortschritts.

Wallensteins Charakter

Schon in der *Geschichte des Dreißigjährigen Kriegs* charakterisiert Schiller das Geschehen als „kriegerisches Drama"[60]; das betrifft die Akzentsetzungen und die Zuspitzung auf die Konfrontation von geradezu **dramatischen Charakteren**. Er nimmt also eine „Dramatisierung von Geschichte" vor, die dann „als Handlungszusammenhang" erscheint – im starken, poetischen Sinne des Begriffs Handlung.[61] Deren Einheit garantiert, wie Aristoteles von der Tragödie forderte, der Charakter einer Figur: derjenige König Gustav Adolfs von Schweden (1594-1632). Zwar beurteilt Schiller Wallenstein höchst ambivalent („durch Ehrgeiz emporgehoben, durch Ehrsucht gestürzt, bey allen seinen Mängeln noch groß und bewundernswerth, unübertrefflich, wenn er Maß gehalten hätte"[62]); im Rahmen der moralischen Polarität Gut vs. Böse, die in verschiedenen Figurenkonstellationen durchgespielt wird, spielt er eine negative Rolle. Der positive Pol ist stets mit Gustav Adolf besetzt.[63] Im *Wallenstein*-Drama verlagert Schiller die Polarität in *einen* der negativen Pole: in Wallenstein. Er vereinigt in sich die „Tugenden des *Herrschers*" *und* die Gefährdungen der „Ehrsucht".[64]

Dass den Dramatiker im Falle historischer Figuren nicht deren konkretes Handeln, sondern deren Anlage als **Charakter** interessiert, macht ein Satz aus *Ueber das Pathetische* deutlich: „Selbst an wirklichen Begebenheiten historischer Personen ist nicht die Existenz, sondern das durch die Existenz kund gewordene Vermögen das poetische."[65] In der Differenz von „Vermögen" vs. „Existenz" kehrt aber die aristotelische Unterscheidung zwischen der philosophischen Allgemeinheit des besonderen Charakters und der bloßen historischen Besonderheit des wirklich Geschehenen, der Handlungen des Charakters, wieder. Im *Wallenstein* kommt als Charakteristikum hinzu, dass sich dessen „Vermögen" gerade deswegen aus den Wirkungen seines Handelns ablesen lässt, weil er diese Wirkungen selbst nicht mehr steuern kann. Darin zeigt sich ein (gegenüber der Antrittsvorlesung als Veränderung auffälliger) „Geschichtspessimismus"; er situiert Schiller am Beginn der Moderne, die „die Autonomie des Individuums gegenüber den kontingenten Geschichtsmächten zerfallen sieht".[66] In die Geschichte des Drei-

Abb. 24: Albrecht von Wallenstein, Ölgemälde

ßigjährigen Kriegs hatte er noch ein „teleologisches Prinzip" projiziert (siehe S. 93); demzufolge entwickelt sich eine negativ-positive Polarität (Katholizismus – Protestantismus, Ehrsucht – Herrschertugenden usw.) auf lange Sicht zum Positiven, auch wenn mittelfristig das Positive unterliegt. Diese Teleologie mit positivem Ende transformiert Schiller im Drama in eine Entelechie mit negativem Ausgang. Pessimistisch gewordenes Geschichtsdenken und der Rückgriff auf aristotelische Prinzipien der Tragödie gehen dabei eine Synthese ein.

Während der Arbeit am *Wallenstein* schreibt Schiller an Goethe, mit dem er sich schon im Umfeld der gemeinsamen Balladen-Produktion ausführlich über die *Poetik* des Aristoteles ausgetauscht hatte: „[...] der Stoff ist in eine reine tragische Fabel verwandelt. Der Moment der Handlung ist so prägnant, daß alles was zur Vollständigkeit derselben gehört, natürlich, ja in gewißem Sinn nothwendig darinn liegt, daraus hervor geht."[67] Im Adjektiv **„prägnant"**, das eine wichtige Rolle in der ästhetischen Theorie von Lessings *Laokoon*-Schrift spielt, liegt dabei durchaus noch die organische Vorstellung einer Geburt.[68] Dass Schiller sich die dramatische Entwicklung als naturhaften Vorgang vorstellt, macht auch eine Notiz zum Fragment gebliebenen *Warbeck*-Drama deutlich:

Entwicklung (margin)

Zitat

Die Handlung ist eine aufbrechende Knospe, alles liegt schon darinn und es entfaltet sich nur in der Zeit.
Alles muß sich natürlich und nothwendig aus den Præmissen entwickeln; was daher geschieht und sich ereignet, muß gleich in der Idee und in der Anlage des Stücks vorbereitet und begründet seyn.[69]

Als „natürliche und nothwendige" Entfaltung, also als Entelechie, stellt Schiller sich die „tragische Analysis" vor, wie er sie – mit Aristoteles – Sophokles' *Ödipus* abgelesen hat; so heißt es im schon zitierten Brief an Goethe: „Alles ist schon da, und es wird nur herausgewickelt."[70] Was im *Ödipus* „herausgewickelt" wird, ist dasjenige, was für Aristoteles überhaupt das Tragische ausmacht: der entscheidende Fehler, die *hamartía*, des tragischen Helden. Dieser „charakterbedingte und sittlich relevante Denkfehler"[71], der dann das tragische Geschehen auslöst, ist für Aristoteles idealerweise eine „Verkennung"[72]: eine moralisch zu bewertende intellektuelle Fehlleistung.

Der entscheidende Unterschied zwischen Ödipus und Wallenstein, der schon als „König Ödipus in Böhmen"[73] bezeichnet worden ist, besteht aber darin, was eigentlich „herausgewickelt" wird: In der *Ödipus*-Tragödie ist alles „schon da", weil zu Beginn schon alles geschehen ist: Ödipus hat, im Versuch die prophezeite Tötung seines Vaters und die Heirat mit seiner Mutter zu vermeiden, beides bereits lange vor Beginn der Dramenhandlung vollzogen, und im Drama geht es nur darum zu zeigen, wie er das herausfindet. Die Prägnanz der Ausgangssituation bezieht sich also nur auf die ‚auswickelnde' Erkenntnis des Geschehens, das sich im Verborgenen bereits ‚entwickelt' hat. Die *Wallenstein*-Trilogie hingegen hat eine echte Handlung, die nicht nur in der Offenlegung von bereits zuvor Geschehenem besteht.

Handlung   Explizit als „Tragödie" bezeichnet Schiller nur den letzten Teil der 1800 veröffentlichten Trilogie[74], *Wallensteins Tod*. Der erste Teil, *Wallensteins Lager*, ist insgesamt als **Exposition** angelegt, für die wiederum ein „Prolog" eine Rezeptionsanweisung liefert. Er erläutert, dass Wallenstein, der erst in *Die Piccolomini* als Figur auf der Bühne erscheint, „in den kühnen Scharen" der Soldaten, „die sein Befehl gewaltig lenkt", als Abwesender, als „Schattenbild", anwesend ist.[75] Der wilde Haufen der Soldaten wird nicht von innen, etwa von einem gemeinsamen Ziel, sondern vielmehr nur von außen, von der Persönlichkeit des Feldherrn zusammengehalten.[76] Trotz ihrer atmosphärischen Qualitäten ist die Darstellung des Feldlagers nicht ‚naturalistisch'; vielmehr macht schon der „Prolog" deutlich, dass das Geschehen in eine ästhetische Distanz gesetzt ist, die formal durch den gereimten Vers markiert ist.

Den folgenden Teil, *Die Piccolomini*, hat Schiller im Untertitel als

Abb. 25: Die Piccolomini IV,7. Titelkupfer zu einem *Wallenstein*-Nachdruck

„Schauspiel" ausgewiesen. Seine Funktion besteht darin, das Moment der „Verkennung" zu begründen und die Wurzeln des Konflikts darzustellen, dessen ‚natürliche' Konsequenz schließlich nichts anderes als der Untergang Wallensteins sein kann. Wallenstein hat seine Truppen in Pilsen zusammengerufen; dies deutet für Octavio Piccolomini und den ebenfalls anwesenden kaiserlichen Gesandten Questenberg unmissverständlich „auf einen nahen Ausbruch der Empörung"[77], einer Revolte Wallensteins gegen den Kaiser.

Die Figuren der Trilogie bilden in mehrerer Hinsicht Gegen- | Konstruktion
satzpaare, weil sie jeweils einander polar gegenüberstehende Konzepte verkörpern. Octavio Piccolomini steht für die Loyalität dem Kaiser und den „alten, engen Ordnungen" gegenüber[78], also für das, was der Soziologe Max Weber (1864-1920) später als ‚traditionale' Herrschaft bezeichnet hat. Wallensteins Herrschaft hingegen ist ‚charismatisch', weil sie auf der Außenwirkung der Person des Herrscher gründet.[79] Die Polarität von Realismus und Idealismus verkörpern Octavio und sein (von Schiller als Figur erfundener) Sohn Max Piccolomini; der wiederum liebt Wallensteins Tochter Thekla und hofft auf einen durch Wallenstein garantierten europäischen Frieden. Sein Plädoyer für eine offene, empfindsame Sprache des Herzens steht in scharfem Kontrast zur kalkulierten politischen Klugheit, zur „Staatskunst"[80] seines Vaters Octavio; sie erfordert, die eigenen Ziele zu verschleiern – was, wie im Falle Octavios, zuletzt in Verrat münden kann.

Wallenstein selbst hingegen schwankt – nicht nur zwischen Realismus und Idealismus, sondern auch in seinen konkreten Zielen und in seinem (Nicht-)Handeln. Vordringlich ist er persönlich gekränkt, weil er, in der Vorgeschichte des Dramas, auf dem Fürstentag zu Regensburg als kaiserlicher Feldherr abgesetzt worden ist. Dass er nun mit den verfeindeten Schweden verhandelt, soll ihm zunächst nur alle Optionen offen halten, bewirkt aber das Gegenteil; denn bereits dieses Spiel mit dem Gedanken an Verrat wird ihm als tatsächlicher Verrat ausgelegt. Abgesetzt werden soll Wallenstein ausgerechnet durch Octavio Piccolomini, den er für seinen Freund hält – ein Glaube, in dem er sich durch ein Horoskop bestärkt fühlt:

Zitat

Es gibt keinen Zufall;
Und was uns blindes Ohngefähr nur dünkt,
Gerade das steigt aus den tiefsten Quellen.
Versiegelt hab ichs und verbrieft, daß er
Mein guter Engel ist [...].[81]

Abb. 26: Wallenstein (*Wallensteins Tod* III,13). Zeitgenössischer Kupferstich

Wallensteins Tod führt zu Beginn das zentrale Motiv der Astrologie ein: Wallenstein und sein Astrologe Seni glauben zu erkennen, dass die Sterne für das bislang hinausgezögerte Handeln günstig stehen. In diesem Moment wird Wallenstein gemeldet, dass sein Unterhändler Sesina verhaftet worden ist. Wallenstein begreift, dass ihm die Initiative zum Handeln aus den Händen genommen ist, bevor er sie recht ergriffen hat; denn nun *muss* er sich mit den Schweden verbünden: „Wärs möglich? Könnt' ich nicht mehr, wie ich wollte? / Nicht mehr zurück, wie mirs beliebt? Ich müßte / Die Tat *vollbringen*, weil ich sie *gedacht* [...]?"[82] Dass er ausgerechnet Octavio Piccolomini, der nicht nur Führer der Gegenpartei, sondern auch designierter Nachfolger Wallensteins ist, in seine geheimen Pläne einweiht, erweist sich als weiterer entscheidender Fehler.

Zum Werkzeug der Beseitigung Wallensteins wählt der alte Piccolomini den General Buttler, der Wallenstein bisher treu ergeben gewesen ist (obwohl dieser ihm mit Misstrauen begegnete); Octavio bringt Buttler so sehr gegen seinen Feldherrn Wallenstein auf, dass er diesen ermordet. Am Ende aber wird deutlich, dass die Erhebung Octavios in den Fürstenstand für ihn alles andere als einen Triumph bedeutet. Nachdem er zuvor noch vom Freitod seines Sohnes Max erfahren hat, der seine Soldaten, die später sprichwörtlichen Pappenheimer, mit in den Tod gerissen hat, schließt das Trauerspiel damit, dass Octavio stumm und „schmerzvoll zum Himmel" blickt.[83]

Wallensteins Scheitern eine erhabene Haltung in dem Sinne abzulesen, dass er „eine Gewalt, die er der Tat nach erleiden muß, *dem Begriff nach zu vernichten*"[84] in der Lage wäre, ist schwierig – nicht zuletzt deswegen, weil er in dem Moment, in dem sich die Gewalt tödlich äußert, gar nicht auf der Bühne ist. Zwar kann der Zuschauer Wallensteins Scheitern gegenüber eine Haltung im Sinne der Ästhetik des Erhabenen einnehmen und die unabwendbare Gewalt in der Geschichte intellektuell-moralisch „vernichten" (weil er sich als Zuschauer „für eine bestimmte Zeit aus dem Geschichtsprozeß zurückzieht"[85]); das eigentlich tragödientypische Moment des „Pathetischerhabenen" aber wird höchstens auf einer Schwundstufe erzeugt.[86] Eher wird das Gefühl des „Kontemplativerhabenen" gegenüber der Geschichte als „erhabenem Object"[87] erregt.

Auch an Octatvio Piccolomini wird deutlich, was sich schon an Wallenstein gezeigt hat: Das **Handeln** des Einzelnen unterliegt Mechanismen, die der Einzelne nicht kontrollieren kann. Wie in der antiken Tragödie gibt es eine Macht, die das Handeln des Einzelnen bestimmt – nur dass diese Macht hier keine metaphysische ist, sondern eine politische. An die Stelle der alles lenkenden Götter ist eine Gemengelage politischer Interessen getreten. Die kollidierenden Machtansprüche der anderen sind es, die es dem Einzelnen unmöglich machen, seine Machtansprüche gezielt durchzusetzen. Das heißt: die Politik steuert das Geschehen nicht – weder im Drama noch in der Realität; sie macht bloß unmöglich, dass jemand das Geschehen nach seinem Willen steuert. Politik ist also die Ursache von Kontingenz, von Zufall, nicht von Notwendigkeit.

Wallensteins Glaube an die Macht der Sterne sowie seine Berufung auf die Instanz des **Schicksals** scheinen zunächst der Tatsache zu widersprechen, dass die metaphysisch-intentionale Lenkung durch Politik und damit durch Kontingenz ersetzt ist. Wallenstein aber ist nicht das Werkzeug höherer Mächte, sondern jemand, der seine (Entscheidungs-)Freiheit mutwillig an das abgibt, was er nur für sein Schicksal hält; nur er selbst, nicht Schillers Drama (oder gar sein Autor) glaubt an die Macht der Sterne. „Der Begriff des Schicksals und die ihm verschwisterten Chiffren [...] sind entmythologisierte Symbole der selbstgeschaffenen Zwänge politischen Handelns."[88]

Schicksalsglaube

Diese Zwänge sind nicht nur keine metaphysischen, sie bürgen auch – anders als göttliche Ratschlüsse in der antiken Tragödie – nicht für eine höhere Steuerung und Ordnung des Geschehens. Im politischen Raum, wie Schiller ihn in seiner Gegenwart, der Zeit unmittelbar nach der Französischen Revolution beobachtet, herrscht die pure Kontingenz; über sie kann nur eines mit Gewissheit gesagt werden: dass der Einzelne nicht durchsetzen kann, was er will, dass er also letztlich nicht frei handeln kann. Die Notwendigkeit, die im Drama herrscht, ist – im Blick auf die dargestellte Welt der Figuren – nur eine negative, der zufolge letztlich nicht zielgerichtet gehandelt werden kann. Die Handlung der Tragödie ist also nur als dramatische Handlung, nicht als ‚reales' Geschehen notwendig; was geschieht, geschieht nur deswegen notwendigerweise, weil es sich um eine Tragödie handelt, nicht weil sich in der Welt solches Geschehen notwendigerweise auf solche Weise vollzieht.

Entelechie des Geschehens　　Letztlich liegt die **Notwendigkeit**, der Keim der Handlung, der dann ausgewickelt wird, allein in dem, was zu Beginn des Dramas „schon da" ist: in den „Præmissen", den ‚allgemeinen' Charaktereigenschaften Wallensteins als Voraussetzungen, die dann in der besonderen Situation entwickelt werden. Seine *hamartía* entfaltet nicht nur ihre Wirkung erst im Drama selbst, sie findet auch erst dort statt. Denn Wallensteins charakterbedingter Fehler ist nicht, dass er, wie sein historisches Vorbild, sich vom Kaiser abwendet[89]; vielmehr besteht er ganz im Sinne Aristoteles' in der „Verkennung", die ihn „die Tat *vollbringen*" lassen muss, an die er zuvor bloß „gedacht" hat. Sein Fehler ist also, dass er die Konsequenzen seines Tuns so wenig bedenkt, dass die Wirkung nun der Ursache vorausgeht: indem die Gegenpartei auf einen Verrat reagiert, den sie dadurch erst auslöst, dass sie ihn als vollzogen voraussetzt.[90]

Für die aristotelische *hamartía* ist ein „Ineinandergreifen des moralischen und des intellektuellen Aspekts"[91] wesentlich – und genau dies kennzeichnet Wallensteins Handeln. Auch sein Fehler liegt in der Besonderheit seines Charakters begründet, in einem intellektuell-moralischen Defizit: in der Mischung aus Entschiedenheit und Zaudern, aus Rationalismus und Sternenglauben, aus Realismus und Idealismus, kurz in der inneren Polarität, wie sie für einen Melancholiker typisch ist.[92]

Im Blick auf die Frage nach der **Notwendigkeit** des Geschehens wird man drei Aspekte unterscheiden müssen: die Handlung des Dramas, dessen Struktur und die dargestellte Welt des Dreißigjährigen Kriegs; sie sind bestimmt durch Teleologie, Entelechie bzw. Kontingenz. Auf der Ebene der *Handlung* entwickelt sich alles *teleologisch* – also in einer Mischung aus Zufall und Notwendigkeit – aus dem prägnanten Moment der Exposition in den *Piccolomini*. Die *Struktur* des Dramas, also das, was Schiller mit ‚Idee und Anlage' meint, ist prägnant, weil die Teleologie in Form des universalhistorischen polaren Strukturprinzips, das die *Geschichte des Dreißigjährigen Kriegs* bestimmt, in den Charakter Wallensteins projiziert ist und dieser sich *entelechisch*, mit Notwendigkeit, entwickelt. Das Geschehen in der im *Wallenstein* dargestellten Welt schließlich vollzieht sich nur im negativen Sinne mit Notwendigkeit: weil *nicht* das geschieht, was die Figuren wollen.

4.　Das Katholisch-Erhabene? *Maria Stuart*

Unmittelbar nach der Uraufführung von *Wallensteins Tod* am 20. April 1799 wandte sich Schiller der Geschichte von Maria Stuart zu, die ihn bereits seit Dezember 1782 beschäftigt hatte. Anfang Juni 1800 konnte er die Arbeit abschließen; am 14. Juni wurde das Trauerspiel in Weimar uraufgeführt, im April 1801 erschien es bei Cotta in Tübingen im Druck.

Wie im Falle des *Wallenstein* (und schon des *Fiesco*) bedeutet die Tatsache, dass Schiller intensives historisches Quellenstudium betrieben hat, nicht, dass es ihm um historische Exaktheit ging. Auch hier hat die ‚philosophische' Wahrheit gegenüber der historischen das höhere Gewicht – freilich ohne, dass deswegen eindeutig klar wäre, worin eigentlich die „Kunstwahrheit" besteht. Allerdings liegt es nahe, zu deren Bestimmung Schillers ästhetisch-theoretische Konzepte (wie dasjenige des Pathetischerhabenen) heranzuziehen.

> Historische Wahrheit?

Dass Schiller sich, wie er an Goethe schreibt, bemüht hat, „der Phantasie eine Freiheit über die Geschichte zu verschaffen"[93], lässt sich an vielen Aspekten ablesen: Es betrifft zunächst äußere Merkmale wie das Alter der Protagonistinnen, das Schiller verringert und wechselseitig angenähert hat, um das Moment der erotischen Attraktion auf die männlichen Figuren stärker machen zu können. Die nicht unwichtige Figur des Mortimer ist vollständig erfunden, ebenso wie die erotische Beziehung zwischen Maria und Leicester. Auch die vom Text nahegelegten moralischen Bewertungen der beiden Protagonistinnen stehen im Widerspruch zum Quellenmaterial: Die anglikanische englische Königin Elisabeth erscheint bei Schiller negativer, die katholische Maria Stuart positiver: indem sie vom Vorwurf der Verschwörung gegen Elisabeth entlastet wird. Beide Protagonistinnen erweisen sich als zueinander komplementär konstruiert. Damit prägt sich in den *dramatis personae* von *Maria Stuart* auf deutliche Weise ein dualistisches Moment aus, wie es prototypisch für Schillers ästhetische Theorie ist. Zudem lassen sich deren Dichotomien auf die beiden Figuren projizieren; der dramaturgische Dualismus steht im Dienste des dramentheoretischen. (Dabei erbt er, erwartbarerweise, dessen Widersprüche und Unschärfen und verstärkt sie noch durch das Moment der poetischen Uneindeutigkeit.)

Wie im Falle des *Wallenstein* lassen sich auch hier Spuren von Schillers Beschäftigung mit der *Poetik* des Aristoteles auffinden, und erneut gibt es ein griechisches Vorbild für die Struktur. Schiller folgt der „Euripideischen Methode", also dem für den griechischen Tragiker Euripides (485/84-406 v. Chr.) charakteristischen Verfahren, „die Tragödie mit der Verurtheilung anzufangen" und die Motivationen analytisch zu entwickeln.[94] Maria Stuart hatte ihren Ehemann von ihrem Geliebten ermorden lassen und

> Griechische Vorbilder

war dann nach England geflohen, dort der Verschwörung gegen Elisabeth, auf deren Thron sie selbst Anspruch erhebt, beschuldigt und schließlich verhaftet worden. Davon erhalten Zuschauer und Leser Kenntnis durch die sukzessive Enthüllung der Vorgeschichte.

Handlung Keine Frage ist, *was* geschehen wird – das Todesurteil gegen Maria ist bereits ausgesprochen. Das Hauptinteresse des Textes richtet sich darauf, *wie* sich das Geschehen vollzieht: wann das Todesurteil unterzeichnet und wann es vollstreckt wird sowie schließlich wie Maria auf die Unabwendbarkeit ihres Schicksals reagiert. Um ihre Herrschaft zu sichern, will Elisabeth Maria beseitigen; sie zögert aber, das Todesurteil zu unterzeichnen, weil sie fürchtet, durch Marias Hinrichtung das Volk gegen sich aufzubringen und damit ebenfalls ihre Herrschaft zu gefährden. Statt dessen nimmt sie Mortimers Vorschlag an, Maria heimlich zu ermorden. Der Intrigant aber erweist sich nicht nur als Gesandter von Marias Onkel, sondern auch als zum Katholizismus Konvertierter. An ihm hat sich die, von Schiller kritisch bewertete[95], verführerische sinnliche Kraft des Katholizismus erwiesen (von der aber gerade der Schluss des Trauerspiels ebenfalls nicht frei ist).

Mortimer will Maria befreien und vertraut sich Leicester an, einem enttäuschten Günstling Elisabeths, der sich nun Hoffnungen auf Marias Liebe macht. Um Maria an sich zu binden, überredet er Elisabeth zu einer Unterredung mit Maria – in der Hoffnung, diese könne bei Elisabeth erfolgreich um Gnade ersuchen. Maria Stuart aber will keine Gnade, sondern Gerechtigkeit und hofft, Elisabeth von der Unhaltbarkeit der Anklage überzeugen zu können.

Konstruktion Das Drama ist in **strenger Tektonik** achsensymmetrisch aufgebaut: Im Blickpunkt des ersten und fünften Aufzugs steht die Titelheldin, in dem des zweiten und vierten ihre Antagonistin; im Zentrum des Dramas steht ihre fiktive Begegnung. Sie gewinnt ihre Dynamik aus der Konfrontation der beiden Kontrahentinnen, aus der Kollision von Emotionalität und Rationalität, aus Affekt und politischer Klugheit. Auf Elisabeths Anschuldigungen – „Ihr tötet Eure Freier, / Wie Eure Männer!"[96] – reagiert Maria mit Häme über den Ehebruch, den Elisabeths Mutter Anna Boleyn begangen hat: „Der Thron von England ist durch einen Bastard / Entweiht [...]".[97] Damit triumphiert Maria zunächst im rhetorischen Gefecht; ihr Schicksal aber ist entschieden. „Marias heroisch-öffentlicher Idealismus" scheitert an ihrer eigenen „Seelendynamik".[98] In der Konfrontation der beiden konträr angelegten

Königinnen erweist sich eine Versöhnung als unmöglich; es siegt das „Physische", die „ihren Affekten freien Lauf lassende" Maria, nicht die Moralität.[99] Dieser Sieg aber kann nicht von Dauer sein.

Dass Leicester ein doppeltes Spiel gespielt hat und dass sie, die „eiskalte Rechnerin", auf dem Feld des klugen politischen Handelns, das eigentlich ihre Domäne ist, vom Subjekt zum Objekt gemacht worden ist[100], erkennt Elisabeth an einem Brief aus der Feder Leicesters. Dieser liefert, um sich zu retten, Mortimer aus, der sich selbst tötet. Ein fehlschlagender Mordanschlag auf Elisabeth und die daraus resultierende Forderung des Volks nach dem Tod Marias geben Leicester einen Grund, Elisabeth zur Unterzeichnung des Todesurteils zu raten. Scheinbar bereitwillig übernimmt er die „verhaßte Pflicht" es zu überbringen.[101] Zu spät gestehen die Belastungszeugen, gekauft gewesen zu sein und falsch ausgesagt zu haben, so dass Elisabeth nur noch politisch reagieren kann, indem sie versucht, die Schuld auf ihre Berater abzuwälzen. Leicester aber hat sich inzwischen erfolgreich abgesetzt, wie der Graf von Kent in seinem lakonischen Schlusssatz mitteilt: „Der Lord läßt sich / Entschuldigen, er ist zu Schiff nach Frankreich."[102]

Wie schon in *Don Karlos* (1787) – dort vor allem deutlich im berühmten Dialog zwischen König Philipp und Marquis Posa – stehen auch in *Maria Stuart* die Protagonistinnen für politische Positionen. In den beiden Königinnen werden „zwei in einem geschichtlichen Krisenmoment gegeneinander antretende Herrschaftskonzeptionen und Staatsordnungen" kontrastiert: Feudalabsolutismus und konstitutionelle Monarchie.[103] Und auch hier geht es Schiller um politische Positionen nicht als historische, sondern als theoretische; denn vor allem Elisabeths Verkörperung des konstitutionellen Modells ist insofern anachronistisch, als es Aspekte aufklärerischer Staatsphilosophie zitiert. **Politik** und **Psychologie** erscheinen auch hier verschränkt. In einer experimentellen Anordnung seziert das Drama die „Anatomie sozialen Handelns" und legt dabei, wie schon der *Wallenstein*, die „Deformation des Individuums durch die Zwänge der Politik" offen.[104]

Als Opfer politischer Zwänge und einer rigorosen Selbstdisziplinierung, die die (weibliche) Sinnlichkeit der (männlichen) Vernunft unterwirft, erscheint Elisabeth.[105] Sie wird also als ‚leidende Natur' gezeigt und erfüllt damit eine notwendige Voraussetzung für das ‚Pathetischerhabene'.[106] Ihr Leiden dauerhaft moralisch ‚zu vernichten', gelingt ihr jedoch nicht; vielmehr verspielt sie die

Politik

Chance eines moralischen Siegs, indem sie am Ende die Verantwortung für Marias Tod abschiebt.

Momente des Erhabenen?

Ein stärkeres Moment der Erhabenheit ist immer wieder in der **Fassung**, mit der Maria sich in ihr Todesurteil fügt und ihrer Kontrahentin vergibt, gesehen worden. Dieser „moralische Sieg Marias" gegen den „physischen Triumph Elisabeths", in dem sie den Tod „freudig annimmt"[107], lässt *Maria Stuart* in die Nähe des barocken Märtyrerdramas geraten. (Das bedeutet zugleich, dass mit dem Moment des Leids auch dasjenige des Mitleids mit der Unschuldigen deutlich verringert wird: Wie schon Lessing kritisch bemerkte, erwecken Märtyrer Bewunderung, kein Mitleid.) Bis zum Schluss aber bleibt Maria auch von höchst weltlichen Reizen angezogen („Vergönnet mir noch einmal / Der Erde Glanz auf meinem Weg zum Himmel!"[108]). Ihre Läuterung vollzieht sich erst „an der Schwelle des Todes"[109] – wenn denn überhaupt: denn es ist durchaus unklar, ob Maria Leicester am Ende vergibt oder ihn bewusst moralisch vernichtet. Gegen Deutungen, die „Marias Abgang" im Sinne von *Ueber Anmuth und Würde* als einen „Akt der Würde" (und damit als Ausdruck von Erhabenheit) sehen[110], spricht ein eindeutiges Gender-Argument: Würde und Erhabenheit sind in Schillers Theorie, wie Ende des 18. Jahrhunderts generell, männlichen Charakteren vorbehalten.[111] Das starke religiöse Moment der Szenen V,6 und V,7, in denen Maria die Sakramente empfängt, legt hingegen eher nahe, sie als eine „schöne Seele" zu deuten[112]: als eine Frau also, die über ein (unreflektiertes) „sittliches Gefühl" verfügt.[113]

Über Marias tatsächliche Haltung kann aber wenig ausgesagt werden – weil der Rezipient wenig Eindeutiges über die Affektlage der Figur erfährt. Zwar wird das Leiden Marias am Ende in ein ‚erhabenes' Moment überführt, aber: „Nicht der (erhabene oder schöne) Charakter, die geballte Suggestivität katholischer Bildrhetorik transfor-

Abb. 27: Maria Stuart auf ihrem letzten Gang. Aquarell von J. Wolf jun.

miert die ‚rohe' Gewalt des Affekt- und Leidgeschehens."[114] Dieses Moment wird allerdings durch die Figur des Mortimer verdächtig gemacht, der eben als Resultat einer solchen ‚ästhetischen' Suggestion zum Katholizismus konvertiert ist. Womöglich ging es Schiller um den reinen Effekt; Herzog Karl August jedenfalls intervenierte bei Goethe und setzte wohl tatsächlich für die Weimarer Uraufführung Zensureingriffe bei der Abendmahlsszene durch, weil er den Verdacht hatte, dass die Sinnlichkeit des katholischen Ritus einen Mangel an ‚rührender' Qualität kompensieren sollte (der tatsächlich eine „Schwachstelle" im Konzept des Pathetischerhabenen ausmacht).[115] Vom Katholizismus beeindruckte Zuschauer aber konnten nicht im Sinn des protestantischen Fürsten sein.

Maria Stuart lässt sich allerdings auch so versehen, dass sich hier eine andere Form der Tragödienästhetik andeutet. Der „klassischen' Einfachheit und Prägnanz"[116], der „ausbalancierten und scharf kalkulierten strengen Tektonik", die den Zuschauer „auf Distanz" hält und ihm „Reflexion" ermöglicht[117], steht die Beobachtung gegenüber, dass bei beiden Protagonistinnen das Moment des Pathetischerhabenen, des moralischen Widerstands gegen das Leiden, zweifelhaft bleibt (und es nur zum „Aufschein des Potenzials von Versöhnung" kommt[118]). Möglich aber ist, genau hierin keine Schwäche, sondern das entscheidende Moment des Dramas zu sehen. Was beide Figuren nicht erreichen, ist das Zentrale von Schillers Konzept der Ästhetischen Erziehung: der Ausgleich von Sinnlichkeit von Sittlichkeit. Er vollzieht sich vielmehr *ex negativo*: „Die Tragödie erfüllt sich [...] darin, daß ihr als Fluchtpunkt eine geglückte Balance des Physischen und Moralischen als ästhetischer Zustand gewiesen wird, in dem die Tragödie vermieden würde." Damit erreicht die Tragödie selbst den ästhetischen Zustand des (komplementären) Ausgleichs, den die Figuren verfehlen.[119] In einer solchen Lesart gerät *Maria Stuart* in die Nähe von Goethes *Torquato Tasso*, der ebenfalls seine ‚Rundung' in sich erreicht, indem er beobachtet, dass ein solcher Ausgleich den komplementären Figuren nicht möglich ist.

Distanzierung

Gräzisierendes Experiment: *Die Braut von Messina*   **5.**

Den Plan zu einem Drama mit einem nicht-historischen Stoff fasst Schiller, im Gespräch mit Goethe, unmittelbar nach Fertigstellung des *Wallenstein* (auch wenn er sich dann doch zunächst mit *Maria Stuart* und *Die Jungfrau von Orleans*[120] [1801] erneut der

Historie zuwendet). Als Thema wählt er das Motiv der feindlichen Brüder – und damit geradezu ein Modethema der ‚Sturm und Drang‘-Dramatik[121], das er bereits für seine *Räuber* gewählt hatte. Die Form, die das Drama *Die Braut von Messina* annimmt, ist in ihrem strengen Klassizismus jedoch alles andere als offen (wie es für den ‚Sturm und Drang‘ charakteristisch gewesen ist).[122] *Die Braut von Messina* ist ein dramatisches Experiment, dem man die lange Beschäftigung Schillers mit der griechischen Tragödie und der aristotelischen *Poetik* ansieht. Weitere Anregungen gaben die *Orestie* des Aischylos (525/24-456/55 v. Chr.), aber auch der englische Schauerroman, die *gothic novel*, der „gewisse schauerdramatische Momente“ entstammen.[123]

Formaler Aufbau

Wie schon *Wallenstein* und *Maria Stuart* gestaltet Schiller den Text, im Sinne einer poetischen Distanzierung, in Versen – allerdings wiederum zu großen Teilen im seit Lessings *Nathan der Weise* bewährten reimlosen fünfhebigen Jambus, dem Blankvers. Da es sich um ein Trauerspiel nach klassisch-griechischem Muster handeln soll, liegt es nahe, es mit einem **Chor** zu versehen. Für den Erstdruck, der im Juni 1803, drei Monate nach der Uraufführung, erscheint, schreibt Schiller dann eine programmatische Vorrede „Ueber den Gebrauch des Chors in der Tragödie“, die das Formexperiment im Kontext der Schillerschen Tragödienästhetik ansiedelt.

„Ueber den Gebrauch des Chors in der Tragödie“

Ein Reflex der eigenen Praxis, die er in der Zusammenarbeit mit Goethe am Weimarer Hoftheater gewonnen hatte, ist das Zugeständnis an das Unterhaltungsbedürfnis der Zuschauer. Indem Schiller das Theater zum Vehikel seiner Ästhetik macht, will er dieses Vergnügen „nicht aufheben, sondern veredeln“ – und dies auf eine für Schiller absolut typische Weise:

Zitat

Alle Kunst ist der Freude gewidmet, und es giebt keine höhere und keine ernsthaftere Aufgabe, als die Menschen zu beglücken. Die rechte Kunst ist nur diese, welche den höchsten Genuß verschafft. Der höchste Genuß aber ist die Freiheit des Gemüths in dem lebendigen Spiel aller seiner Kräfte.[124]

Dieses Programm wird nun dazu benutzt, das Moment der ästhetischen Distanzierung des Geschehens zu begründen. „Wahrer Kunst“, so Schiller, gehe es nicht darum, den Menschen „in einen augenblicklichen Traum von Freiheit zu versetzen“, indem sie ihm eine Illusion bietet; vielmehr solle sie ihn „wirklich und in der That frei [...] *machen*“ – und zwar, indem sie den Menschen dazu erzieht, den „rohen Stoff" der Realität „in eine objektive Ferne zu rücken, in ein freies Werk unsers Geistes zu verwandeln, und das Materielle durch Ideen zu beherrschen".[125]

Statt der *„Illusion"* von Wirklichkeit, die nur ein „armseliger Gauklerbetrug" wäre, solle die Bühne ein „Symbol des Wirklichen" bieten[126]; sie solle also gar nicht erst den Anschein eines quasi-wirklichen Geschehens zu erwecken suchen. Neben dem Vers dient der Chor dazu, „dem Naturalism in der Kunst offen und ehrlich den Krieg zu erklären" und die Tragödie durch eine „lebendige Mauer" von der „wirklichen Welt" abzuschließen.[127]

Der Chor *„reinigt* [...] das tragische Gedicht, indem er die Reflexion von der Handlung absondert", das heißt, er verhindert, dass das „Gemüth des Zuschauers" ein „Raub der Eindrücke", ein Spielball der erregten Affekte, wird, und gibt so dem Zuschauer seine „Freiheit" zurück.[128] Indem er eine übermäßige Einfühlung verhindert und den Zuschauer zur Reflexion anleitet, leistet der Chor ziemlich genau das, was Bertolt Brecht später von der ‚Verfremdung' fordern wird. Was bei Schiller noch Korrektiv ist, wird bei Brecht dann zum wesentlichen Mittel des Theaters.

Das zentrale Moment der Handlung entleiht Schiller einer (nicht nur für Aristoteles) geradezu prototypischen Tragödie: dem *König Ödipus* von Sophokles. Schon dort führt der Versuch, das Eintreten einer ungeheuerlichen Prophezeiung zu verhindern, dazu, dass genau das geschieht, was vermieden werden sollte. Anders als der *Ödipus* ist die *Braut von Messina* jedoch kein rein analytisches Drama, in dem auf der Bühne bloß aufgedeckt wird, was bereits vor Einsetzen der Spielhandlung geschehen ist; vielmehr vollzieht sich das entscheidende – zuvor prophezeite – Geschehen vor den Augen der Zuschauer. Dahinter lässt sich als Motivation vermuten, was bereits bei Gottsched (und auch schon in Horaz' *Ars Poetica*) steht: dass die „lebendige Vorstellung" eines Geschehens auf der Bühne stärker wirkt als eine Erzählung (siehe S. 58).

Damit ergeben sich zwei widerstreitende Tendenzen: zum einen die von der Handlung, also zuletzt vom *Stoff*, angeregte Einfühlung des Zuschauers, zum anderen die von der *Form* intendierte Distanzierung. Beides wird in der *Braut von Messina* auf die Spitze getrieben – allerdings nicht unbedingt auf überzeugende Weise: Die den Zuschauer affizierenden Momente der Handlung sind so sehr auf ihre dramatischen Wirkungen (und deren Steuerung durch den Chor) angelegt, dass ihre Ursachen offenbar vernachlässigt werden konnten. Dass im Drama die Verdichtung von Raum und Zeit (in der klassizistischen Tradition meist: *ein*

Prophezeite Tragik

Tag an *einem* Ort, im Sinne der pseudo-aristotelischen ‚Drei Einheiten'-Doktrin; siehe S. 59 f.) den massiven Einsatz des **Zufalls** fordert, ist nichts Besonderes. In der *Braut von Messina* aber wird der Zufall so sehr strapaziert, dass „es scheint, als unterlägen alle Handlungen dem Prinzip der Unwahrscheinlichkeit, das sich zum Prinzip der Unmöglichkeit ausweitet".[129]

Handlung Zu Beginn erwartet Donna Isabella, die verwitwete Fürstin von Messina, ihre beiden Söhne, die „feindlichen Brüder" Don Manuel und Don Cesar, zur Versöhnung in ihrem Haus. Ebenfalls erwartet wird deren Schwester Beatrice. Sie war von der Mutter, wie später enthüllt wird, unmittelbar nach der Geburt in ein Kloster gebracht worden: Ein „sternekundiger Arabier" hatte einen Traum des Vaters ausgelegt und prophezeit, durch eine Tochter würde „sein ganzer Stamm / [...] vergehn".[130] Daraufhin hatte der Vater die Tötung der Neugeborenen angeordnet; die Mutter aber ließ sie heimlich in ein Kloster bringen. Ihr nämlich war von einem Mönch, ebenfalls in einer Traumdeutung, geweissagt worden, dass die Tochter „der Söhne streitende Gemüther / In heißer Liebesglut vereinen würde".[131] Wer den sophokleischen *Ödipus* kennt, weiß, was geschehen muss: beides. Die „heiße Liebesglut" der Söhne führt zu der „ungeheuren Feuerflut", die das „ganze Haus" verschlingt.[132] (Darin, dass das antike Orakel, das in der Moderne keinen Ort mehr hat, hier in den Traum verwandelt erscheint, zitiert Schiller das psychologisierende Moment von Goethes *Iphigenie* – das er selbst als „ungriechisch" bezeichnet hatte; siehe S. 124)

In der Zwischenzeit der Vorgeschichte hatten sich beide Söhne in die schöne Unbekannte verliebt: Don Manuel, als er ihr zufällig im Garten des Klosters begegnete, Don Cesar, als sie, inkognito, am Begräbnis des gemeinsamen Vaters teilnahm. Nun entführt Don Cesar sie, während Don Manuel seiner Mutter und dem Zuschauer von seinem Liebesglück berichtet. Dieses Moment wird mehrfach eingesetzt: Stets ist zufällig der eine Bruder nicht auf der Bühne anwesend, während der andere Dinge berichtet, die deutlich machen, dass alle drei Frauen, die Schwester und die beiden Geliebten der Brüder, eine und dieselbe sind. Schließlich findet Don Cesar Beatrice in den Armen seines Bruders, den er rasend vor Eifersucht ersticht. Und obwohl ihn seine Mutter und seine Schwester davon noch abhalten wollen, ersticht er anschließend auch sich selbst. Mit dem Tod beider Söhne erlischt die Familie und beide Orakel haben sich erfüllt.

Deutungsprobleme In der Schiller-Forschung besteht die Tendenz, die ab den 1790er Jahren entstandenen Dramen auf das Konzept des **Erha-**

Abb. 28: *Die Braut von Messina*. 4. Akt. Joh. Chr. E. Müller nach Joh. Fr. Matthai, 1810

benen zu beziehen. Don Manuel scheidet aber als erhabener Charakter aus, weil er als reines Opfer zu passiv ist. Aber auch Don Cesar handelt keineswegs auf eindeutig erhaben wirkende Weise. Zwar lässt sich seinen letzten Worten, in denen er die Bestrafung für seine Tat fordert, ein gewisser „Gestus der Erhabenheit" ablesen; dahinter wird aber deutlich der Neid auf den Toten und auf die Liebe der Mutter zu diesem sichtbar[133]: „Denkst du, daß ich den Vorzug werde tragen, / Den ihm dein Schmerz gegeben über mich?"[134] Damit erweist sich das Moment der Erhabenheit als bloß vordergründige Rhetorik. Um ein „Räuber-Moor-Ende in klassischem Gewand" hätte es sich gehandelt, wenn Don Cesar sich der Verantwortung für sein triebhaftes Handeln gestellt hätte; statt dessen folgt ein „Rückfall", eine ebenso triebgesteuerte Flucht.[135] Er ‚vernichtet' also nicht „dem Begriff nach" eine Gewalt, die ihn physisch vernichtet; vielmehr vernichtet er nur sich selbst und suspendiert dabei seine Freiheit.

Während später bei Brecht diejenigen Instrumente, die eine affektive Einfühlung des Zuschauers verhindern, zugleich auch die (politisch-soziale) Kausalität der Ereignisse offenlegen, spielt der Chor bei Schiller eher eine zwielichtige, verunklärende Rolle. Dies liegt zum einen an dem, wie Schiller selbst formulierte, „doppelten Charakter" als Instanz der „ruhigen Reflexion" wie als leidenschaftliche „handelnde Person" (wenn die beiden Teilchöre als Gefolge je eines der beiden Brüder agieren); denn als Akteur sei der Chor gerade durch „Blindheit, Beschränktheit, dumpfe Leidenschaftlichkeit der Masse" charakterisiert.[136] Seine Äußerungen haben dabei oft einen sinnspruchhaften, zuweilen auch recht banalen Charakter – ohne dass der Sinn immer klar würde. Dies gilt nicht zuletzt für die höchst zweifelhafte Schlusssentenz: „Das Leben ist der Güter höchstes *nicht*, / Der Uebel größtes aber ist die *Schuld*."[137] Mindestens ebenso häufig wie von Schuld wird nämlich auch von Schicksal gesprochen.

Schuld vs. Schicksal
Schon im *Wallenstein* zitiert Schiller Momente der antiken Tragödie. Dabei ersetzt er die transzendente Instanz des Schicksals, der göttlichen Vorherbestimmung, die im *Ödipus* ganz unausweichlich ist, durch eine negative, weltimmanente Instanz, die aber freies Handeln genauso verunmöglicht: die Politik. In der *Braut von Messina* liegen die Dinge nicht so klar. Hier führt nicht erst der falsche Glaube an Prophezeiungen ins Unglück, sondern die Prophezeiungen erfüllen sich tatsächlich. Wenn aber alles vorherbestimmt ist, wie ist dann persönliche Schuld möglich?

Nicht nur der Chor, sondern das Drama als Ganzes erweist sich so als von „doppeltem", ambivalenten Charakter. Ob der Versuch, die Doppeldeutigkeiten (analog zum Fall Wallensteins) in die Psychologie der Figuren zu verlegen, das Trauerspiel also als „individual- *und* massenpsychologisches Experiment"[138] zu deuten, Erfolg verspricht, kann auch bezweifelt werden: weil die Momente des Zwiespalts nicht in der (Selbst-)Beobachtung der Protagonisten liegen, sondern in der (objektiven) Weltdeutung. Das Drama selbst schwankt in der Frage, ob das schockierende Geschehen aus materialistischen oder metaphysischen Ursachen folgt, ob in der Sinnlichkeit eine Schuld oder im Schicksal eine Unausweichlichkeit liegt.

Wenn Schiller tatsächlich, gemäß den Briefen *Ueber die ästhetische Erziehung des Menschen*, den Stoff durch die Form ‚vertilgt' sehen wollte[139], dann ist dies nicht restlos gelungen. Eine affektive Auseinandersetzung mit dem Drama seitens des Zuschauers, eine psychologische Wirkung wäre aber durch reine Form auch schwerlich zu erreichen gewesen.

6. Der Mythos der Freiheit: *Wilhelm Tell*

Ursprünglich hatte Goethe die Geschichte des Schweizer Nationalhelden darstellen wollen, und es hätte kein Drama werden sollen, sondern ein Versepos in Hexametern. Den Plan dazu hatte er auf seiner Schweizreise gefasst. Sie fand im September und Oktober 1797 statt und sollte eigentlich eine weitere Reise nach Italien werden; davon nahm Goethe dann wegen der unsicheren politischen Lage – den Napoleonischen Eroberungen in Oberitalien – Abstand. Am 14. Oktober 1797 schreibt Goethe an Schiller, er sei „fast überzeugt daß die Fabel vom *Tell* sich werde episch behandeln lassen, und es würde dabey [...] der sonderbare Fall eintreten daß das Mährchen durch die Poesie erst zu seiner vollkommenen Wahrheit gelangte, an statt daß man sonst um etwas zu leisten die Geschichte zur Fabel machen muß".[140]

1760 hatte das anonym erschienene Buch eines Schweizer Pfarrers behauptet, es handele sich um ein „dänisches Mährgen", und auf diese heftig diskutierte und in einigen Kantonen konfiszierte Schrift[141] bezieht sich Goethe wohl mit seiner Formulierung. Tatsächlich ist der Tell-Stoff nicht zuletzt deswegen bereits in den Quellentexten in Form einer Fabel (im aristotelischen Sinne: mit Anfang und Ende; siehe S. 95) überliefert, weil Tell eine **mythologische Figur** ist – was ja nicht bedeutet, dass nicht Teile der über ihn erzählten Fabel ,tatsächlich' geschehen sind. Das ,Märchen', das der dänische Geschichtsschreiber Saxo Grammaticus (etwa 1150-1220) überliefert und das einer noch älteren Tradition eine kanonische Form gibt, erzählt die Geschichte vom Schützen Tokko und enthält jedenfalls bereits das zentrale Motiv der Rache an einem Unterdrücker.[142] Damit ist aber die Figur des Tell, wie sie in Schweizer Quellen auftaucht, in wesentlichen Punkten mythisch präfiguriert. Schillers wichtigste historiographische Quelle, Aegidius Tschudis *Chronicon Helveticum* (1570), erzählt die Fabel vom Schützen als ur-schweizerische Geschichte.

In Schillers Drama erscheint Tell zunächst vor allem als **Außenseiter**. Sein Freund Stauffacher ist es, der einen Aufstand gegen die Fremdherrschaft in der Person des Landvogts Geßler erwägt; Tell hingegen mahnt zur Ruhe und Duldung. Weil er, wie er selbst sagt, ein Mann der einzelnen Tat ist, fehlt Tell auch in der Szene mit dem berühmten Rütli-Schwur (nicht jedoch ohne vorher seine Dienste in Aussicht gestellt zu haben). Sie stellt als Ziel nicht den anarchischen Umsturz vor, sondern die Wiederherstellung der alten Ordnung, der Reichsunmittelbarkeit gegenüber dem deutschen König, verbunden mit der Gleichheit der Stände.[143]

Die Aufständischen wollen „keinen neuen Bund" stiften, sondern „ein uralt Bündniß nur von Väter Zeit / [...] erneuern"; sie wollen „nicht ungezügelt nach dem Neuen greifen", sondern „die alten Rechte [...] bewahren".[144] Die angestrebte Revolution ist also eine im alten, vorrevolutionären Sinne; denn vor der Franzö-

Der Tell-Mythos

Schillers Tell

Revolution

sischen Revolution meinte die aus dem Bildbereich der Astronomie stammende Metapher die „Wiederherstellung des *alten Rechts*, die Restauration eines durch Despotismus gestörten Rechtszustandes".[145]

Durch Tells Abwesenheit bleiben auch, wie Schiller während der Arbeit am Drama, am 5. Dezember 1803 an den Berliner Intendanten Iffland schreibt (der zunächst die Uraufführung übernehmen sollte), die „öffentliche Sache" der Eidgenossen und Tells „Privatsache" strikt von einander getrennt, bis diese „am Schluss" mit jener „zusammengreift".[146] Tell greift ins Geschehen ein, als er und seine Familie *persönlich* vom Landvogt Geßler bedroht werden: Geßler zwingt die Einwohner von Uri zur Ehrerbietung gegenüber seinem Hut, der als Zeichen seiner Herrschaft auf einem Pfahl aufgepflanzt ist. Tell unterlässt dies und wird deswegen von Geßler gezwungen, seinem Sohn mit der Armbrust einen Apfel vom Kopf zu schießen. Das gelingt ihm zwar, ohne den Sohn zu verletzen; weil er aber gesteht, dass er im Falle des Misserfolgs anschließend Geßler getötet hätte, wird er verhaftet. Nach seiner erfolgreichen Flucht schwört er persönliche Rache, die er auch prompt vollzieht, indem er Geßler tötet. Dieser Tötungsakt aber ist nicht nur das „Signal der Erhebung"[147], er ist schlechterdings die Erhebung selbst[148], denn er ist die einzige Handlung des Widerstands, die auf der Bühne dargestellt wird. Während die Tötung Geßlers durch Tell in den Quellen nur ein Moment in einem komplexeren Geschehen ist – der überlieferte Tell ist nur ein Aufständischer unter vielen –, verdichtet Schiller das Geschehen im Dienste des Projekts einer „innren Wahrheit" des Dramas. Damit aber wird nur ein Ende verschoben, über das, verbunden mit einem starken **teleologischen** Moment (siehe S. 93 f.), die ‚historische' Fabel bereits verfügt: weil sie schon mythologisch ist. Ihr Ende liegt in der Rückkehr in den Anfang, in der Wiederherstellung des Urzustands der Reichsunmittelbarkeit, und damit einer zyklischen Struktur. Solche Zyklen aber sind mindestens die Vorstufen eines Mythos.

Entelechische Struktur

Hinzu tritt aber noch ein Moment der **Entelechie**: Das Moment des Aufstandes liegt vollständig in Tells Handeln, das sich seinerseits – wie es bei Wallenstein der Fall ist – im aristotelischen Sinne „nach den Regeln der Wahrscheinlichkeit oder Notwendigkeit" aus seinem Charakter ergibt. Damit verdichtet sich das dramatische Geschehen in letzter Konsequenz auf seinen Keim, auf die Knospe des dramatischen Charakters. Aus ihm entfaltet sich alles Weitere in der Zeit entelechisch. Die kontingenten Anteile des Geschehens, also dasjenige, was bloß den

Regeln der Wahrscheinlichkeit folgt (aber nicht notwendigerweise so geschehen musste, wie es geschieht), sind dabei auf eine Schwundstufe reduziert; denn in keinem anderen ‚historischen‘ Drama Schillers ist das Moment des Politischen so sehr aufs naturhafte Privat-Familiale[149] und damit auf die Interaktion mit dem Charakter des Protagonisten als einer Verkörperung des Naturzustands[150] bezogen wie in *Wilhelm Tell*. Die beiden Ebenen, die im Falle des *Wallenstein* noch unterschieden werden müssen: die strukturell-entelechische und die dramatisch-teleologische, fallen hier zusammen. Hier ist der teleologisch fabulierte Charakter bereits der Kern der historischen Überlieferung in den Quellen. Durch Verdichtung auf ihn wird die ungeordnete Kontingenz der Ereignisse entelechisch geordnet. Im *Wallenstein* wird die kontingente Wirklichkeit insofern ‚realistisch‘ abgebildet[151], als sie das zielgerichtete Handeln der Protagonisten verhindert; im *Tell* besteht der Bezug zur Historie in der reinen Negation. Negation der kontingenten Wirklichkeit ist aber der Mythos schon selbst: weil sich sein Geschehen jenseits der chronikalischen Zeit und (fast) ganz in dem Naturzustand abspielt, in den es zurückführt.

Diesen Naturzustand verkörpert Tell geradezu – allerdings unter den Bedingungen der Moderne, also ‚sentimentalisch‘. Ablesen lässt sich dies an seinem Monolog in der berühmten, als Zitat geradezu berüchtigten, „hohlen Gasse" bei Küßnacht (IV,3). Hier sucht der zuvor unreflektierte mythische Held sein Handeln zu legitimieren, indem er Geßler beschuldigt, ihn aus seiner ‚natürlichen‘ Unschuld gerissen zu haben, die er nun wenigstens für seine Familie retten will.

Zitat

Ich lebte still und harmlos – Das Geschoß
War auf des Waldes Thiere nur gerichtet,
Meine Gedanken waren rein von Mord –
Du hast aus meinem Frieden mich heraus
Geschreckt, in gärend Drachengift hast du
Die Milch der frommen Denkart mir verwandelt,
Zum Ungeheuren hast du mich gewöhnt –
Wer sich des Kindes Haupt zum Ziele setzte,
Der kann auch treffen in das Herz des Feinds.
Die armen Kindlein, die unschuldigen,
Das treue Weib muß ich vor deiner Wuth
Beschützen, Landvogt –[152]

Hier zeigt sich ein „Bewusstsein an der Schwelle der Moderne", das sich durch moralische Reflexion rechtfertigen muss.[153] Aber diese Schwelle wird nur von Tell überschritten, der damit auch einen Schritt in die Isolation tut. Der „Weg", den Tell persönlich – und nicht stellvertretend für das Sozialwesen (dem er als Einzelgänger ja auch kaum angehört) – geht, führt ihn zwar „aus dem Dunkel des unmittelbaren Lebens und seiner substantiellen Einheit mit Gott, Natur und Menschen" heraus und in die „Entzweiung"; dass er aber schließlich „zum Licht der Erkenntnis und des sittlichen Handelns aus Wissen und Verantwortung" gelangt[154], kann bezweifelt werden. Auch wenn die Tötung Geßlers womöglich „aus ethisch gebotener Notwendigkeit" erfolgt, wird Tell durch sie faktisch zum „Mörder".[155] Dieser Konflikt wird auch nicht aufgelöst – weil er nicht aufgelöst werden kann. Tells Bewusstsein erweist sich vielmehr als eines *von* der Moderne: Er erkennt, dass in der Moderne „keine Heimat" ist: „Jeder treibt / Sich an dem andern rasch und fremd vorüber, / Und fraget nicht nach seinem Schmerz". Dies aber liegt daran, dass es alle zu ihrem „Geschäft" zieht, zu einer durch Zweckrationalität bestimmten Tätigkeit. Tells „Geschäft" „ist der Mord"[156], und auch dafür, für diese Entfremdungserfahrung, will Tell sich an Geßler rächen.

Persönliche Motive   In der Tat greifen Tells „Privatsache" und die „öffentliche Sache" am Schluss nur ineinander – indem jene eine wichtige Funktion für diese übernimmt –, sie werden aber nicht identisch. Die *persönliche* Gegengewalt, die Tell gegen Geßler anwendet, wird nicht dadurch politisch, dass der Urheber der ursprünglichen Gewalt, die Tell als gegen sich und seine Familie persönlich gerichtet begreift, seinerseits als *Person* mit dem Repräsentanten der Fremdherrschaft identisch ist. Tell handelt als Privatmann gegen den Aggressor; er nimmt als Einzelner die Schuld persönlicher Aggression auf sich und opfert seine Unschuld für die Anderen. Damit wird er selbst zu einem „Opfer der Geschichte", das am Schluss schweigend abseits steht.[157]

Legitimation im Kontrast   Das Problem der Legitimation von Tells (stellvertretendem) Handeln versucht der Text durch die Einführung einer **Kontrastfigur** zu lösen: Im ersten Auftritt des letzten Aufzugs erreicht die siegreichen Schweizer die Nachricht, dass König Albrecht ermordet worden und der Mörder, sein Neffe, Herzog Johann von Schwaben, geflohen ist. Zwischen den die Szene beschließenden Aufruf Stauffachers, Tell als „Retter von uns allen" zu feiern[158], und das opernhafte Schlussbild ist der Auftritt eines geheimnisvollen Mönchs im Hause Tells eingeschaltet. Im Gespräch entpuppt sich der Besucher als Johann (genannt Parricida). Tell charakterisiert dessen Handeln als heimtückischen Mord und stellt es seinem eigenen gegenüber, das er wiederum nicht aus politischen Gründen rechtfertigt, sondern als „gerechte Nothwehr eines Vaters".[159]

Indem Parricida das niedere Motiv der „Ehrsucht" unterstellt wird, verkörpert er das Gegenbild: die Französische Revolution. In diesem Sinne ruft Schiller sie in einem Gedicht auf, das er als Widmung in ein für den Mainzer Kurfürsten Karl Theodor von Dalberg (1744-1817) bestimmtes Exemplar des *Wilhelm Tell* geschrieben hat. Dort wird, wie im *Lied von der Glocke*, das Wüten „roher Kräfte", in dessen Gefolge „alle Laster schaamlos sich befreyen" und „freche Willkühr an das Heilge rührt", in Gegensatz zu einem Geschehen gesetzt, in dem „ein Volk, das fromm die Heerden weidet, / Sich selbst genug, nicht fremden Guts begehrt, / Den Zwang abwirft, den es unwürdig leidet".[160]

Wilhelm Tell formuliert ein „politisch-ästhetisches Gegenmodell" zur **Revolution** in Frankreich. Und während in Schillers Briefen *Ueber die ästhetische Erziehung des Menschen* nur ein stetiger Umbau des Staates vorgesehen ist, räumt das Schauspiel das Recht auf eine Erhebung gegen die Fremdherrschaft ein – „um der Wahrung des alten Rechtsbestandes willen".[161] Dies zeigt die Rütli-Szene deutlich, in der Stauffacher, wie es bei Schiller oft geschieht, anachronistisch mit zeitgenössischer Staatstheorie argumentiert. Die Aufkündigung des (aufgezwungenen) Gesellschaftsvertrags führt zurück in den Naturzustand im Sinne Jean-Jacques Rousseaus (1712-1778): „Der alte Urstand der Natur kehrt wieder, / Wo Mensch dem Menschen gegenüber steht [...]".[162] Ein Modell, das sich in Schillers Gegenwart aktualisieren ließe, lässt sich daraus wohl kaum ableiten: weil eine solche legitime Revolution nur als diejenige eines mythisierten „Naturvolks" denkbar ist.[163] Diese Bedingungen aber sind in der Moderne verloren, über die Tell, stellvertretend, in seinem Monolog reflektiert; nur unter jenen ließen sich ein allgemeines Blutvergießen und das Schiller so verhasste anarchische Chaos vermeiden, indem der Akt der Aggression an den Einzelnen delegiert würde.

Wilhelm Tell ist eines der erfolgreichsten Dramen Schillers geworden. Bald nach seiner Uraufführung (am 17. März 1804 in Weimar) wird es ins Repertoire anderer Bühnen übernommen. Dabei zeigt die Rezeptionsgeschichte, dass die Handlung politisch nicht unproblematisch ist. In frühen Aufführungen wurde häufig die Rütli-Szene (II,2) zensiert – wohl aus Angst vor der Gefahr einer (vom Text nicht intendierten) politischen Aktualisierung. Zitiert wurde der so genannte Rütlischwur hingegen etwa 1832

Politische Deutungen

Rezeption

beim Hambacher Fest, der ersten demokratischen Massenveranstaltung in Deutschland. Auch die Abgeordneten der von Mai 1848 bis März 1849 bestehenden, in der Frankfurter Paulskirche tagenden Nationalversammlung, des ersten demokratischen Parlaments auf deutschem Boden, führten den Rütlischwur häufig im Munde.

Im nationalsozialistischen Staat spielten sowohl das Theater als auch die Lektüre der ‚klassischen' deutschen Dichter als ‚Künder und Deuter ihres Volkstums' eine wichtige Rolle – und dies, obwohl die NS-Ideologie das von der geistesgeschichtlichen Literaturgeschichtsschreibung propagierte Humanitätsideal der Weimarer Klassik strikt ablehnte. Dramen Schillers standen auf den Lehrplänen und Textauszüge wurden in den NS-faschistischen Schullesebüchern abgedruckt. Aus dem Zusammenhang gerissene Zitate dienten als Themen für Abituraufsätze. Geradezu phrasenhaft gedroschen wurde dabei erneut der Rütlischwur.

In den Spielzeiten 1933/34, 1934/35 und 1938/39 war *Wilhelm Tell* noch das meist gespielte Drama Schillers im Deutschen Reich. Dann aber tauchten Bedenken auf, weil deutlich wurde, dass sich der Text der völkischen Ideologie und dem Führerideal gar nicht fügte: Tells Individualismus widerspricht der Idee der Volksgemeinschaft, und die Tötung Geßlers lässt sich als Rechtfertigung, wenn nicht Verherrlichung des Tyrannenmords deuten. Auf Intervention Hitlers wurden im Juni 1941 die Behandlung von *Wilhelm Tell* in allen Schulformen sowie die Aufführung in Theatern verboten. Von der Spielzeit 1941/42 an wurde der *Tell* nicht mehr gespielt.[164]

Zusammenfassung

Schillers Theorie der tragischen Wirkung setzt die von Lessing entscheidend vorangetriebene Psychologisierung der Dramaturgie fort. Das Vergnügen, das tragische Gegenstände ganz offenbar hervorrufen, kann aber nicht selbst das Ziel sein – und es kann nicht aus dem Leiden entstehen, weil nur Zweckmäßigkeit Vergnügen bereitet. Vielmehr entsteht es letztlich aus einem Gefühl sittlicher Überlegenheit gegenüber der dargestellten unterdrückenden Macht und ist damit ein Zeichen von Freiheit. Die Geschichte interessiert den Dramatiker Schiller nicht als Erkenntnisobjekt, sondern als Anlass zur Darstellung ‚innerer' Wahrheit. Diese liegt letztlich in einer Teleologie, einem Geschehen mit Anfang, Mitte und Ende.

Das teleologische Moment der *Wallenstein*-Trilogie besteht im Sieg der Kontingenz und dem Scheitern politischer Planung. In *Maria Stuart* interessiert Schiller offenbar mehr die rein psychologische Wirkung auf den Zuschauer als die politisch-moralische. Ähnliches gilt für das gräzisierende Experiment der *Braut von Messina*, wo entscheidender ist, *was* geschieht, als, *warum* es geschieht. *Wilhelm Tell* schließlich zeigt die (Unmöglichkeit der) Revolution als Rückkehr in den Naturzustand der Freiheit.

Literatur

Barone, Paul: Schiller und die Tradition des Erhabenen. Berlin: Schmidt 2004.

Berghahn, Klaus L.: „Das Pathetischerhabene". Schillers Dramentheorie. In: Deutsche Dramentheorien I. Beiträge zu einer historischen Poetik des Dramas in Deutschland. Hg. v. Reinhold Grimm. 2. Aufl. Wiesbaden: Athenaion 1978. S. 214-244.

Borchmeyer, Dieter: *Altes Recht* und Revolution. Schillers „Wilhelm Tell". In: Friedrich Schiller. Kunst, Humanität und Politik in der späten Aufklärung. Ein Symposium. Hg. v. Wolfgang Wittkowski. Tübingen: Niemeyer 1982. S. 69-111.

Borchmeyer, Dieter: Macht und Melancholie. Schillers Wallenstein. Frankfurt a.M.: Athenäum 1988.

Dörr, Volker C.: „Ein Ganzes ist, was Anfang, Mitte und Ende hat." – Schillers Dramen zwischen historischer und philosophischer Wahrheit. In: Friedrich Schiller und die Geschichte. Hg. v. Michael Hofmann, Jörn Rüsen und Mirjam Springer. München: Fink 2006. S. 195-208.

Fulda, Daniel: Wissenschaft aus Kunst. Die Entstehung der modernen Geschichtsschreibung 1760-1860. Berlin, New York: de Gruyter 1996.

Greiner, Bernhard: Tragödie als Negativ des ‚ästhetischen Zustands'. Schillers Tragödienentwurf jenseits des ‚Pathetischerhabenen' in *Maria Stuart*. In: Geschichtserfahrung im Spiegel der Literatur. Festschrift für Jürgen Schröder zum 65. Geburtstag. Hg. v. Cornelia Blasberg und Franz-Josef Deiters. Tübingen: Stauffenburg 2000. S. 89-107.

Guthke, Karl S.: Maria Stuart. In: Schiller-Hb. Hg. Koopmann. S. 415-441.

Hinderer, Walter: Wallenstein. In: Schillers Dramen. Interpretationen. S. 202-279.

Knobloch, Hans-Jörg: Wilhelm Tell. In: Schiller-Hb. Hg. Koopmann. S. 486-512.

Koopmann, Helmut: Kleinere Schriften nach der Begegnung mit Kant. In: Schiller-Hb. Hg. Koopmann. S. 575-586.

Oellers, Norbert: Wallenstein (1800). In: Schiller-Hb. Hg. Luserke-Jaqui. S. 113-153.

Prüfer, Thomas: Die Bildung der Geschichte. Friedrich Schiller und die Anfänge der modernen Geschichtswissenschaft. Köln, Weimar, Wien: Böhlau 2002.

Riedel, Wolfgang: Schriften zum Theater, zur bildenden Kunst und zur Philosophie vor 1790. In: Schiller-Hb. Hg. Koopmann. S. 560-574.

Sautermeister, Gert: Maria Stuart. In: Schillers Dramen. Interpretationen. S. 280-335.

Schiller als Historiker. Hg. v. Otto Dann, Norbert Oellers und Ernst Osterkamp. Stuttgart, Weimar: Metzler 1995.

Schillers Dramen. Interpretationen. Hg. v. Walter Hinderer, Stuttgart: Reclam 1992.

Schmitt, Arbogast: Teleologie und Geschichte bei Aristoteles, oder: Wie kommen nach Aristoteles Anfang, Mitte und Ende in die Geschichte? In: Das Ende. Figuren einer Denkform. Hg. v. Karlheinz Stierle und Rainer Warning. München: Fink 1996 (Poetik und Hermeneutik. Bd. 16). S. 528-563.

Schulz, Georg-Michael: Die Braut von Messina oder die feindlichen Brüder. Ein Trauerspiel mit Chören (1803). In: Schiller-Hb. Hg. Luserke-Jaqui. S. 195-214.

Schulz, Georg-Michael: Wilhelm Tell. Schauspiel (1804). In: Schiller-Hb. Hg. Luserke-Jaqui. S. 214-236.

Ueding, Gert: Wilhelm Tell. In: Schillers Dramen. Interpretationen. S. 385-425.

Vonhoff, Gert: Maria Stuart. Trauerspiel in fünf Aufzügen (1801). In: Schiller-Hb. Hg. Luserke-Jaqui. S. 153-168.

Zelle, Carsten: Vom Erhabenen (1793) / Über das Pathetische (1801). In: Schiller-Hb. Hg. Luserke-Jaqui. S. 398-406.

Zelle, Carsten: Über das Erhabene (1801). In: Schiller-Hb. Hg. Luserke-Jaqui. S. 479-490.

Zymner, Rüdiger: Friedrich Schiller. Dramen. Berlin: Schmidt 2002.

Fragen

1. Worin besteht Schiller zufolge das Vergnügen, das die Tragödie beim Zuschauer erweckt?

2. Warum stellt der Dramatiker Schiller die Geschichte nicht dar, wie sie geschehen ist?

3. Welche Auffassung von Geschichte zeigt sich in der *Wallenstein*-Trilogie?

4. Welche Momente der Erhabenheit zeigt die Figur der Maria Stuart?

5. Was sind typische Merkmale der griechischen Tragödie an der *Braut von Messina*?

6. Welche Funktion hat der Mythos für *Wilhelm Tell*?

Aufbaumodul 4: Goethes Dramatik 6.

Exemplarisch werden klassische Dramen Goethes vorgestellt: Es wird kritisch nach der sprichwörtlichen Humanität von *Iphigenie auf Tauris* gefragt sowie danach, welcher Typ von Dichter (und Dichtung) in *Torquato Tasso* vorgestellt wird. Das Bild der Revolution im Drama wird anhand des Lustspiels *Der Groß-Cophta*, des Fragments *Die Aufgeregten*, des Lustspiel-Einakters *Der Bürgergeneral* und des Trauerspiels *Die natürliche Tochter* dargestellt. Den Abschluss bilden eine Darstellung des ersten Teils des *Faust* – mit einem Ausblick auf den nachklassischen *Faust II* – sowie eine kurze Charakterisierung der Dramaturgie des Weimarer Hoftheaters.

Verteufelte Humanität: *Iphigenie auf Tauris*   1.

Iphigenie auf Tauris gilt als das ‚klassischste‘, jedenfalls aber klassizistischste Drama Goethes. Bereits im Februar und März 1779 hat Goethe eine Prosafassung geschrieben – erstaunlich schnell, angesichts der vielfältigen Verpflichtungen im ersten Jahrzehnt am Weimarer Hof. Im zweiten Halbjahr 1781 beginnt Goethe eine Überarbeitung; im Juni 1785 sieht er es mit Wieland zusammen kritisch durch. Im Sommer versifiziert er das Drama; vollendet aber wird es erst, unter Mithilfe Moritz', in Rom in den letzten Tagen des Jahres 1786.

Die bereits 1973 von Hans Robert Jauß formulierte Befürchtung, *Iphigenie* drohe, „auf dem Friedhof so zeitloser wie vergangener Meisterwerke vergessen zu werden"[1], ist seitdem jedenfalls nicht unplausibler geworden. Zweierlei ist dem Text in seiner Rezeptionsgeschichte zum Verhängnis geworden: die klassizistische **Strenge** der Form und das (scheinbar) modellhaft **Humane** des Inhalts. Als Schiller 1802 für das Weimarer Theater eine Bühnenfassung des Dramas erarbeitete, die er dann auch inszenierte, erschien es Goethe selbst „ganz verteufelt human".[2]

Vor der unproduktiven Verehrung als klassizistische „Statue"[3] und vor der Inthronisierung als lebensfernes Muster übermenschlicher Humanität kann der Text aber gerettet werden: indem er gegen den Strich gelesen wird. Ein zentraler Punkt kann dabei eine Irritation sein, die das aus der griechischen Mythologie zi-

Friedhof der
Meisterwerke

tierte Motiv des Menschenopfers auslöst. Denn Iphigenie, „die fast legendäre deutsch-klassische Figur lichter Menschlichkeit" hat nicht nur „ihren Ursprung in der dunkelsten Schicht chthonischer Bindungen"[4] (gemeint sind die vorolympischen Götter Griechenlands und die ihnen dargebrachten Menschenopfer); sie wird auch selbst nicht völlig aus dieser Bindung gelöst, weil sich ein „‚barbarische[r]' Rest des Mythos [...] dem humanistisch-aufklärerischen Bildungsprogramm verweigert".[5]

Der Stoff   Der **mythologische** Stoff, der zum Themenkomplex des Trojanischen Kriegs gehört, ist in mehreren griechischen Dramen, darunter einer Orest-Trilogie von Aischylos, überliefert. Die wesentlichen Stationen der Handlung entnimmt Goethe dem Drama *Iphigenie bei den Taurern* (um 412 v. Chr.) des griechischen Dramatikers Euripides (485/84-406 v. Chr.), das, anders als etwa Aischylos' *Orestie*, kein tragisches Ende hat.

Ein entscheidender humaner Akt liegt der Dramenhandlung bereits voraus, denn Iphigenie ist von den Taurern bereits „überaus menschlich behandelt" worden[6], wenn das Drama beginnt. Anders als bei Euripides wird also die strikte Gegenüberstellung von griechischer Kultur und taurischer Barbarei gar nicht erst aufgebaut. Ihr Vater Agamemnon hatte Iphigenie der Göttin Artemis (die bei Goethe ihren römischen Namen, Diana, trägt – ein Hinweis darauf, dass die griechische Kultur noch durch den Filter der romanischen wahrgenommen wurde[7]) opfern wollen, um deren Beistand für seinen Feldzug gegen Troja zu gewinnen. Iphigenie aber wird gerettet – wie es scheint, von der Göttin selbst – und gelangt auf der Flucht zu den Taurern, die dazu verpflichtet sind, Fremde der Diana zu opfern. Davor wiederum rettet Iphigenie eine (vorläufige) Aussetzung des Opferritus durch Thoas, den taurischen König.

Psychologisierung   Mit dieser Verkomplizierung eines äußeren Gegensatzes (Barbarei vs. Zivilisation) hängt die Verlagerung des Konfliktes nach innen, vor allem in die Psyche Iphigenies, zusammen. In Iphigenie stehen sich Pflicht und Neigung, Sittlichkeit und Sinnlichkeit gegenüber; sie steht im Konflikt zwischen dem priesterlichen Dienst, zu dem Diana sie verpflichtet hat, und dem Drang in die geliebte Heimat zurückzukehren.

Die goethesche Lösung des Konflikts besteht in der Verbürgerlichung höfischer Kommunikation: in der Offenlegung von Intentionen. Sie ist allerdings zwischenzeitlich höchst gefährdet und lässt sich auch nur mit dem Auftritt einer *dea ex machina* vollziehen; sie erscheint hier aus der Maschinerie der Rhetorik, indem sie die wesentliche Uneindeutigkeit der (poetischen) Sprache ausnutzt. Durch die Gefährdung seiner Auflösung aber wird der Konflikt überhaupt erst zu einem tragischen: Ein Widerspruch zwischen Wollen und Sollen lässt sich – darin besteht ja gerade das Sittliche – dadurch auflösen, dass das Wollen dem Sollen untergeordnet wird. Tragisch im Sinne etwa von Schillers Konzeption des Erhabenen ist das nicht, sondern es ist vor allem das Los der Untergebenen – und damit auch der Frau, worauf Iphigenie in ihrem ersten Monolog hinweist: „Der Frauen Zustand ist beklagenswerth. / [...] / Schon einem rauhen Gatten zu gehorchen, / Ist Pflicht [...].“[8] Die naheliegende Lösung, ihr Leben der Diana „zu freiem Dienste“ zu widmen[9], scheint ihr unmöglich, weil sie ihr Verbleiben auf Tauris gar nicht als Dienst an Diana begreift, sondern als Freiheitsberaubung durch Thoas, der sie „in ernsten heil'gen Sklavenbanden fest[hält]“.[10] Diese Gewalt ‚dem Begriff nach zu vernichten‘ und sich in sie zu fügen, wäre die Schillersche Lösung. Die aber böte sich nur, wenn die Gewalt selbst keine moralische Berechtigung hätte.

Dass der kinderlose Thoas Iphigenie einen Heiratsantrag macht, zielt wohl vor allem auf die dynastische Sicherung von Macht und Stabilität; denn, so führt sein Vertrauter Arkas aus, Thoas „fürchtet / Ein einsam hülflos Alter, ja vielleicht / Verwegnen Aufstand und frühzeit'gen Tod“.[11] Faktisch aber ließe sich durch eine Heirat mit Iphigenie deren pädagogischer Einfluss auf die Taurer dauerhaft sichern. Der hat schon dazu geführt, dass das Menschenopfer nicht nur in ihrem Falle, sondern generell wenigstens zeitweise ausgesetzt ist. Arkas versucht Iphigenie zu diesem Dienst an der weitergehenden Humanisierung der taurischen Gesellschaft zu überreden, und „paradoxerweise müßte sich Iphigenie für diese gute Sache opfern“.[12] Ihre Weigerung, ihr Beharren darauf, „das Land der Griechen mit der Seele suchend“[13], auf Heimkehr zu hoffen, ist also „durchaus eigennützig“.[14]

Ein Gespräch Iphigenies mit Thoas macht dann deutlich, dass die Opposition von griechischer Humanität und taurischer Barbarei nicht aufgeht. Um ihre Weigerung zu begründen, erzählt Iphigenie ihre Herkunft aus der Familie der **Atriden**, deren Genealogie sich als „eine nicht abreißende Kette von Verwandtenmorden, bis hin zu Iphigenies vermeintlicher Opferung durch den eigenen Vater“, darstellt.[15] Damit aber schwächt Iphigenie ihre Position, wenn sie behauptet, der Wille Dianas sei, dass sie ihr diene; denn Thoas entnimmt Iphigenies Rede eine Bestätigung seines Weltbilds, einen „Beweis der Richtigkeit des barbarischen Schreckbilds der Götter“.[16] Vielleicht ist es nur die „Bit-

Thoas' Intentionen

Griechen vs. Barbaren

terkeit eines Abgewiesenen" und vielleicht auch ein Hinweis darauf, dass ihn „die neue Praxis [des Opferverzichts] nie überzeugt" hat[17] – möglicherweise aber hat Thoas im Blick auf den Machterhalt, der noch dringlicher scheint als sein persönliches Interesse an Iphigenie, tatsächlich keine andere Wahl, als das Menschenopfer wieder einzuführen. Dabei kann er mit drohender politischer Unordnung argumentieren: „Um deinetwillen halt' ich länger nicht / Die Menge, die das Opfer dringend fordert."[18]

Geradezu tragische Qualitäten erlangt dieser Beschluss dadurch, dass sich die Forderungen der „Menge" auf die Opferung zweier Unbekannter richten, von denen der eine Iphigenies Bruder ist. Orest, der in Begleitung seines Freundes Pylades ist, fühlt sich von den „Furien" (gr. Erinnyen, die Rachegöttinnen), verfolgt, weil er auf Geheiß Apolls seine Mutter Klytemnästra erschlagen hat – als Rache dafür, dass sie seinen Vater ermordet hat. Rettung ist ihm von Apoll verheißen: „„Bringst Du die Schwester die an Tauris Ufer / Im Heiligthume wider Willen bleibt, / Nach Griechenland; so löset sich der Fluch.'"[19] Dies bezieht Orest auf das kultische Standbild der Diana, der Schwester Apolls.

Lösung des Fluchs   Die Lösung des Fluchs vollzieht sich zunächst als psychischer Heilungsprozess, als, wie Sigmund Freud formulierte, „Katharsis" und „ergreifendes Beispiel einer Entsühnung, einer Befreiung der leidenden Seele von dem Druck der Schuld [...] durch einen leidenschaftlichen Gefühlsausbruch unter dem wohltätigen Einfluß einer liebevollen Teilnahme"[20], des Mitgefühls Iphigenies. Orests **Heilung** erweist sich auch insofern als „die Achse des Stücks" (so Goethe in der *Italienischen Reise*[21]), als hier die allgemeine Tendenz des Dramas zur Verlagerung göttlicher Transzendenz in die Immanenz der Figurenpsychologie (die Schiller als „ungriechisch" charakterisierte[22]) ihren deutlichsten Ausdruck findet. Iphigenie zwingt Orest dazu, den Mord an der Mutter zu erinnern und das Trauma damit durchzuarbeiten. Damit aber ruft „der reinen Schwester Segenswort" nicht nur „Hülfreiche Götter vom Olympus"[23], sondern ersetzt eigentlich deren Handeln. Die Heilung vollzieht sich durch die Berührung einer „Heiligen", Iphigenie.[24]

Die ‚Heiligkeit' Iphigenies zeigt sich aber vor allem in der Sittlichkeit ihres Handelns, denn sie verweigert sich dem Plan, mit Orest und Pylades sowie dem geraubten Diana-Standbild zu fliehen; sie verwehrt sich dagegen, die ersehnte Rettung und Heimkehr mit einem „doppelt Laster" zu erkaufen: „das heilige / Mir anvertraute, viel verehrte Bild / Zu rauben und den Mann zu hintergehn, / Dem ich mein Leben und mein Schicksal danke".[25] Iphigenie entscheidet sich zur „unerhörten That"[26] der offenen Kommunikation von „Wahrheit" gegenüber Thoas[27] – eine Manifestation empfindsamer, weiblicher Kommunikation. Mit ihr „desavouiert", wie Theodor W. Adorno festgestellt hat, Iphigenie „aus Freiheit, aus Autonomie ihr eigenes Interesse, das des Betrugs [der heimlichen Flucht] bedarf und damit den mythischen Schuldzusammenhang wiederholt"[28]; allerdings gelingt die autonome Befreiung aus dem „mythischen Erbzwang", der „durch den Atridenfluch ausgelöste[n] Kettenfolge des Verbrechens"[29], an die Iphigenie mit dem von ihr rezitierten „Lied der Parzen"[30] erinnert, wohl nur vorübergehend.

Die endgültige ‚Lösung' des Konflikts bleibt merkwürdig partiell und vollzieht sich durch semiotische Operationen, die den Kern des Problems unangetastet lassen. Thoas erinnert noch einmal an das gewalttätige Potential derjenigen, die vermeintlich zivilisierter sind als die „Barbaren": „Der Grieche wendet oft sein lüstern Auge / Den fernen Schätzen der Barbaren zu".[31] Gemeint ist damit das „heil'ge Bild der Göttin"[32], das Orest ihm nun aber freimütig überlassen kann, weil ihm der „Irrtum" deutlich wird: Mit der „Schwester" ist *seine* Schwester, Iphigenie, gemeint, nicht die des Apoll, Diana.

Zwar verzichten Iphigenie und die Ihren auf den Gewaltakt des betrügerischen Raubs (weil sie nun den göttlichen Auftrag umgedeutet haben), und deswegen kann die „Wahrheit als Befreiung vom Erbzwang des Bösen"[33] erscheinen; davon aber, dass die Griechen künftig der Gewalt abschwören, ist nicht die Rede. Die griechische Zivilisation bleibt auf Gewalt gegründet, auf die sie nun in einem Fall verzichtet. Ebenso besteht der humane Akt Thoas' lediglich darin, dass er eine „Gelegenheit" zu einer „edeln That"[34] nutzt und Iphigenie freigibt. Davon, dass die Opferpraxis auf Tauris aufgegeben würde, wird ebenfalls nichts gesagt.

Bei genauerer Betrachtung ist auch die erreichte sittliche Autonomie Iphigenies fadenscheinig, bleibt die **göttliche Ordnung** völlig intakt; denn genau wie Orest die Heimführung Iphigenies als Erfüllung eines göttlichen Auftrags deuten kann, ist für Thoas deren Freigabe ein Akt der Unterwerfung – und zwar unter dieselbe Deutung des Göttlichen. Dass Thoas Iphigenie freigibt, entspringt keiner Einsicht, sondern der Gehorsamspflicht den Göttern gegenüber, an die Iphigenie ihn erinnert: „Denk' an dein Wort und laß durch diese Rede / Aus einem g'raden treuen Munde dich / Bewegen!"[35] „Diese Rede" Orests bestand aber gerade darin, dass er „der Göttin Rath"[36] gedeutet hat; dies ist der „Wink", den

Lösung des
Konflikts

Menschliche
Autonomie vs.
göttliche Ordnung

Thoas in seiner vergeblichen Werbung um Iphigenie (I,3) als sein „Gesetz" bezeichnet hat: „Wenn du nach Hause Rückkehr hoffen kannst, / So sprech' ich dich von aller Fordrung los."[37]

Geradezu paradox ist, dass Orest damit genau das vorführt, was Thoas' Religionsverständnis zufolge eigentlich unbotmäßig ist: „Es ziemt sich nicht für uns, den heiligen / Gebrauch mit leicht beweglicher Vernunft / Nach unserm Sinn zu deuten und zu lenken."[38] Dieser Grundsatz wird durch Orests „geschickte Allegorese des Orakels"[39] (wobei allerdings nicht deutlich wird, dass er um seine Geschicklichkeit weiß) gegen sich selbst gekehrt. In diesem Sieg der männlichen Deutungshoheit, der nur in zwei Fällen – Orest und Pylades – zu einer definitiven Rettung führt, steckt das ‚Verteufelte' des (weiblichen) Humanen.

Männlichkeit vs. Weiblichkeit

Der neue „Mythus des reinen, erlösenden Weiblichen"[40], der im 19. Jahrhundert enthusiastisch rezipiert worden ist, wird vor allem von Orest installiert. Iphigenie vollzieht das „Aufklärungsprojekt von der Überwindung mythischer, göttlicher, gesetzlicher, konventioneller Gebundenheit" zur „Selbstsetzung" des autonomen Subjekts, die im Streit mit Thoas (scheinbar) endgültig erreicht wird; aber dieses „sich autonom setzende weibliche Subjekt" wird funktionalisiert zur Rettung des männlichen Subjekts (das diesen Weg zur Autonomie nicht gegangen ist).[41] Die scheinbar autonome Weiblichkeit steht doppelt unter männlicher Herrschaft: Zum einen ist sie ein väterlich-kulturelles Konstrukt, das „den kulturellen Zwang bereits verinnerlicht hat und aus ihm heraus (autonom) handelt", so dass „kein Widerspruch zwischen ihrem Fühlen und Handeln mehr entsteht".[42] Zum anderen ist es Orest als „wahrheitsverkündende Instanz", als die er sich selbst eingesetzt hat, der Iphigenies Wesen „definiert" und sie in die Pflicht nimmt: als Retterin nicht nur Orests, sondern der ganzen Atridendynastie.[43] Indem er sie in die Funktion des heilbringenden Bildes der Diana einsetzt, reduziert Orest Iphigenie also auf die „Statue", als die *Iphigenie* dann gelesen wird. Iphigenies Projekt der Humanisierung und Verinnerlichung der Götter wird durch Orests Restitution der väterlich-göttlichen Ordnung wieder zurückgenommen.

2. Das Talent am Hofe: *Torquato Tasso*

Bereits 1780/81 hatte Goethe in Weimar ein Drama über Torquato Tasso (1544-1595), einen Dichter der italienischen Spätrenaissance, geschrieben. Ähnlich wie die *Iphigenie* (und auch den *Eg-*

mont) überarbeitete er diesen Prosa-Urtext während seiner Italienreise und schrieb einen völlig neuen Text, diesmal in Blankversen. Anders als im Falle der beiden anderen Dramen vollendete er das „Schauspiel" (so der Untertitel) erst 1789, nach seiner Rückkehr aus Italien. Dabei spielte der Besuch Karl Philipp Moritz' in Weimar um den Jahreswechsel 1788/89 eine wichtige Rolle. *Torquato Tasso* erschien 1790 im Druck, wurde aber erst 1807 in Weimar uraufgeführt. Dass die Aufführung einen großen Erfolg bei Publikum und Kritik hatte, war schon für Goethe selbst überraschend; denn der Text ist überhaupt nicht auf dramaturgischen Effekt angelegt. In seiner eher statischen Tektonik, in der die Einheiten von Ort, Zeit und Handlung mit klassizistischer Strenge gewahrt werden, sind „Personen, Motive und Themen antithetisch aufeinander bezogen"; hinzu kommt eine „ausgeprägte Tendenz zur begrifflichen Reflexion".[44]

Der Schauplatz der Handlung ist Belriguardo, das Lustschloss   Handlung des Fürsten von Ferrara. Der Dichter Tasso überreicht seinem Gönner, Herzog Alfons, sein Epos über das befreite Jerusalem (Torquato Tassos Epos *Gerusalemme liberata* ist 1581 erschienen). Die Schwester des Fürsten, Prinzessin Leonore, krönt Tasso zu diesem Anlass mit einem Lorbeerkranz. Tasso missversteht diese höfisch-konventionelle Geste: Er fühlt sich „nicht werth", als Held geehrt zu werden[45], begreift es nun aber als seine Berufung, die mythische Einheit von Held und Dichter selbst zu verkörpern.

Das Missverständnis wird offenkundig durch die Ankunft Antonios, des weltgewandten Staatssekretärs. Er personifiziert geradezu das **decorum**, die **bienséance**, also das Schickliche, die kontrollierte und kalkulierte Anpassung des Verhaltens an das strikt hierarchische höfische System.[46] Tasso, von der Begegnung mit der Prinzessin enthusiasmiert, will dem Wunsch des Fürsten entsprechen, der ihm angeraten hatte, er solle sich an Antonio (und damit am Realitätsprinzip) orientieren; dieser aber weist ihn kaltherzig zurück. Tasso zieht seinen Degen gegen Antonio und fordert ihn zum Duell, was einen massiven Verstoß gegen die höfische Etikette und das Gewaltmonopol des Herrschers bedeutet, und wird – vorübergehend – auf sein Zimmer verbannt. Dort entwickelt Tasso, der alle Merkmale eines **Melancholikers** zeigt (wie schon der historische Tasso, der geradezu als Prototyp des melancholischen Dichters galt), hypochondrische Züge; er leidet an Verfolgungswahn, paranoiden Ängsten vor Selbstzerstörung und Selbstverlust – zugleich aber an Sehnsucht danach.

Abb. 29: Torquato Tasso. Kupferstich von Aegidius Sadeler, 1617

Tasso = Goethe?

Tasso will nun auch einen sinnlichen Beweis der Zuneigung der Prinzessin erhalten, die aber als ‚schöne Seele' die Ideale der Entsagung und „Duldung"[47] verkörpert und im Dichter seine Dichtung liebt. Tasso umarmt sie heftig, womit er zum zweiten Mal massiv gegen den höfischen Verhaltenskodex verstößt. Der Hof reist ab und lässt Tasso mit Antonio zurück.

Wenn ein an einem Fürstenhof tätiger Dichter ein Drama über einen an einem Fürstenhof tätigen Dichter schreibt, ist absolut selbstverständlich, dass er dabei auf eigene Erfahrungen zurückgreift. Der Schluss, dass Goethe in Tasso (auch) sich selbst dargestellt habe, geht aber wohl zu weit – obwohl er sich auf niemand Geringeren berufen kann als den Autor selbst. Eckermann zufolge habe Goethe erklärt, er habe in sich selbst und Tasso zwei „wunderliche Figuren mit ihren Eigenheiten zusammen[geworfen]" – und: „Die weiteren Hof-Lebens- und Liebesverhältnisse waren übrigens in Weimar wie in Ferrara, und ich kann mit Recht von meiner Darstellung sagen: *sie ist Bein von meinem Bein und Fleisch von meinem Fleisch.*"[48]

Goethe aber lässt sich in Tasso aus vielerlei Gründen kaum wiedererkennen. Während Tasso darüber klagt, dass ihm der Herzog in Fragen der Politik nicht vertraut, ist Goethe nach der Rückkehr aus Italien gerade auf eigenen Wunsch von einer Reihe von Pflichten entbunden worden, die ihn allzu sehr absorbierten und kaum noch Zeit zum Dichten ließen. Die aber hat Tasso im Übermaß. Die Situation Goethes, der in Weimar in erster Hinsicht politischer Berater des Fürsten war und erst in zweiter Hinsicht Dichter, lässt sich eher mit derjenigen Antonios vergleichen (der ebenfalls, wenn auch dilettantisch[49], dichtet).

Historische Exaktheit?

Auch die Situation der historischen Person Torquato Tasso wird von Goethe nicht einfach abgebildet; Tasso ist vielmehr, anachronistisch, Modell für die problematische Situation des bürgerlichen Künstlers am Hof eines Mäzens.[50] Er steht auf dem Übergang zwischen höfischer Repräsentationskunst und einer modernen Betonung der künstlerischen Subjektivität. Es gibt daher Ähnlichkeiten zwischen der Figur Tasso und der Situation Wielands in Weimar, vor allem aber derjenigen Klopstocks am dänischen Hof, der, wie Goethes Tasso auch, auf der Schwelle zum freien Schriftstellertum steht.[51] Wichtiger als biographistische ‚Entschlüsselungen' – u.a. sind noch J.M.R. Lenz und Schiller als Vorbilder verdächtigt worden – ist also die sozialhistorische Dimension; und auch im Falle Wielands ist nicht so sehr dessen Person wichtig als vielmehr seine *Briefe an einen jungen Dichter* (1782), in denen er, sich auf den historischen Tasso berufend, ein „Psychogramm des modernen Dichters" zeichnet.[52] Dessen „Schwärmen in der Ideen-Welt", zwischen „Liebe zur Einsamkeit" und „Überschwang von Leben, Gefühl und Leidenschaft" lässt sich auch an Tasso beobachten.[53]

Zentral für Goethes Drama ist das Spannungsfeld zwischen soziologischen und poetologischen Fremd- und Selbstbestimmungen des Künstlers in einer Zeit des Umbruchs zur Kunstautonomie. Dabei ergreift Goethe nicht Partei für die Subjektivität des Künstlers; er zeigt vielmehr deren (innere) Gefährdungen und lässt auch Ansprüche des Hofes zu ihrem Recht kommen. Die höfische Welt stellt er, indem er ihre Vertreter menschlich zeichnet (und in Alfons womöglich auch Karl August porträtiert), „in ein durchaus humanes Licht".[54] Ähnlich wie in *Wilhelm Meisters Lehrjahren* zeigt sich damit, dass er den idealen Adel als Synthese verstand: aus einer regulierten Gesellschaft und einer Gemeinschaft von Gleichgesinnten (siehe S. 156 f.). Aber auch dies fordert vom Individuum ein nicht geringes Maß an Selbstkontrolle. Herders Frau Caroline berichtet, Goethe habe ihr „im Vertrauen" den „eigentlichen Sinn" des Dramas offenbart: die „Disproportion des Talents mit dem Leben".[55] Und tatsächlich zeigt das Drama auch, dass eine stark ausgeprägte künstlerische Subjektivität zugleich eher ein Hindernis für gesellschaftliche Integration bedeutet.

Der modernen Auffassung von Kunst als Ausdruck der **Subjektivität** des Künstlers stehen in Goethes Drama Forderungen der (höfischen) Gesellschaft – an die Kunst und an den Künstler selbst – gegenüber. Herzog Alfons macht deutlich, dass er die geradezu topisch künstlertypische Neigung Tassos, „mehr / Die Einsamkeit als die Gesellschaft" zu suchen, für einen „alten Fehler" hält[56]; dieser wird nur so lange toleriert, wie die gesuchte Abgeschiedenheit der Vollendung des Kunstwerks nützt, das wiederum zur höheren Ehre des Mäzens dient. Von jedem Mitglied der höfischen Gesellschaft ist aber gefordert, dass es am höfischen Leben teilnimmt, weil dies der Charakterbildung dient: „Es bildet ein Talent sich in der Stille, / Sich ein Charakter in dem Strom der Welt."[57] Tasso aber hat keinen Charakter, er „besteht, genau genommen, eigentlich nur aus seinem Talent" (während der Aus-

Höfische vs.
moderne Kunst

gleich von Talent und Charakter zu Goethes eigenen Anliegen gehörte).[58] Die Kunst hingegen soll, wie vor allem Antonio ausführt, einen Nutzen erbringen; künstlerische Schönheit ist kein Selbstzweck, sondern dient der Verschönerung des Nützlichen, ist also genau das, was in Moritz' Konzept der Bildenden Nachahmung „Zierde" heißt. Höfische Kunst, wie sie am Hofe erwartet wird, ist das genaue Gegenteil des in sich selbst vollendeten Schönen.

Moritz als Vorbild?

Aber nicht nur die Kunst-Konzepte, die von der höfischen Gesellschaft vertreten werden, erinnern, allerdings negativ, an Moritz' Ästhetik; auch Tassos Auffassung des Dichtens und deren Charakterisierung durch die höfischen Beobachter haben mehr mit Moritz' Bildender Nachahmung gemein als etwa mit Goethes „Stil"-Konzept. Prinzessin Leonore zufolge hegt Tassos „Seele" nur einen „Trieb": „Es soll sich sein Gedicht zum Ganzen ründen"[59], also genau die zentrale Eigenschaft des Kunstschönen in Moritz' Konzept aufweisen. Auch dass Tassos „Auge" kaum „auf dieser Erde" weile, während „sein Ohr [...] den Einklang der Natur [vernimmt]" und sein „Gemüth" „das weit Zerstreute sammelt"[60], lässt sich als Moritz-Reminiszenz deuten: Das Auge ist in Goethes Auffassung das wesentliche künstlerische Organ des distanziert vergleichenden Künstlers; das „deutlich vernehmende" Ohr hingegen ist das Organ, mit dem der Künstler in Moritz' Modell das Ganze des Naturschönen wahrnimmt, um es im Kunstwerk für den Betrachter fassbar werden zu lassen.[61] Tasso beobachtet nicht – weder die Natur, noch die anderen Mitglieder der Gesellschaft, noch gar deren Reaktionen auf ihn; er empfindet den „Einklang der Natur". Tasso zeigt also alle Merkmale der **Manier** – und deren Gefährdung: das unkontrollierte Freilaufen der Subjektivität. Zugleich zeigt sich auch an Tasso die Nähe der Manier zur Moritzschen „Tatkraft". Tasso spricht sich wiederholt selbst eine spezifische Kraft zu (die in Zusammenhang mit seinem illusorischen Wunsch steht, Held und Dichter zu sein); und Antonio beobachtet Tassos künstlerische Impulsivität, die Dynamik der von ihm gelebten Dichtungskonzeption.[62]

Polare Konstellation

Antonio verkörpert das statische Moment einer kontrollierten Klugheit; er und Tasso verkörpern damit naturgesetzhaft gedachte „psychische Grundpolaritäten".[63] Das charakterliche Ideal läge in einer komplementären Vereinigung beider, die, wie Leonore bemerkt, „darum Feinde sind, weil die Natur / Nicht Einen Mann aus ihnen beiden formte".[64] Am Ende des Dramas stehen beide allein auf der Bühne und Tasso scheint mit seinem Schlussmonolog Antonios letzter Äußerung, der Aufforderung „Vergleiche dich! Erkenne was du bist!"[65], zu entsprechen. Was in psychologischer Hinsicht inkonsequent scheint – woher kommt die plötzliche distanzierte Sicht Tassos auf sich selbst? –, deutet darauf hin, dass es am Ende weniger um Figurenpsychologie geht als vielmehr um die „Konfiguration" der „Grundqualitäten des Daseins": Ruhe und Bewegung.[66]

Tassos berühmte Worte „Und wenn der Mensch in seiner Qual verstummt, / Gab mir ein Gott, zu sagen wie ich leide"[67] scheinen eine (moderne) Poetik des Leidens als höchster Subjektivität zu formulieren, eine „Geburt des lyrischen, bekennenden Dichters".[68] Zwei Argumente sprechen aber dagegen, dies als poetologisch-programmatischen Gehalt des Dramas zu deuten: Gerade solche Subjektivität hat Goethe als eine Form von „Manier" zurückgewiesen – und die letzten 20 Verse Tassos folgen dem vermeintlichen Programm auch gar nicht, sondern formulieren ein komplexes Bild, das aus der ruhigen Übersicht über das Geschehen formuliert ist. Es handelt sich also um einen Ausdruck von Stil; er setzt einen objektiven Standpunkt voraus, den Tasso persönlich bis zum Schluss nicht einnehmen kann – wohl aber der Text.

Zitat

O edler Mann! Du stehest fest und still,
Ich scheine nur die sturmbewegte Welle.
Allein bedenk', und überhebe nicht
Dich deiner Kraft! die mächtige Natur,
Die diesen Felsen gründete, hat auch
Der Welle die Beweglichkeit gegeben.
Sie sendet ihren Sturm, die Welle flieht
Und schwankt und schwillt und beugt sich schäumend über.
In dieser Woge spiegelte so schön
Die Sonne sich, es ruhten die Gestirne
An dieser Brust, die zärtlich sich bewegte.
Verschwunden ist der Glanz, entflohn die Ruhe. –
Ich kenne mich in der Gefahr nicht mehr,
Und schäme mich nicht mehr es zu bekennen.
Zerbrochen ist das Steuer, und es kracht
Das Schiff an allen Seiten. Berstend reißt
Der Boden unter meinen Füßen auf!
Ich fasse dich mit beiden Armen an!
So klammert sich der Schiffer endlich noch
Am Felsen fest, an dem er scheitern sollte.[69]

Nur vom „Felsen", vom Standpunkt der anderen (und des Textes) aus kann Tassos Entwicklung in verschiedenen Aspekten so gedeutet werden; aus der Innensicht ist diese Erkenntnis der Figur unzugänglich.

In Tasso scheitern die von Goethe misstrauisch betrachtete Manier ebenso wie Moritz' Bildende Nachahmung an ihren wesentlichen Eigenschaften: an unbedingter, zügelloser Subjektvität im einen, an der im Künstlersubjekt liegenden Kraft und ihrer Affinität zur (Selbst-)Zerstörung im anderen Fall. Das Drama endet aber nicht mit dem „Scheitern" des Dichters, sondern mit der Beobachtung dieses Scheiterns auf einer abstrakteren Ebene als derjenigen der Figuren. Daher handelt es sich auch nicht um eine Tragödie des Dichters, sondern um ein „Schauspiel" der Dichtung.

Dichtung und Wahrheit

Dass Goethe selbst im Rückblick sein Drama **autobiographisch** gedeutet hat, hängt mit dem Projekt zusammen, alle seine Werke als „Bruchstücke einer großen Confession"[70] zu deuten, die seine Autobiographie *Dichtung und Wahrheit* sein sollte. Gegenüber Eckermann soll sich Goethe zustimmend auf eine französische Rezension bezogen haben:

Zitat

Wie richtig hat er [Jean-Jacques-Antoine Ampère] bemerkt, daß ich in den ersten Jahren meines Weimarischen Dienst- und Hoflebens so gut wie gar nichts gemacht, daß die Verzweiflung mich nach Italien getrieben, und daß ich dort, mit neuer Lust zum Schaffen, die Geschichte des Tasso ergriffen, um mich in Behandlung dieses angemessenen Stoffes von demjenigen frei zu machen, was mir noch aus meinen Weimarischen Eindrücken und Erinnerungen Schmerzliches und Lästiges anklebte. Sehr treffend nennt er daher auch den Tasso einen gesteigerten Werther.[71]

Indem Goethe das *Tasso*-Drama so deutet, wendet er darauf tatsächlich das Lektüreverfahren an, das im dritten Teil von *Dichtung und Wahrheit* prototypisch am *Werther* eingeführt wird. Ein gesteigerter *Werther* ist der *Tasso* aber, weil er als Äußerung von Goethes „Stil" über Tassos „Manier" lesbar ist (während Goethes „Manier" Werthers „einfache Nachahmung der Natur" beobachtet hat).

Die Revolution im Drama   3.

In seinen Erinnerungen an die *Campagne in Frankreich* blickt Goethe 1822 auf die Französische Revolution zurück:

Zitat

Schon im Jahre 1785 erschreckte mich die Halsbandsgeschichte wie das Haupt der Gorgone. Durch dieses unerhört frevelhafte Beginnen sah ich die Würde der Majestät untergraben, schon im voraus vernichtet, und alle Folgeschritte von dieser Zeit an bestätigten leider allzusehr die furchtbaren Ahnungen.[72]

Goethes Einschätzung, dass die nur indirekt erwähnte Französische Revolution („alle Folgeschritte") geradezu ein Resultat der Untergrabung der „Majestät" im Adel selbst gewesen sei, lässt sich vor allem seinen Dramen der 1790er Jahre ablesen.

Die erwähnte **Halsbandaffäre** hatte ganz Frankreich erschüttert. Einer betrügerischen Gräfin war es gelungen, einem Kardinal vorzuspiegeln, er solle für die französische Königin in geheimer Mission ein kostbares Collier mit Diamanten erwerben – die die Betrügerin dann nach England verkaufte. Der Schwindel flog auf, als die Königin dem Kardinal das Geld nicht erstattete. Eine obskure Nebenrolle spielte dabei, als Vertrauter des Kardinals, auch der alchimistische Scharlatan Giuseppe Balsamo (1743-1795), der sich Graf Cagliostro nannte.

Die Vorgänge regten Goethe zu einem zunächst als komische *Der Groß-Cophta* Oper geplanten Lustspiel an: *Der Groß-Cophta* (1791). Hier scheitert eine betrügerische Marquise an ihrer unschuldigen Nichte, die sie für ihr Täuschungsmanöver auszunutzen versucht. Diese vertraut sich einem jungen Ritter an; der gehört, obwohl skeptisch, eigentlich zu den Anhängern eines weiteren Betrügers, Graf Rostro, der sich als Magier ausgibt. (Für ihn hat ganz offenbar Cagliostro das Vorbild abgegeben.) Indem der Ritter das Komplott aufdeckt, nimmt das Drama zwar ein glimpfliches, aber kein restlos gutes Ende. In seiner intellektuellen Eitelkeit gekränkt und enttäuscht, dass der Graf ein Betrüger und nicht der Kopf einer Geheimbrüderschaft zur Verbesserung der Welt ist (hierin klingt das Motiv der Illuminaten an; siehe S. 24 f.), weiht der Ritter nicht den getäuschten Domherrn ein, der ohne Aufsehen zu erregen die Sache hätte regeln können, sondern zeigt den Betrug beim Minister an, worauf alle Beteiligten verhaftet und die Betrüger des Landes verwiesen werden. Die Nichte aber will, auf eigenen

Wunsch, ins Kloster gehen. Die Reflexionen des Ritters am Ende formulieren kein politisches Fazit, sondern eine moralische Selbstanklage, in der das typische Komödien-Ende, die Hochzeit, aufgeschoben wird: „[...] ich werde nichts genießen können, denn ich habe nicht recht gehandelt. Mir bleibt nur Ein Wunsch und Eine Hoffnung, das gute Mädchen aufzurichten und sie sich selbst und der Welt wieder zu geben."[73]

Politische Lehre　　Thema des Dramas ist also „die unbegreifliche Verblendung vorzüglicher Menschen bei solchen frechen Zudringlichkeiten", die Goethe schon an der tatsächlichen Halsbandaffäre mit „Widerwillen" wahrgenommen habe[74]; es ist dabei mehr noch ein moralisches als ein „politisches Lehrstück über die Gefährdungen des Gemeinwesens durch den Mangel an Vernunft".[75] Das Drama ist eine „bittere Satire auf einen durch Obskurantismus und innere Aushöhlung seines Wertesystems [...] sich selber zugrunderichtenden Adel"[76], aber auch auf den verblendeten Drang zur Weltverbesserung (darin ist es geradezu eine „öffentliche Kampfansage gegen die Geheimbündlerei"[77]); beide Missstände prangert es aus moralischen Gründen an.

Dem Themenkomplex der (indirekten) Folgen der Französischen Revolution in Deutschland wendet sich Goethe 1792/93 in seinem Fragment gebliebenen politischen Drama *Die Aufgeregten* und dem Lustspiel-Einakter *Der Bürgergeneral* zu.[78] Beide Dramen wirken wie „eine Art moralisch-politischer Fürsten- und Untertanenspiegel, der auf eine harmonische Koexistenz der Stände zielt".[79]

Der Bürgergeneral　　Der „Bürgergeneral" Schnaps ist ein prahlerischer Müßiggänger, der sich bei einem tölpelhaften Bauern einnistet und ihm weismacht, von den Jakobinern zum Bürgergeneral ernannt worden zu sein, der das Dorf zur Revolution führen soll; der Bauer kann schließlich nur durch einen besonnenen, aufgeklärten „Edelmann" von dem Vorwurf entlastet werden, selbst eine Revolution vorbereitet zu haben. Dadurch wird die zeitlose „Idylle [...], die durch Eindringen des angeblichen Revolutionäre gefährdet" gewesen ist[80], wieder hergestellt. Dass in Schnaps nicht nur der Hochstapler satirisch entlarvt wird, sondern auch die Machtgier, die Goethe allen „Freiheits-Aposteln"[81] zuschrieb, lässt es so scheinen, als wolle Goethe „die revolutionären Ideen an sich" – *liberté* und *égalité* – bloßstellen.[82] Jedenfalls aber zeigt das Drama Goethes Interesse an einer „Immunisierung des Theaterpublikums gegen die aus Frankreich übergreifenden Ideen der Revolution".[83]

Die Aufgeregten　　*Die Aufgeregten* sind nicht allein deswegen der interessantere Text, weil Goethe sie Eckermann gegenüber als sein „politisches

Glaubensbekenntnis jener Zeit" bezeichnet haben soll, in dem er ausgesprochen habe, „wie der Adel eigentlich denken soll".[84] Es ist in der Tat vor allem ein Fürstenspiegel, eine Darstellung mustergültigen fürstlichen und adligen Verhaltens, die Goethes Überzeugung folgt, „daß irgend eine große Revolution nie Schuld des Volkes ist, sondern der Regierung"; Revolutionen ließen sich verhindern, wenn nur „die Regierungen fortwährend gerecht" wären und den Revolutionen „durch zeitgemäße Verbesserungen" entgegenwirkten.[85] Wie das geschehen soll, zeigt Goethe im Kleinen, unter den deutschen Bedingungen eines Duodezfürstentums.

„Die Aufgeregten", das sind Bauern, die sich auflehnen gegen Abgaben, die sie widerrechtlich zu leisten gezwungen sind. Es gibt einen alten Vertrag, durch den sie gerade davon weitgehend entbunden sind; aber den hat ein korrupter Beamter beiseite geschafft. Die Gräfin ist soeben aus dem revolutionären Paris zurückgekehrt – es handelt sich um einen der seinerzeit tatsächlich nicht unüblichen Fälle von Revolutionstourismus –, und die Tatsache, dass sie nichts von den Septembermorden und der Mobilmachung für den Krieg berichtet, lässt die Handlung des Stückes (und wohl auch seine Konzeption) auf die Zeit vor Herbst 1792 datieren.[86] Sie ordnet an, die berechtigten Forderungen ihrer Untertanen zu erfüllen. Nachdem der Übeltäter entlarvt ist, erfolgt die Versöhnung zwischen der vernünftigen Herrschaft und ihrem ergebenen Volk, das bereits begonnen hatte, das Schloss zu stürmen.

Damit erweist sich aber die angeblich ‚zeitgemäße (politische) Verbesserung‘ als Wiederherstellung einer historischen (moralischen) Ordnung. Eigentlich werden gar keine Konsequenzen aus der Französischen Revolution gezogen; denn es wird kein sozialer Missstand, der strukturelle Ursachen hätte, beseitigt, sondern ein persönlich verantwortetes Unrecht getilgt und bestraft. Allerdings kann argumentiert werden, dass die Gräfin letztlich nur durch das Beispiel der Französischen Revolution und Anzeichen von Unruhen im eigenen und Nachbarländern „zu einer Lösung der Streitigkeiten mit den Bauern bewegt wird".[87]

In den Komödien des Jahres 1793 wird die Revolution behandelt, indem die Komplexität der Probleme reduziert wird: von der politischen Fernwirkung sozialer Strukturen in Frankreich auf die moralische Nahwirkung persönlichen Handelns in (fiktiven) Kleinstaaten. Dagegen lässt sich das zehn Jahre später entstandene Trauerspiel *Die natürliche Tochter*, Goethes ambitionierteste Auseinandersetzung mit der Französischen Revolution im Medium des Dramas, eher als deren Universalisierung durch „Mythisierung und Symbolisierung" charakterisieren.[88]

Die natürliche Tochter

Entstehung und   Wie schon im *Groß-Cophta* wendet sich Goethe auch in der
Vorlagen   *Natürlichen Tochter* direkt dem Adel zu. Angeregt wurde er durch
Schiller, der ihn im November 1799 auf die Autobiographie der
unehelichen, eben bloß ‚natürlichen‘ Tochter eines französischen
Adligen hinwies.[89] *Die Natürliche Tochter*, als „bloße Exposition"[90]
einer geplanten Trauerspiel-Trilogie, wird im März 1803 fertiggestellt; der Plan der Fortsetzung[91] wird nie ausgeführt. Über eine
weitere Inspirationsquelle, eine Darstellung König Ludwigs XVI.,
schrieb Goethe am 9. März 1802 an Schiller:

Zitat

Im Ganzen ist es der ungeheure Anblick von Bächen und Strömen,
die sich, nach Naturnothwendigkeit, von vielen Höhen und aus
vielen Thälern, gegen einander stürzen und endlich das Uebersteig-
gen eines großen Flusses und eine Ueberschwemmung veranlas-
sen, in der zu Grunde geht wer sie vorgesehen hat, so gut als der
sie nicht ahndete. Man sieht in dieser ungeheuern Empirie nichts
als Natur und nichts von dem was wir Philosophen so gern Freyheit
nennen möchten.[92]

Dass im Raum des geschichtlichen Geschehens von einer darin
wirkenden „Freyheit" nur wenig zu sehen ist, zeigt auch Schillers
Wallenstein-Dramentrilogie, zu der Goethes geplante Trilogie womöglich ein Gegenstück liefern sollte. Dem ganz Goetheschen
Gedanken aber, dass diese „ungeheure Empirie nichts als Natur"
sei, konnte Schiller kaum beipflichten (der diesen Punkt auch in
seinem Antwortbrief übergeht). Hier ist Schiller der entschieden
modernere Autor, weil bei ihm die Kontingenz der Geschichte
Effekt kollidierender politischer Interessen ist, die Annulierung
von Freiheit also letztlich aus deren Potenzierung resultiert: Wo
viele handeln wollen, kann der Einzelne nicht mehr handeln.

Handlung   Goethes Drama handelt vom Widerstreit zwischen dem „individuellen Glücksanspruch einerseits und der ausbrechenden Revolution andererseits", die nicht nur „wie eine Naturgewalt über
den einzelnen hinweggeht"[93], sondern eigentlich eine Naturgewalt, wenn nicht eine Sintflut *ist*.[94] Die titelgebende Hauptfigur,
die als einzige einen Namen trägt: Eugenie (‚Wohlgeborene‘), ist
die uneheliche Tochter eines Herzogs und einer Dame aus dem
Hochadel; nach dem Tod ihrer Mutter will der Vater sie legitimieren und bei Hofe einführen. Dort hat sich jedoch eine Opposition
gegen den König gebildet; zu ihr gehört auch der legitime Sohn
des Herzogs, der nun um eine Minderung seines Erbes durch die

Ansprüche einer Halbschwester fürchten muss. Er, der unsichtbar im Hintergrund bleibt (ein Moment, durch das konkretes Handeln als Eingriff einer unpersönlichen Macht erscheint), lässt sie entführen und bei Hofe für tödlich verunglückt erklären. Sie soll mit Billigung des Königs entfernt werden und wird vor die Wahl gestellt, in die Verbannung zu gehen: in eine Kolonie, in der kaum zu ertragende Lebensbedingungen herrschen, oder einen bürgerlichen Gerichtsrat zu heiraten und fortan außerhalb der höfischen Gesellschaft zu leben. Sie entscheidet sich für die soziale „Entsagung" und zwingt den Gerichtsrat zur sexuellen.[95] Ihren Rückzug versteht sie als Dienst am Vaterland, dem eine Revolution droht. Tatsächlich aber entsagt offenbar nur der Gerichtsrat vollständig, denn Eugenie verzichtet zwar auf ein standesgemäßes Leben, hofft zugleich aber auf die „Gelegenheit, mich kühn / Der hohen Ahnen würdig zu beweisen, / Und jeden, der mich ungerecht verletzt, / In böser Stunde hülfreich zu beschämen".[96] Sie versteht sich selbst „als reinen Talisman", als eines der „liebevollen treuen Herzen", von denen das Gute in der Welt zu erwarten sei.[97]

Im Zentrum des Dramas stehen nicht so sehr der drohende Umsturz selbst als vielmehr seine **Ursachen** – und die liegen wiederum im Adel. Es ist das „Gegeneinander der *politisch* Mächtigen", das „für eine sich ausbreitende allgemeine Demoralisierung" und politisch-soziale Destabilität sorgt[98] – aber es ist ihr Gegeneinander als quasi-natürliches und *moralisches* Problem, wie Eugenies letzter großer Monolog deutlich macht:

Adelskritik

Zitat

[...] Diesem Reiche droht
Ein jäher Umsturz. Die zum großen Leben
Gefugten *Elemente* wollen sich
Nicht wechselseitig mehr mit *Liebeskraft*
Zu stets erneuter Einigkeit umfangen.[99]

Das Fehlen einer Fortsetzung lässt eine Reihe von Fragen offen: Warum etwa entzieht der König Eugenie seine Unterstützung und lässt sie verbannen? Wie verhält es sich mit dem Widerspruch zwischen Eugenies Bekenntnis zur Entsagung und ihrem Vorsatz, auf die Gelegenheit zum Handeln zu warten? Goethes Notizen zur geplanten Fortsetzung lassen erkennen, dass das Geschehen des Aufstands ihre Pläne zunichte gemacht hätte – wird damit ihre Position desavouiert? Damit zusammen hängt auch die Frage nach der tragischen Qualität des Dramas, wobei „Eugenies Existenz eigentlich eher als anachronistisch denn als tragisch" zu bezeichnen ist, weil „ihr ganzes Streben [...] in einer Zeit der Umwälzungen den unveränderten Fortbestand der alten höfischen Welt [voraussetzt]".[100] Aus der dann scheiternden Weigerung, die Entsagung, zu der sie sich bekannt hat, auch zu leben, ließe sich aber doch eine *hamartía*, eine tragische Fehleinschätzung im Sinne der aristotelischen *Poetik*, konstruieren. Dies würde zudem mit der Engführung von Entsagung und Revolutionsgeschehen zusammenstimmen, die Goethe in den *Unterhaltungen deutscher Ausgewanderten* vornimmt.

Mythisierung   Der mythisierenden Sicht auf das Geschehen verpflichtet ist die Zukunftsvision, die ein Mönch im drittletzten Auftritt Eugenie gegenüber darstellt: Hier erscheint der drohende Umsturz als Erdbeben, das die Stadt, die „für die Ewigkeit / Gegründet" zu sein scheint, „in ungeformten Schutt" zerfallen lässt.[101] Der symbolisierenden Tendenz entsprechen die sentenzhafte Sprache des Dramas und das hohe Maß an poetischer Verdichtung wie spiegelnder Verschränkung von Motiven. Beides wirkt zusammen in den Figuren, die die überindividuellen Tendenzen und Mächte repräsentieren, als deren „Agenten" sie wirken[102]; die scheinbar eigennützig Handelnden, wie etwa Eugenies Halbbruder, handeln nicht autonom, sondern werden zum Handeln gedrängt.[103]

Mit der *Natürlichen Tochter* wiederholt Goethe das bereits mit der *Iphigenie* durchgeführte „Experiment von der Frau, die im Verborgenen aufbewahrt wird zur Rettung einer verdorbenen Familie, Geschichte, Kultur, Welt", denn Eugenie soll dem Vater den Sohn ersetzen und jenen an den König binden; sie soll den Staat vor dem Zerfall bewahren und steht mit ihrem amazonenhaften Wesen für eine Versöhnung von Kultur und Natur[104] – also eine Wiedergewinnung mythischer Totalität.

4. Epische Totalität: Das *Faust*-Projekt

Obwohl der Stoff so eng mit seinem Namen verbunden ist, war Goethe weder der Erste noch gar der Letzte, der einen *Faust* geschrieben hat. Die literarische Geschichte des Stoffes beginnt 1587 mit der anonym erschienenen *Historia von D. Johann Fausten*, dem so genannten ,Volksbuch'[105], und führt u.a. über eine Version des englischen Dramatikers Christopher Marlowe (1564-1593), die in Deutschland vor allem durch Wanderbühnen und Puppentheater verbreitet wurde, zu Goethe.

Der Stoff geht ursprünglich auf historische Quellen über einen Zeitgenossen Luthers zurück. Das ‚Volksbuch' ist, in einer Zeit der beginnenden naturwissenschaftlich-empirischen Forschung, ein „Exempel der protestantischen Warnliteratur"[106]; der Pakt zwischen dem Teufel und Faust erscheint als Folge von dessen *curiositas* (Wissbegierde), die dem Protestantismus mit seiner Orientierung an den Glaubenslehren hoch verdächtig ist. In der Folge wird Faust vom moralischen Exempel zunehmend zur Projektionsfigur jeweils zeittypischer Probleme. Goethes *Faust* schließlich kann als eine „umfassende Bestandsaufnahme und Kritik [...] des modernen Bewußtseins überhaupt"[107] gelesen werden. Voraussetzungsreichtum, Komplexität und Vieldeutigkeit des Dramas haben aber immer wieder zu radikalen Vereinfachungen und ideologischen Indienstnahmen verführt. Dabei erscheint der *Faust* oft geradezu als „Grundbuch des Deutschtums" mit Faust als „kultischer Identifikationsfigur".[108]

[margin: Stoffgeschichte]

Die Arbeit an dem großen Werk-Komplex begann Goethe 1772. Eine frühe fragmentarische Textstufe wurde, in einer Abschrift des Hoffräuleins Luise von Göchhausen (1752-1807), erst 1887 in deren Nachlass gefunden und von Erich Schmidt unter dem Titel *Goethes Faust in ursprünglicher Gestalt* ediert. (Für diese modernisierte Auswahl hat sich der missverständliche Name *Urfaust* eingebürgert.) Nachdem es Goethe nicht gelungen war, den *Faust* während seiner italienischen Reise abzuschließen, beschloss er, den Text als *Faust, ein Fragment* zu veröffentlichen. Maßgeblich von Schiller motiviert, nahm er die Arbeit Mitte 1797 wieder auf. *Faust. Der Tragödie erster Teil* erschien 1808; der zweite Teil erst postum im Sterbejahr 1832. Goethe hatte die Veröffentlichung zu Lebzeiten verweigert.

[margin: Goethes Lebenswerk]

Faust I hat, mit seiner losen Reihung von Szenen, wenig mit einer klassischen **Tragödie** gemein. 1797 formuliert Goethe Schiller gegenüber das „paradox"[109] wirkende Urteil, es handele sich um eine „barbarische Composition", bei der ihm „die neue Theorie des *epischen* Gedichts zu statten kommen werde".[110] Dies bezieht sich einerseits auf die anti-klassizistische („barbarische") Form, die sich auf Shakespeare berufen kann, andererseits auf Goethes und Schillers gemeinsamen Aufsatz *Ueber epische und dramatische Dichtung*. Zwar ist der *Faust* in dem Sinne ein Drama, dass er „die Begebenheit als *vollkommen gegenwärtig* darstellt" – und nicht erzählend „als *vollkommen vergangen* vorträgt"; aber er stellt weniger, wie die Tragödie, „persönlich beschränktes Leiden" vor, sondern vielmehr, wie das Epos, „den *außer sich wirkenden* Menschen: Schlachten, Reisen, jede Art von Unternehmung die

[margin: Der Tragödie erster Teil]

eine gewisse sinnliche Breite fordert".[111] Dabei folgt *Faust I* einer „offenen Regel der Reihenbildung", die Goethes naturwissenschaftlicher Methodik entspringt, und zeigt eine nach den Prinzipien der Polarität und Steigerung organisierte „epische Struktur der Polyperspektivität".[112]

Die Prologe
Den beiden Teilen der „Tragödie" sind drei Prologe vorangestellt, die in der dritten Arbeitsphase (1797-1800) entstanden sind. In zunehmender Fokussierung führen sie in den Text als literarisches Produkt, in den Text als Drama und dann schließlich in dessen Handlung ein. In der „Zueignung", die mit der Einführung eines Dichter-Ichs bereits alles Folgende als „Spiel der poetischen Imagination" ausweist[113], geht es um das Verhältnis von Produktion und Rezeption durch die literarische Öffentlichkeit; im „Vorspiel auf dem Theater" wird das Programm des Textes im ausgleichenden Zusammenspiel der verschiedenen Figurenmeinungen verhandelt.

Von Beginn an steht der Text in einer merkwürdigen Spannung zwischen dem Gewicht des Themas und dem Ernst der Handlung einerseits, dem Scherz und Witz der Rhetorik andererseits.[114] Diese Dialektik, die Züge der Sokratischen Ironie im Sinne Friedrich Schlegels aufweist: weil auch in ihr „alles Scherz und alles Ernst" ist[115], kommt vor allem durch die Figur des Mephistopheles ins Spiel. Die Worte, die er im dritten, dem „Prolog im Himmel" an den „Herrn", den in Person auftretenden Gottvater, richtet, lassen sich auch auf Teile der Rezeption des Textes beziehen: „Mein Pathos brächte dich gewiß zum Lachen, / Hätt'st du dir nicht das Lachen abgewöhnt."[116]

Moral des Textes?
Zugleich etabliert der „Prolog" das Thema des Dramas und seinen Ort in der kosmischen Ordnung (die aber wiederum durchaus in Frage gestellt werden kann[117]): Es geht, so scheint es zumindest, um nicht weniger als den Menschen selbst und sein Handeln im Spannungsfeld von Gut und Böse. Mephistopheles' Menschenbild ist zwar zynisch, aber nicht unplausibel: Dass der „kleine Gott der Welt", der Mensch, „ein wenig besser [...] leben" würde, wenn Gott „ihm nicht den Schein des Himmelslichts gegeben" hätte, weil jener die so genannte Vernunft nur gebraucht, um „tierischer als jedes Tier zu sein"[118], mag nicht nur den Zeitgenossen einer vernunftskeptisch gewordenen Aufklärung so scheinen. Die Ausführungen des Herrn hingegen entsprechen insofern ganz dem Natur- und Weltbild Goethes (siehe S. 75), als Gut und Böse hier als **Polarität** erscheinen, deren Effekt eine **Steigerung** des sittlichen Handelns ist: Das Böse ist der Antrieb, der „des Menschen Tätigkeit" davor bewahrt, zu „erschlaffen"[119] – eine

Abb. 30: *Faust I*. Prolog im Himmel. Bühnenbildskizze von Goethe

„Rechtfertigung des Bösen im Welthaushalt"[120]: als dynamisches Prinzip, das hinter dem Prinzip des menschlichen Lebens schlechthin steckt: „Es irrt der Mensch so lang' er strebt."[121] So erscheint auch der Teufel als „Faktor des göttlichen Heilsplans".[122]

Insofern besteht die Wette über die Seele Fausts, die Mephisto (in deutlicher Anspielung auf die Hiob-Geschichte des Alten Testaments[123]) dem Herrn anbietet, strukturell in der Weltordnung selbst – und ist daher eigentlich sowohl unnötig als auch hoch paradox; denn Mephistos Anstrengungen sie zu gewinnen, sind Teil des Plans seines göttlichen Kontrahenten, der obendrein über die göttliche Gewissheit verfügt, dass er die Wette gewinnt – weswegen er sie auch gar nicht explizit annimmt.[124]

Indem der „Prolog im Himmel" der „Zueignung" und dem „Vorspiel auf dem Theater" folgt, wird seine Kosmologie als poetisches Moment ausgewiesen – allerdings weniger als „‚bloßes' Theaterspiel"[125], sondern vielmehr als spezifisch dichterische Erkenntnis. Der „Prolog" belegt die Behauptung des Dichters aus dem „Vorspiel", dass es allein „des Menschen Kraft, im Dichter offenbart", ist, die den Olymp „sichert" und die Götter „vereinet".[126] Allerdings formuliert er dabei keine eindeutige moralische Wahrheit. Es ist durchaus fraglich, ob das Drama an Faust illustriert, was der „Herr" als Fazit prognostiziert: „Ein guter Mensch in seinem dunkeln Drange / Ist sich des rechten Weges wohl bewußt."[127] Denn weder ist Faust eindeutig ein „guter Mensch", noch kann man ihm ein Bewusstsein des „rechten Weges" zuschreiben. Wie der mephistophelische Scherz den Ernst des Themas ironisch konterkariert – als „Schalk" unter den „Geistern, die verneinen", wird Mephistopheles vom Herrn apostrophiert[128] –, so relativiert auch das Böse das angeblich alles umfassende Gute; denn es ist Mephistopheles, der das Nahen des Herrn *beschreibt* und diesem dessen erste Worte in den Mund legt.[129] Das Gute, dessen Widerpart das Böse ist, ist selbst dessen (ironischer) Effekt.

Der Gelehrte Faust　　Das eigentliche Drama beginnt mit der Urszene **neuzeitlicher Wissenschaft**: dem Ungenügen an überkommenem Bücherwissen. Faust hat alle vier Fakultäten der mittelalterlichen Universität – Philosophie, Jura, Medizin, Theologie – absolviert, dabei aber nicht erfahren, „was die Welt / Im Innersten zusammenhält".[130] Dem Ausdruck ‚faustischen' Strebens nach Erkenntnis ist aber bereits eine irritierende Störung eingeschrieben, die so gar nicht zum angeblich reinen Erkenntnisdrang passt – der Wunsch nach Ruhm und (finanzieller) Anerkennung: „Auch hab' ich weder Gut noch Geld, / Noch Ehr' und Herrlichkeit der Welt".[131] In seinem berühmten großen Monolog beschreibt Faust seinem Assistenten Wagner gegenüber diesen Grundwiderspruch seiner Existenz:

Zitat

Zwei Seelen wohnen, ach! in meiner Brust,
Die eine will sich von der andern trennen;
Die eine hält, in derber Liebeslust,
Sich an die Welt, mit klammernden Organen;
Die andre hebt gewaltsam sich vom Dust
Zu den Gefilden hoher Ahnen.[132]

Die Handlung läuft nun keineswegs auf die Vermittlung dieser beiden ‚Triebe'[133] hinaus; kein Schillerscher Spieltrieb hebt den Widerspruch zwischen niederem Stoff und höherer Form auf.[134] Die Gewaltsamkeit seines Zugriffs auf die Welt lässt Faust diese gerade verfehlen und die Widersprüche werden bis zum Schluss „immer unversöhnlicher".[135] Faust leidet am „unversöhnlichen Gegensatz von Endlichem und Unendlichem"; darin ist er eher ein romantischer als ein ‚klassischer' Charakter im Sinne der Winckelmannschen „edlen Einfalt".[136] Zugleich erinnert seine zügellose Subjektivität an die Herkunft der Figur aus der ‚Sturm und Drang'-Phase Gothes.[137]

Nachdem ihm auch die Alchimie keinen Ausweg geboten hat, fasst Faust in tiefer Enttäuschung den Entschluss zum Selbstmord, den er sich als Zugang zum „hohen Leben" in „neuen Sphären reiner Tätigkeit" vorstellt.[138] Dabei zeigt sich, dass sein „Transzendierungsdrang", in dem ihm die „Selbstauslöschung" als „Selbstwerdung" erscheint, vor allem „eine Fluchtbewegung vor den realen Antagonismen seiner realen Gegenwart" ist.[139] Eine Wahrnehmung von Ganzheit, die die Beschränkungen der irdischen Existenz überwindet, ist aber nur „im ekstatischen Ausnahme-Erlebnis" möglich[140]; der anschließende Rückfall in die ‚faustische' Melancholie mit geradezu „manisch-depressiven" Zügen[141] ist nur um so desillusionierender.

Die folgenden Dialoge zwischen Faust und Mephistopheles (re-)etablieren das Motiv der Wette und motivieren damit das epische Strukturprinzip der Serialität: Die Handlung beider Teile stellt den fortschreitenden Versuch Mephistos dar, Fausts *curiositas*, die immer deutlichere Züge von Sensations-, dann Machtgier gewinnt[142], zu befriedigen. Fausts Lebensüberdruss resultiert aus der Tatsache, dass ihn die Welt letztlich nur zum „Entbehren" zwingt[143]: dazu, sich in die Schranken zu fügen, denen nur sein Geist nicht unterworfen ist. Mephistopheles hingegen verspricht ihm, um den Preis seiner Seele, „was noch kein Mensch gesehn".[144] Faust aber hält den Grundwiderspruch für unaufhebbar: zwischen einem zum Absoluten drängendem „Geist" und den materiellen irdischen Beschränkungen. Eine positive Lösung kann es Faust zufolge nicht geben, das Begehren kann nur durch Entbehren still gestellt, nicht durch Erfüllung befriedigt werden. Daher kann er in die Wette einwilligen:

Mephistopheles

Zitat

Werd' ich zum Augenblicke sagen:
Verweile doch! du bist so schön!
Dann magst du mich in Fesseln schlagen,
Dann will ich gern zu Grunde gehn![145]

Genau besehen will Faust die Wette weder gewinnen noch verlieren, er will Mephistos Anstrengungen sie zu gewinnen maximieren – und damit seinen eigenen Genuss. Denn die Wette zu gewinnen hieße, in den alten Zustand des Überdrusses zurückzufallen; sie zu verlieren bedeutete letztlich ebenfalls Entbehrung:

der dann nicht mehr folgenden (noch größeren) Reize. Nur in steter Progression, im ,Streben', sind die irdischen Beschränkungen zu überwinden. Damit erweist sich Mephistopheles tatsächlich als „Ein Teil von jener Kraft, / Die stets das Böse will und stets das Gute schafft"[146], wie er selbst ausgeführt hatte; denn gerade dadurch, dass er den Stillstand will, ermöglicht er erst die unendliche Progression. Der Gegensatz von Gut und Böse ist hier nicht als moralische Opposition, sondern als „naturhafte Polarität", als „dynamisch-generativer Zusammenhang" gedacht.[147] In der reflektierten Verkörperung dieses Widerspruchs erweist Mephisto sich geradezu als Figuration romantischer Ironie. Diese bezeichnet als „Form des Paradoxen"[148] ein „reflexives Szenario", in dem die fundamentalen Gegensätze, wie derjenige zwischen Endlichkeit und Unendlichkeit, in der Schwebe gehalten und nicht aufgelöst werden.[149]

Die Gretchen-Handlung Zwischen den beiden Strängen der Gelehrten- und der Gretchen-Handlung vermittelt die orgiastische Szene in der „Hexenküche", in der Faust unter Einfluss eines Zaubertranks in jemanden verwandelt wird, der, wie Mephistopheles prophezeit, „bald Helenen in jedem Weibe" sehen wird.[150] Faust wird also jede Frau als Verkörperung einer Schönheit wahrnehmen, deren Begehren in Gewalt resultiert (wie im Falle Helenas, deren Raub Auslöser des Trojanischen Kriegs war). Offenbar rein zufällig fällt die Wahl auf Margarete (während Helena die zentrale Figur im dritten Akt des zweiten Teils sein wird).

Gretchen, wie sie vom Text selbst zeitweise genannt wird, verkörpert geradezu das männliche Phantasma **naiver Unschuld**.[151] Sie ist weniger Subjekt von Liebe als vielmehr Objekt von Begehren. Faust liebt weniger Gretchen als vielmehr seinen exaltierten Gefühlszustand[152], die ungewohnte „Kraft", die Natur „zu fühlen, zu genießen".[153] Gretchen hingegen will sich Faust nicht hingeben, sondern, entsprechend der zeitgenössischen repressiven Sexualmoral, ihr Begehren durch die Ehe sanktionieren und Faust auf die christliche Moral verpflichten. Dennoch kommt es zu einer (nicht dargestellten) Liebesnacht, in der Gretchen geschwängert wird, nachdem zuvor die Mutter durch einen Schlaftrunk (mindestens) fahrlässig getötet und auch Gretchens Bruder Valentin von Faust erstochen worden ist.

Das zentrale Geschehen der Gretchen-Handlung vollzieht sich im Hintergrund: Sie gebiert ein Kind, tötet es anschließend und wird als Kindsmörderin zum Tode verurteilt. Faust verliert sich zu der Zeit, in der eigentlich seine Verantwortung gefordert wäre, in der „Sexualorgie" der „Walpurgisnacht". „Was dramaturgisch

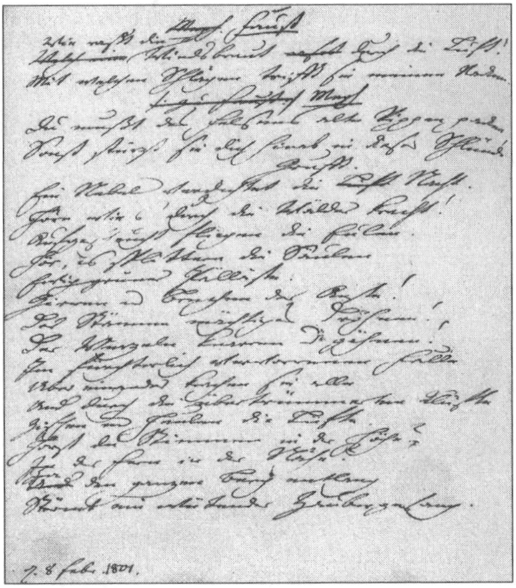

Abb. 31: *Faust I*. Walpurgisnacht, V. 3936-3955.
Handschrift Goethes

ein Verdecken ist, ist menschlich ein Verdrängen."[154] (Die Walpurgisnacht hatte Goethe ursprünglich als Satansmesse geplant, die auch der Polarität gut/böse mehr Gewicht verliehen hätte, sich dann aber, mit Rücksicht auf das Publikum, einer rigiden Selbstzensur unterworfen.[155])

Die anschließende Szene „Trüber Tag. Feld" zeigt einen erneut ernüchterten Faust; unklar aber bleibt, ob er angesichts von Gretchens Schicksal wirklich die „ganze Last menschlicher Verantwortung" spürt oder ob sich schlicht die „dialektische Dynamik" von Ekstase und Ernüchterung zeigt[156], die ihn im stetigen Auf und Ab der Handlung nie endgültig zu Höherem vordringen lässt. Das Gespräch im „Kerker", in dem Gretchen auf die Vollstreckung des Todesurteils wartet, legt sogar nahe, dass es Faust nur darum geht, sich und sein Begehren zu retten.

Gretchen stirbt, wahnsinnig geworden, und überantwortet sich im Sterben selbst dem „Gericht Gottes".[157] Mephistos Urteil „Sie ist gerichtet!" wird durch eine „Stimme *von oben*" widersprochen: „Ist gerettet!"[158] Damit wird ihr ‚tragisches‘ Ende von einer göttlichen Gerechtigkeit umfangen, die ihr zu vergeben scheint. Aber nicht nur diese Tatsache spricht dagegen, die Gretchen-Handlung als Tragödie zu charakterisieren. Dass ihr Schicksal in den entscheidenden Momenten nicht dargestellt wird, zeigt, dass es vor allem in seiner Funktion für die Faust-Handlung in Betracht kommt. Und wenn der Text alles dafür tut, Gretchen zu entlasten, weil er als „eigentliche Ursache für die Tötung des Kindes" den „gesellschaftliche[n] und kirchliche[n] Terror, aber auch das verantwortungslose Handeln Fausts" vorstellt[159], dann fehlt eigentlich das Moment einer echten tragischen Schuld.

Gretchen scheitert am Widerspruch zwischen Sinnlichkeit und Sittlichkeit (wobei sich zeigt, dass die Moral nicht ihre ‚eigene‘ ist, sondern diejenige der patriarchalen Gewalt), und auch Faust gelingt kein ‚klassisch‘ zu nennender Ausgleich von Körperlichem und Geistigem – nicht einmal in dem schillerschen Sinn (siehe

‚Gretchentragödie‘?

S. 86 ff.), dass er moralisch die Oberhand über eine körperliche Gewalt behielte.

Der Tragödie zweiter Teil

In *Faust II* geht es (noch) weniger um den Protagonisten; Faust und Mephisto erscheinen gar nicht mehr als psychologisch konsistente Charaktere.[160] Vielmehr geht es um eine poetische „Analyse und Demonstration objektiver Denk- und Verhaltensweisen in ihrer Folgerichtigkeit", als deren „metaphorische" Umsetzungen die Handlungsorte und -situationen erscheinen.[161] Dabei kann von einer sukzessiven Handlung ebenfalls nicht gesprochen werden; eher handelt es sich beim zweiten Teil um ein „Stationenstück" mit einem „räumlichen Nebeneinander" der Zusammenhänge.[162] Die einzige Einheit[163] des Dramas liegt dabei wohl in der Vieldeutigkeit selbst, die aus der Montage von unzähligen Sinnbereichen resultiert. Der Text stellt eine unüberschaubare Fülle von poetischen und wissenschaftlichen Bezügen her und kombiniert disparateste Bereiche – Naturwissenschaft, Philosophie, Theologie, Ökonomie, ... –, deren einzige Verbindung Goethes universelles Interesse ist. Das Drama wird so zum poetischen Kompendium des Bücherwissens und der Literatur, zum „Museum der Weltliteratur"[164] – mit der Folge, dass es kaum erfüllbare Anforderungen an seine Leser stellt.

Auch wenn der Text eine gigantische Allegorie des 19. Jahrhunderts (und der Allegorie selbst) ist[165], ist eine vollständige *und* widerspruchsfreie Allegorese, eine Auflösung in Begriffssprache, schlechterdings unmöglich: weil es nie gelingen kann, alle Kombinationen von Sinnsystemen begrifflich auszuloten (und dies wiederum ist typisch für das Symbol). Der Text ist damit noch erheblich rätselhafter, als sein Autor ihn intendiert hat.

Erneut, wie schon im *Groß-Cophta*, nimmt Goethe auf den Vorabend der Französischen Revolution Bezug: Der erste Akt des zweiten Teils ist eine Satire des *ancien régime*, dessen Prunksucht die Geldnot, eine der Ursachen der Revolution, entgegengesetzt wird, der wiederum der inflationäre Druck von Papiergeld Abhilfe schaffen soll; und auch das Motiv des Okkultismus erscheint erneut.[166] Vor allem werden die „Grundelemente" der bürgerlichen Gesellschaft ins Blickfeld gerückt: Ware, Arbeit, Kapital.[167] Auch die (!) „Mummenschanz" folgt einer „Ästhetik des Geldes", die ihre „wesentlichen Momente" mit der Allegorie gemeinsam hat: „Abstraktion und Schein".[168]

Fausts Ende zeigt noch einmal das bereits im ersten Teil etablierte Moment des „Willens zur Macht".[169] Im letzten Akt unternimmt er ein gigantisches Landgewinnungsprojekt, dem die Hütte des alten Paares Philemon und Baucis weichen muss. Die abschließende „Vision von idyllisch-paradiesischem Leben" auf geschichtslosem Grund ist auch eine Vision einer persönlichen Utopie Fausts, in der die Zwänge der Zeit- und Körperlichkeit überwunden wären.[170] Diesen Zustand erreicht Faust tatsächlich: „Im Vorgefühl von solchem hohen Glück / Genieß ich jetzt den höchsten Augenblick."[171] Damit hat, für den Moment, Mephisto formal seine Wette aus dem ersten Teil gewonnen und Faust muss sterben. Er wird aber dennoch erlöst, sein „Unsterbliches"[172] fährt in den Himmel auf. In diesem häufig als ,katholisierend' (oder als romantisch[173]) charakterisierten Ende (das auch höchst ironisch gelesen werden kann[174]) und der von den Engeln ausgesprochenen Formel „Wer immer strebend sich bemüht / Den können wir erlösen"[175] zeige sich, so sagt Eckermanns Goethe, „der Schlüssel zu Fausts Rettung": Fausts „immer höhere und reinere Tätigkeit bis ans Ende, und von oben die ihm zu Hülfe kommende ewige Liebe".[176]

Vieles bleibt offen und uneindeutig: So ist es doch mehr als fraglich, ob Fausts strebende Tätigkeit tatsächlich „immer reiner" genannt werden kann[177], aber auch, ob es sich bei der Gesamtheit beider Teile wirklich um eine „Tragödie" handelt.[178] Die „unüberbrückbare Kluft zwischen Wollen und Vollbringen"[179] macht jedenfalls keine spezifische Tragik Fausts aus, sondern kann vielmehr als schlechthin menschlich gedeutet werden – und Faust bleibt jene bis zum Schluss ein Antrieb für ,strebendes Bemühen'. Worin auch immer die ,Tragik' liegt: ihre Aufhebung in göttlicher Harmonie ist durch die opernhafte Poetizität und durch die Aussagen der Vorspiele als künstlerischer Effekt ausgewiesen. Wie bereits in *Torquato Tasso* wird eine uneindeutige Tragik zuletzt in einer poetischen Struktur aufgehoben.

Weimarische Dramaturgie 5.

Goethe wurde 1791 Intendant des Weimarer Hoftheaters. Er blieb es bis zum April 1817, als er den gezielten Affront einer Inszenierung, in der – gegen seine kategorische Ablehnung von Tieren auf der Bühne – ein leibhaftiger dressierter Pudel mitspielte, zum Anlass nahm, das inzwischen ungeliebte Amt niederzulegen.

Goethe war bestrebt, das Weimarer Theater zum führenden Haus in Deutschland zu machen – in Fortsetzung von Lessings Wirken in Hamburg und demjenigen Wolfgang Heribert von Dalbergs (1750-1806) in Mannheim. Dabei wandte Goethe sich aber von deren ,naturalistischer' Linie, wie sie in der Mannheimer

Goethe als Intendant

Abb. 32: Das Weimarer Hoftheater. Kupferstich, 1800

Uraufführung von Schillers *Räubern* im Januar 1782 einen Höhepunkt gefunden hatte, entschieden ab. Vor allem in den Jahren um 1800 arbeitet Goethe, von Schiller als Hausautor, Dramaturgen und Regisseur[180] unterstützt, an der „ästhetischen Rehabilitierung der seit Lessing in Mißkredit geratenen tragischen Kunst des französischen classicisme".[181] Er übersetzt und inszeniert die Dramen *Mahomet* (1799) und *Tancrède* (1801) des französischen Aufklärers Voltaire (eigtl. François Marie Arouet, 1694-1778); dazwischen schreibt er selbst mit der *Natürlichen Tochter* ein Drama, das äußerlich der geschlossenen Form der *tragédie classique* verpflichtet ist. Als Paradigma einer neuen „Grammatik"[182] des Schauspiels aber galt für Goethe Schillers *Braut von Messina* mit ihrer anti-naturalistischen Programmatik (siehe S. 109).

Das Geschehen auf der Weimarer Bühne sollte gerade nicht den Eindruck von ,Natürlichkeit' fingieren. Wie der 1798, bei der Wiedereröffnung des umgebauten Theaters gesprochene „Prolog" zu *Wallensteins Lager* erläutert, sollte etwa der Einsatz von Verssprache eine deutliche Distanz zwischen dem Reich des ,schönen Scheins' und der Wirklichkeit schaffen. Diesen Gestus der Distanzierung zeigen auch Goethes *Regeln für Schauspieler* (1803). Das Schauspiel wird hier – nachdem u.a. Lessing gerade seine ästhetisch-psychologische Eigengesetzlichkeit herausgestellt hatte – in Analogie zur bildenden Kunst und

Abb. 33: Rekonstruktion des Innenraums des Weimarer Hoftheaters. Zeichnung von Alfred Pretzsch

zur Musik vorgestellt. Die regelhafte Struktur solle jenes mit einem Konzert gemeinsam haben (was in einer Reihe von peniblen Forderungen an die Bewegungen der Spieler resultiert), während etwa die Gruppierung von Schauspielern einer bildhaften Wirkung dienen solle. Als regulative Idee erscheint auch hier diejenige des harmonischen, in sich vollendeten Ganzen – seit Moritz die Leitdoktrin der ‚klassischen' Ästhetik. Zudem zeigen die Regeln deutlich französischen Einfluss, vermittelt durch Wilhelm von Humboldts Berichte aus Paris.[183]

Eine Reihe von Vorschriften dient dazu, die Engführung von Theaterpraxis und höfischem Verhaltensideal aus Frankreich (wieder) nach Deutschland zu importieren: Wie dieses war auch jene von den Idealen des *decorum* und der *bienséance* bestimmt, von dem also, was sich ziemt. Der Rückgriff auf regelhafte Formen vermochte die Französische Revolution nicht ungeschehen zu machen, aber er setzte der in ihrer Folge entstandenen globalen Unordnung doch immerhin, auf der Bühne, lokale Ordnung entgegen – mit dem Anspruch des ästhetischen (Vor-)Scheins einer neuen globalen Ordnung.

Höfisches Ideal

Eckermann gegenüber soll Goethe 1828 gerühmt haben, dass Voltaire „bei all seiner Freiheit und Verwegenheit [...] sich immer in den Grenzen des Schicklichen zu halten gewußt", dass er nie „die Linie der Konvenienz überschritten habe".[184] Hier zeigt sich deutlich Goethes Versuch, „adliges und bürgerliches Wertsystem im Rahmen einer auf Reform verpflichteten höfischen Umwelt zu vermitteln".[185] Es bleibt aber kontrovers zu diskutieren, ob es sich dabei um eine echte Synthese handelt oder um eine reine Adelsreform; denn die projektierten Veränderungen sollten sich im grundsätzlich unangetasteten Rahmen des Adels (innerhalb der „Konvenienz") vollziehen und konnten noch dazu nur in den überschaubaren Weimarer Verhältnissen – als Gemeinschaft, nicht als anonyme Gesellschaft – gedacht werden.

Die Reaktion des Weimarer Theaterpublikums war, wie die Rezeption der gedruckten Werke auch, insgesamt eher reserviert. Als wirtschaftlich denkender Theaterintendant aber reagierte Goethe wie Schiller als Zeitschriftenherausgeber: mit Zugeständnissen an Publikumsgeschmack und Unterhaltungsbedürfnis. In den 26 Jahren unter Goethes Leitung wurden 600 verschiedene Stücke aufgeführt. Die weitaus meisten waren Lustspiele (249) – v.a. von Kotzebue (87!); dem stehen lediglich 77 Trauerspiele gegenüber. Die drei am häufigsten gespielten Stücke aber waren Opern und erfüllten die Kriterien großer Publikumswirksamkeit *und* hoher Qualität: Mozarts *Zauberflöte, Don Giovanni* und *Die Entführung aus dem Serail*.[186]

Publikums-
reaktionen

Zusammenfassung

Eine genaue Lektüre der *Iphigenie* zeigt vor allem, wie viel produktiven Widerstand der Text seiner Idealisierung als zeitlos gültiges Muster der ‚Humanität' entgegensetzt. Das Drama *Torquato Tasso* proklamiert kein Dichtertum unbedingter Subjektivität (wie der ‚Sturm und Drang' oder K. Ph. Moritz), sondern vielmehr den Ausgleich von Subjektivität und Objektivität in einer Gemeinschaft. Die Revolutionsdramen verkleinern entweder die Dimensionen und stellen die Ursachen der Revolution als individuelle moralische Verfehlungen dar oder sie mythisieren die Revolution zu einem Naturgeschehen. Die beiden Teile des *Faust*-Dramas bieten eine solche Fülle von Deutungsproblemen und -möglichkeiten, dass zumindest eines sehr deutlich wird: in wie hohem Maße Stilisierungen des Textes zur Tragödie des deutschen ‚faustischen Wesens' auf eindimensionalen Verkürzungen beruhen. Goethes (und Schillers) dramaturgische Bemühungen am Weimarer Theater zielen auf alles andere als auf naturalistische Darstellungen der Wirklichkeit; vielmehr geht es darum, der politischen Unordnung der Zeit eine ‚klassizistische' Struktur entgegenzusetzen, die aus verschiedenen Bereichen zitiert ist: aus der bildenden Kunst, der Musik – und dem Adel.

Literatur

Borchmeyer, Dieter: „.... dem Naturalism in der Kunst offen und ehrlich den Krieg zu erklären...". Zu Goethes und Schillers Bühnenreform. In: Unser Commercium. S. 351-370.

Borchmeyer, Dieter: Iphigenie auf Tauris. In: Goethes Dramen. Interpretationen. S. 111-157.

Goethes Dramen. Interpretationen. Hg. v. Walter Hinderer. Stuttgart: Reclam 1992.

Hinderer, Walter: Torquato Tasso. In: Goethe-Hb. Bd. 2. S. 229-257.

Keller, Werner: Faust. Eine Tragödie. In: Goethes Dramen. Interpretationen. S. 258-329.

Lange, Victor: Faust. Der Tragödie zweiter Teil. In: Goethes Dramen. Interpretationen. S. 330-387.

Matussek, Peter: Faust I. In: Goethe-Hb. Bd. 2. S. 352-390.

Neumann, Gerhard: Konfiguration. Studien zu Goethes „Torquato Tasso". München: Fink 1965.

Reed, Terence James: Iphigenie auf Tauris. In: Goethe-Hb. Bd. 2. S. 195-228.

Schlaffer, Heinz: Faust Zweiter Teil. Die Allegorie des 19. Jahrhunderts. Stuttgart: Metzler 1981.

Schmidt, Jochen: Goethes Faust. Erster und Zweiter Teil. Grundlagen – Werk – Wirkung. München: Beck 1999.

Schöne, Albrecht: Kommentar. In: FA I 7/2.

Schulz, Georg-Michael: Die natürliche Tochter. In: Goethe-Hb. Bd. 2. S. 288-303.

Vaget, Hans Rudolf: Um einen Tasso von außen bittend. Kunst und Dilettantismus am Musenhof von Ferrara. In: Deutsche Vierteljahrsschrift für Literaturwissenschaft und Geistesgeschichte 54 (1980). S. 232-258.

Wagner, Irmgard: Vom Mythos zum Fetisch: Die Frau als Erlöserin in Goethes klassischen Dramen. In: Goethe Yearbook 5 (1990). S. 121-143.

Wilson, W. Daniel: Dramen zum Thema der Französischen Revolution. In: Goethe-Hb. Bd. 2. S. 258-287.

Zabka, Thomas: Faust II – Das Klassische und das Romantische. Goethes ‚Eingriff in die neueste Literatur'. Tübingen: Niemeyer 1993.

Fragen

1. Was spricht dafür, *Iphigenie auf Tauris* als Drama der Humanität zu lesen, was dagegen?

2. Was spricht dafür, die Figur Torquato Tasso als Porträt Goethes zu deuten, was dagegen?

3. Wie macht Goethe die Französische Revolution im Lustspiel zu einem moralischen Problem?

4. Was macht es schwierig, *Faust* tatsächlich als eine zweiteilige Tragödie zu deuten?

7. Aufbaumodul 5: Goethes Epik

Schiller, der den „Romanschreiber" lediglich für den „Halbbruder" des Dichters hielt[1], hat zwar einige kürzere Prosatexte (darunter den *Verbrecher aus Infamie*, 1786) geschrieben; sein einziger, 1787-89 in Fortsetzungen in seiner Zeitschrift *Thalia* erschienener Roman, *Der Geisterseher*, ist aber unvollendet geblieben. Im Werk Goethes hingegen spielen epische Texte eine wesentliche Rolle. In diesem Modul werden der Komplex der *Wilhelm-Meister*-Romane, der novellistische Text *Unterhaltungen deutscher Ausgewanderten* und das Versepos *Hermann und Dorothea* exemplarisch vorgestellt.

1. Bildung zur Gemeinschaft: Das *Wilhelm-Meister*-Projekt

Ähnlich wie am Komplex der *Faust*-Dramen hat Goethe auch an dem der *Wilhelm-Meister*-Romane über Jahrzehnte gearbeitet. Und wie im Falle des *Faust* liegen schließlich ein abgeschlossener Text aus der ‚klassischen' Werkphase (*Wilhelm Meisters Lehrjahre*) sowie eine spätere Fortsetzung (*Wilhelm Meisters Wanderjahre*) vor; auch im Falle des *Wilhelm Meister* ist zudem ein frühes Fragment erst zu Beginn des 20. Jahrhunderts wiederentdeckt worden. An der Entstehung des jeweils ersten Teils beider zentraler Werke hatte Schiller einen nicht geringen Anteil.

Entstehung   Wie der Titel des ‚Ur-Meisters', *Wilhelm Meisters theatralische Sendung*, bereits verrät, hatte Goethe ursprünglich, spätestens seit 1777, einen **Theaterroman** geplant.[2] Aus den bis Ende 1785 fertiggestellten sechs von zwölf geplanten Büchern wurden schließlich, grundlegend überarbeitet, die ersten fünf der *Lehrjahre*. Im Sommer 1794 versuchte Schiller, sich den entstehenden Roman für einen Abdruck in seiner Zeitschrift *Die Horen* zu sichern – vergeblich, denn Goethe war vertraglich an den Berliner Verleger Johann Friedrich Unger gebunden und das erste Buch des Romans war auch bereits im Druck. Am 6. Dezember sandte Goethe aber Schiller die Aushängebogen (die ersten Reinabzüge des Drucks) mit der Bitte um dessen „offne Meynung" sowie der Ankündigung, Schiller werde die „folgenden Bände „noch im biegsamen Manuscript sehen". In der Folge geizte Schiller tatsächlich nicht mit seiner Meinung und dem ebenfalls gewünschten „freundschaftlichen Rath".[3]

Die *Lehrjahre* wurden so zum ersten Betätigungsfeld des freund-schaftlichen Zweckbündnisses – und zur Bewährungsprobe.[4] Im Verlauf des Briefwechsels jedenfalls tritt der Kontrast zwischen Realismus und Idealismus, unter dessen Leitbild Goethe im Rück-blick die gesamte Freundschaft gestellt hat (siehe S. 40), zuneh-mend deutlich zu Tage. Am letzten, dem achten Buch schließlich kritisiert Schiller, dass es „zwar einen *historischen* Aufschluß" gebe (also die Verwicklungen der Handlungen entwirre), aber keinen rechten „*aesthetischen* Aufschluß über den innern Geist". Schiller vermisst die „poetische Nothwendigkeit", die eine stärkere idea-listische Fundierung hätte herausstellen können.[5] Damit aber ist die Grenze der goetheschen Zugeständnisse erreicht; markiert wird sie durch Goethes Hinweis auf seine „innerste Natur", einen „gewissen realistischen Tic".[6] Bezeichnend ist, dass Goethe Schil-ler das letzte Buch nicht noch einmal zur kritischen Ansicht schickt – und dies wohl nicht nur, damit es Schiller „im Druck überrasche, und was daran ermangeln mag, uns Unterhaltungen für künftige Stunden gewähre".[7]

Bei der Überarbeitung und Fortsetzung wandelt sich der The-aterroman zum „sozialen Roman".[8] Die Scharnierstelle zwischen den bereits geschriebenen und den neuen Passagen bildet das sechste Buch, die „Bekenntnisse einer schönen Seele". Die Erzäh-lung von einer Frau, die über ihrem Liebesunglück zu sich selbst und vor allem zu Gott findet, lässt sich jedoch nicht nur, wie oft geschehen, als ideales Modell, sondern auch als Darstellung einer „Dissozialisierung"[9], als „Pathographie des verdrängten Leibes" deuten.[10] (Hier, in der religiösen Variante, bestätigt sich ein Ver-dacht, der auch Schillers Ästhetik betrifft: dass Synthesen zwi-schen Körper und Geist dazu neigen, diesen die Hoheit über jenen gewinnen zu lassen.)

Die Handlung des Romans ist recht verworren. Erzählt wird die Jugendgeschichte Wilhelm Meisters, der sein Elternhaus verlässt, weil er kein Kaufmann werden, sondern sein Glück auf dem The-ater suchen will. Nach einer Reihe von Verwicklungen, die zum Teil aus dem Repertoire des Trivialromans stammen (wie ein Raubüberfall, eine Feuersbrunst, verborgene Verwandtschaftsver-hältnisse), findet er endlich sein Glück – wenn auch nicht ohne fremde Hilfe.

Wie sich der bis heute kontrovers verlaufenden Rezeptionsge-schichte ablesen lässt, macht der Text eine Reihe von widersprüch-lichen Sinnangeboten. Dem gegenüber steht die starke Tendenz älterer Forschung zur Harmonisierung. Dabei spielt die Kategorie des „**Bildungsromans**" eine wichtige Rolle, die der Philologe Karl

Schillers Mitarbeit

Rezeption

Morgenstern (1770-1852) im Jahre 1803 für die *Lehrjahre* geprägt hat. Meist ist sie so verstanden worden, dass im Roman vorgeführt werde, wie eine universelle harmonische Ausbildung, im Sinne eines vorausgesetzten Humanitätsideals der Weimarer Klassik, dazu führe, dass ein Individuum seinen Platz in der Gesellschaft finde. Entsprechende Deutungen können sich auf die etwas abschätzige Formulierung von Georg Wilhelm Friedrich Hegel (1770-1831) über das Romanhafte berufen, dass „Ende solcher Lehrjahre besteh[e] darin, daß sich das Subjekt die Hörner abläuft, mit seinem Wünschen und Meinen sich in die bestehenden Verhältnisse und die Vernünftigkeit derselben hineinbildet".[11] „Harmonisierende Auslegungen" in diesem Sinne verschleiern aber, dass die Ansprüche des Subjekts (auf die Totalität seiner individuellen Bildung) und der Gesellschaft (auf nützliche Tätigkeit) hier in Spannung zueinander stehen.[12] Die Zweifel daran, dass die *Lehrjahre* überhaupt „ein Bildungsroman im Sinne des klassischen Humanismus und seiner harmonischen und universalen Humanitätsidee" sind, wurden dann in der zweiten Hälfte des 20. Jahrhunderts laut.[13]

Ein Bildungs-roman? Jedenfalls wird keine kontinuierliche Bildungsgeschichte erzählt, an deren Ende ein fassbares Weltwissen stünde; denn Wilhelm Meister gelingt es nicht, „aus Erfahrung klug zu werden und auch nur seinen nächsten Schritten einen Plan zu unterlegen, der sein Leben berechenbarer machen würde"[14] – im Gegenteil: Sein Weg ist wesentlich vom „Irrthum"[15] bestimmt, und erst im Rückblick erweist sich alles als richtig, was in der jeweiligen Situation eine Fehlentscheidung war. Indem die Fehler aber ohne Folgen bleiben, stellt der Roman eine Welt dar, „in der gegensätzliche Ordnungen sich aneinander abarbeiten, ohne sich aufzureiben, ohne auch in strikter Opposition zu verharren".[16]

Dennoch ist Bildung ein zentrales inhaltliches Moment des Romans – nicht zuletzt, weil Wilhelm selbst sie thematisiert. Seinem Freund Werner, der als eine erwerbsbürgerliche Kontrastfigur fungiert, schreibt er: „mich selbst, ganz wie ich da bin, auszubilden, das war dunkel von Jugend auf mein Wunsch und meine Absicht"[17]; eine solche „harmonische Ausbildung meiner Natur" aber wäre ihm nur möglich, wenn er Adliger wäre (weil der Bürger auf eine gesellschaftlich nützliche Tätigkeit eingeschränkt wird). Diesen Mangel soll das Theater kompensieren.

Adel und Theater Dass Wilhelm die gesellschaftlichen Repräsentationsformen des Adels und die auf der Bühne für wesensverwandt hält, lässt sich entweder als Missverständnis deuten (dafür spricht etwa die Tatsache, dass weder die Adligen noch die Schauspieler, denen

Wilhelm zunächst begegnet, seinem Idealbild entsprechen); oder die beiden Modelle werden über das aus der römischen Philosophie stammende Konzept der *persona* miteinander vermittelt, wodurch zugleich die ursprüngliche Wortbedeutung von lat. *persona*: die Theatermaske, aktualisiert wird.[18] Danach geht es weniger um die Verwirklichung einer Persönlichkeit im modernen Sinne als vielmehr darum, die seinen charakterlichen Möglichkeiten angemessene ‚Person' zu finden. „Gleichsam experimentell" soll der Charakter aus dem „Repertoire des sozialen Lebens" die „ihm angemessene Rolle" herausfinden. Diese besteht – anders als auf dem Theater – eben nicht darin, jemand anderer zu scheinen, als man ist, sondern im Gegenteil darin, zu sein, was man zu sein scheint. Es geht also um die „Repräsentation seines Wesens in der Erscheinung".[19] Die Handlung des Romans besteht dieser Deutung zufolge in der Steigerung der Rollen Wilhelms, die in immer höheren Formen der Sozialität resultieren (bei denen die Frauen, denen Wilhelm begegnet, eine wesentliche Rolle spielen); sie gipfeln in der Rolle des Vaters: Am Ende erfährt Wilhelm, dass er mit seiner Geliebten, der Schauspielerin Mariane, die er zu Beginn enttäuscht verlassen hat und die indessen gestorben ist, einen Sohn gezeugt hatte.

Mit der Annahme der Vaterrolle, die zugleich den Abschied vom Theater bedeutet, wird Wilhelms Streben dauerhaft; denn „alles, was er [nun] anzulegen gedachte, sollte dem Knaben entgegen wachsen"; in diesem Sinne hat er „mit dem Gefühl des Vaters [...] auch alle Tugenden eines Bürgers erworben".[20] Zu bedenken, was er für sich selbst „und die guten Geschöpfe zu thun" hat[21], wird zur zentralen Lebensaufgabe. Daher aber hat Wilhelm am Ende „die eigentliche Bewährung noch vor sich"[22], er ist „auf dem Wege zum Ziel"[23], nicht am Ziel seiner Bildung selbst.

Zudem verlobt sich Wilhelm am Ende mit Natalie. Sie formuliert einen der ethischen Kernpunkte des Romans, indem sie ihre Tante, die „schöne Seele", zur Realisierung der „Ideale im Innern" erklärt: zu einem „Vorbild", das „nicht zum Nachahmen, sondern zum Nachstreben" bestimmt ist.[24] Auch auf diese Weise, und weil die Verlobung nur ein Ehe*versprechen* ist, wird ein dynamisches Moment in das (moralische) Handeln eingetragen. Hier kehrt eine der zentralen Verschiebungen der zeitgenössischen Ästhetik wieder: Nachahmung, Mimesis der Natur wird nicht mehr als Widerspiegelung des natürlich Geschaffenen, sondern als Nachahmen des Schaffens selbst verstanden. In den *Lehrjahren* wird die ästhetische Autonomie in den Bereich der Ethik verschoben

Bildungsziel?

– und damit gegenüber Schillers Ästhetik eine umgekehrte Richtung eingeschlagen (siehe S. 72).

Die Turm-
gesellschaft

Die Instanz, von der Wilhelm Auskunft über sich selbst und seine Bestimmung erhält, stellt eines der merkwürdigsten Momente des Romans dar: die so genannte Turmgesellschaft. Zu ihr gehört u.a. Lothario, ein tatkräftiger, Neuerungen gegenüber aufgeschlossener Edelmann, der auch in den Revolutionsdramen Goethes auftreten könnte und „liberale bürgerliche Forderungen" wie nach Besteuerung adligen Grundbesitzes vertritt.[25] Die Turmgesellschaft selbst trägt Merkmale der Freimaurer und der Illuminaten (siehe S. 24 f.)[26]; sie führt aber „das Erbe der illuministischen Erziehungsmaschine" auf sehr liberale Weise fort[27], weil sie sich von der Geheimgesellschaft zur (aufklärerischen) „Societät"[28] gewandelt hat.[29] Als in fast paradoxer Weise „aristokratische Sozietät, deren Programmatik wesentlich bürgerlich ist"[30], trägt diese „Allianz zwischen Adel und Bürgerlichen" „einerseits rückwärtsgewandte und andererseits vorwegnehmende utopische Züge".[31] Vorweggenommen werden dabei faktische Adelsreformen des frühen 19. Jahrhunderts; da sie aber ihrerseits rückwärtsgewandt sind, weil sie die überkommene Form der Adelsprivilegien in Teilen konservieren helfen, lässt sich auch das Progressive als wiederum regressiv lesen. Ziel der Turmgesellschaft ist es, „Gutes und Schönes in guter Gesellschaft zu befördern, unter Gebildeten, deren Verpflichtung aufs gemeinsame Humanitätsideal ihre soziale Differenz überwinden soll"; und allein darin liegt schon ein Moment der „Absage an die Französische Revolution".[32] Im Hintergrund erkennbar wird Goethes Idee, dass gemeinnütziges Handeln des Adels Revolutionen verhindert.

Soziale Projekte

Eines der zentralen Projekte der Turmgesellschaft ist die Umwandlung von Grundbesitz in Geld, das dann frei zirkulieren kann. Dass man zugleich plant, sich gegen Revolutionsschäden ökonomischer Natur zu versichern, zeigt: Es handelt sich bei der Turmgesellschaft zumindest vordergründig nicht um einen Gesellschaftsentwurf, weil eigentlich nicht die globale „Vermeidbarkeit" der Revolution angestrebt wird[33], sondern die Verringerung der Folgen. Ihre Zentraltugenden wie der „gesellige Sinn"[34] und ihr Ziel, mit Nachbarn „in einem ewigen Gefälligkeitswechsel [zu] stehen"[35], zeigen: Sie ist weniger ein Modell einer anonymen „arbeitsteilig ausdifferenzierten Gesellschaft"[36] als vielmehr einer **Gemeinschaft** von einander persönlich verbundenen (Wohl-)Tätigen.[37] Der Weg des Romans führt weder in die Revolution noch in die moderne „bürgerliche Gesellschaft"[38], sondern in die praktische Tätigkeit in einer personalen Gemeinschaft. An der Stelle einer anonymen **Gesellschaft** als Funktionszusammenhang steht die Geselligkeit, in der sich die Einzelnen harmonisch ergänzen.

Die Turmgesellschaft (die eher Turmgemeinschaft heißen könnte) scheint eine Instanz des „regierenden Schicksals"[39] zu sein, weil viele der scheinbar zufälligen Begegnungen von ihr inszeniert sind; allerdings lenkt sie Wilhelm nicht aktiv, sondern repräsentiert vielmehr, „symbolisch", den „Zusammenhang seiner Existenz".[40] Zu ihrem Erziehungskonzept gehört das Irren des Zöglings (worin eine Parallele zum Menschenbild des *Faust* besteht). Von ihr erhält Wilhelm auch seinen rätselhaften „Lehrbrief", der ihn losspricht und seine „Lehrjahre" formal beendet: „Nur alle Menschen machen die Menschheit aus, nur alle Kräfte zusammengenommen die Welt. [...] Jede Anlage ist wichtig, und sie muß entwickelt werden."[41] Dies bedeutet wohl weniger ein idealistisches geschichtsphilosophisches Konzept der Vervollkommnung der Gattung (im Sinne der ästhetischen Erziehung Schillers[42]) als vielmehr ein realistisches Konzept einer Harmonie, die in der Komplementarität liegt: Der Menschheit (und jeder Gemeinschaft) ist am meisten gedient, wenn jeder *seine* „Anlagen" ausbildet.

Die entscheidende Differenz zur von Wilhelm angestrebten Bildung besteht dann in der Täuschung darüber, was eigentlich seine Anlagen sind – das Schauspiel jedenfalls gehört nicht dazu. Insofern macht der Text doch ein Angebot zur Auflösung des Antagonismus zwischen der Zeitutopie der individuellen Bildung und der Raum-/Sozialutopie der Turmgesellschaft[43]; die Harmonie liegt im Moment der komplementären Ergänzung der Menschen zur Menschheit. Die Versöhnung der beiden Utopien ist jedoch absolut kontingent: weil Wilhelm selbst Natalie zur Lebenspartnerin wählt (und nicht, weil die Turmgesellschaft dies so vorgesehen hätte). Zwar ist sie die echte schöne Seele und geradezu die „Inkarnation der Idee der Turmgesellschaft"[44], weil sie für gemeinschaftliches „uneigennütziges Wohlthun"[45] plädiert und ihre eigene Anlage darin besteht, anderer „Anlagen [zu] entdecken"[46]; aber die in der Verlobung liegende Versöhnung von Wilhelms individuellem „Glücksanspruch"[47] mit der Gemeinschaftsutopie ist gänzlich zufällig und kann auch kaum ein Effekt seiner Bildung genannt werden.

Hegels Lesart der ‚Hineinbildung' „in die bestehenden Verhältnisse und die Vernünftigkeit derselben" ist im Roman nur teilweise angelegt: Die ‚Gesellschaft', in die Wilhelm sich hineinbildet

Störung der Vorsehung

(oder hineingebildet wird), ist die ideale adlige Gemeinschaft des Turms, also nicht die reale bürgerliche Gesellschaft; und obendrein bleibt seine Aufnahme zunächst Projekt, denn am Ende geht Wilhelm zusammen mit Frau und Kind auf Wanderschaft: als Reisebegleiter eines der Turmgesellschaft assoziierten Adligen. Und dies ist ein für das ausgehende 18. Jahrhundert tatsächlich typischer bürgerlicher Entwurf, der die Existenz einer feudalen Gesellschaftsordnung voraussetzt

Kunst vs. Gesellschaft? Ein weiteres Handlungsmoment bietet Anknüpfungspunkte der Kritik an der Turmgesellschaft: Unter der Vielzahl von Figuren, denen Wilhelm auf seinem Bildungsgang begegnet, treten vor allem das „wunderbare Kind" Mignon – eine Kindfrau mit androgynen Zügen, die sich vor allem in Liedern und rätselhaftem Tanz ausspricht – und ein alter Harfenspieler hervor. Mignon kann offenbar in der Welt des Turms nicht leben und stirbt; der Harfner nimmt sich das Leben, nachdem aufgedeckt worden ist, dass Mignon das Kind aus seiner inzestuösen Verbindung mit seiner Schwester ist.

Dies kann nun bedeuten, dass der Roman (oder gar Goethe selbst) sich von der Kunst verabschiedet; demzufolge wären Mignon, als „sinnliche Erscheinung der Poesie" selbst, und der Harfner „Repräsentanten einer untergehenden poetischen Welt in einer prosaischen"[48]; es handelte sich bei ihrem Tod um die „endgültige Verabschiedung einer emphatisch-inspirierten Kunstproduktion" und damit den „Abschied vom Genie-Diskurs"[49] (der in der Poetik der Romantik fortlebt). Ganz im Gegensatz dazu kann auch die These vertreten werden, dass Mignon gerade nicht die poetische Subjektivität verkörpert, sondern bloß die unbewusste „technische Reproduktion von Hergebrachtem" im Sinne eines älteren Phantasiebegriffs, dass ihr Einbildungskraft und die dafür notwendige „‚Tiefe' des ‚Gefühls'" gerade fehlen.[50] Und die Tatsache, dass Wilhelm sich auf Ratschlag der Turmgesellschaft (für die die Rezeption von Kunst wiederum eine wesentliche Rolle spielt) von der dramatischen Kunst verabschiedet, kann auch gerade die „Verabschiedung des ästhetischen Dilettantismus im Namen des höchsten und reinsten Begriffes der Kunst"[51] bedeuten. (Gegen den Dilettantismus führten Goethe und Schiller ab 1799 einen geradezu systematischen Kampf[52], der dann aber nicht mehr öffentlich ausgetragen wurde.[53]) Wilhelm fehlt eine wirkliche Anlage zum Künstler; entsprechend formuliert sein „Lehrbrief", man solle sich „vor einem Talente hüten, das man in Vollkommenheit auszuüben nicht Hoffnung hat", denn immer werde man „den Verlust von Zeit und Kräften, die man auf eine solche

Pfuscherei gewendet hat, schmerzlich bedauern".[54] „Wahre Kunst"
aber sei „wie gute Gesellschaft: sie nöthigt uns auf die angenehms-
te Weise das Maß zu erkennen, nach dem und zu dem unser In-
nerstes gebildet ist".[55]

Weil der Roman viele Merkmale des romantischen Romans
vorwegnimmt und sich zugleich von ihm wieder zu verabschieden
scheint, war die Reaktion der Jenaer Romantiker zwiespältig. Novalis (eigtl. Friedrich von Hardenberg; 1772-1801) zufolge etwa sei
„künstlerischer Atheïsmus [...] der Geist des Buchs", das in ein
„Evangelium der Oeconomie" münde.[56] Seine Charakterisierung
der *Lehrjahre* als „Wallfahrt nach dem Adelsdiplom"[57], dem „Lehrbrief", ist ebenso richtig wie falsch; denn sie unterschlägt, dass
der Turmgesellschaft ein anderes Konzept des Adels zugrunde
liegt. Markiert wird aber, dass in der letzten Zuspitzung die Jenaer Romantik, im Gegensatz zur Weimarer Klassik, eine genuin
bürgerliche Bewegung gewesen ist, in der – noch so liberal-refor-
miert gedachte – höfische Sozial- und Kommunikationsformen
durch den offenen (oder als offen inszenierten) Salon ersetzt worden sind, in dem sozial gleichgestellte Interessierte zusammen-
kommen.

Friedrich Schlegel hingegen hat in der Zeitschrift *Athenäum* in
einer berühmten Formulierung die *Lehrjahre*, die Französische
Revolution und die *Grundlage der gesamten Wissenschaftslehre*
(1794) von Johann Gottlieb Fichte (1762-1814) als „die größten
Tendenzen des Zeitalters" charakterisiert.[58] Als „Tendenz" *ist* der
Roman noch kein romantischer im Sinne Schlegels, aber er steht
am Beginn einer als unendlich gedachten Entwicklung der Form.
Die von Schlegels Programmatik geforderte Verbindung der „Poesie mit der Philosophie und Rhetorik" sowie die
Vereinigung der „getrennten Gattungen der Poesie" durch Vermischung von inhaltlich und formal Heterogenem[59] sind jedenfalls in den *Lehr-*
jahren mit ihren Reflexionen über Kunst,
Ökonomie und soziale Fragen sowie den einge-
rückten Liedern bereits verwirklicht. Auch das
romantische Prinzip der Ironie lässt sich der
„ironischen Komposition" des Textes: „der Konstellation des Widerspruchs zwischen unmittelbarer Aussage und mittelbarem Sinn"[60], ablesen

Romantischer
Roman

Abb. 34: Novalis (Friedrich von Hardenberg). Radierung von
A. Weger

(dies hat wiederum Novalis bereits ebenfalls getan[61]). Und im Bildungsmodell schließlich steckt durchaus das prototypisch romantische Moment einer unendlichen Progression, die sich sogar, wenn die Turmgesellschaft als ‚höhere‘ Form des Theaters und „Symbol der Kunst“ gelesen wird[62], als Weg zur Kunst deuten lässt.

Auch wenn das Projekt einer gemeinschaftlichen Synthese aus Adel und Bürgertum der Revolution als romantischer Tendenz zuwiderläuft (gleichgültig, ob als Gemeinschafts- oder als Gesellschaftsmodell), ist es wohl kaum übertrieben zu sagen, dass die *Lehrjahre* ein Paradigma der **„progressiven Universalpoesie“** *avant la lettre* darstellen; diese sollte, so Friedrich Schlegel, „zwischen dem Dargestellten und dem Darstellenden, frei von allem realen und idealen Interesse auf den Flügeln der poetischen Reflexion in der Mitte schweben, diese Reflexion immer wieder potenzieren und wie in einer endlosen Reihe von Spiegeln vervielfachen“.[63]

Fortsetzung　Zwar bietet die erzählte Lebensgeschichte Wilhelm Meisters den Rahmen, der zudem durch Vor- und Rückgriffe zu einer „dichten Textur“[64] verwoben ist, und dennoch ist die Form „wesentlich episodisch“.[65] Dieses Strukturmoment verstärkt sich in der Fortsetzung, über die Goethe schon vor Fertigstellung der *Lehrjahre* nachzudenken beginnt. Konzentriert arbeitet Goethe an *Wilhelm Meisters Wanderjahre oder die Entsagenden* ab Mai 1807.[66] Einige abgeschlossene Erzählungen daraus veröffentlichte er 1809 und 1816-18 in Cottas *Taschenbuch für Damen* (auch diese Strategie bedeutet eine Parallele zu *Faust II*), bevor 1821 die ab 1819 ausgearbeitete erste Fassung des ersten Teils erschien. Zuvor aber hatte der ebenfalls *Wilhelm Meisters Wanderjahre* betitelte Roman (den Titel der Fortsetzung hatte Goethe bereits publik gemacht) des protestantischen Pfarrers Friedrich Wilhelm Pustkuchen (1793-1834) großen Erfolg beim Publikum – eine etwas moralinsaure, pietistisch-biedermeierliche Fortsetzung der *Lehrjahre.*[67] Dies verstärkte die wechselseitige Entfremdung zwischen Goethe und seinem Publikum so sehr, dass er die hauptsächlich 1825-28 entstandene, stark überarbeitete endgültige Fassung der *Wanderjahre* eher versteckte: indem er sie 1829 nicht als selbständiges Werk, sondern in den Bänden 21-23 der bei Cotta erschienenen *Ausgabe letzter Hand* veröffentlichte.

Aggregatstruktur　Dass der Text ursprünglich offenbar als Novellenzyklus nach dem Beispiel der *Unterhaltungen deutscher Ausgewanderten* geplant gewesen ist, lässt sich ihm noch in der Endfassung ablesen – auch wenn sich Rahmenerzählung und Einzelnovellen nicht strikt unterscheiden lassen. Seit seinem Erscheinen wird die Frage gestellt, in welchem Sinne es sich eigentlich um einen ,Roman' handelt. Die Linearität der narrativen Organisation und die Finalität der „Lehrjahre", die ja mit einer formalen Lossprechung enden, sind aufgelöst zugunsten der komplexeren Struktur einer eher zyklischen Wanderung durch verschiedene „Bezirke"; und statt des Lebenswegs von Charakteren treten nun die „Konfiguration" der Figuren und die „Simultaneität der Bilder und Daseinskreise" in den Vordergrund.[68] (Goethe selbst hat über das Buch gesagt, es „gebe sich nur für ein Aggregat aus", weswegen es müßig sei, „das Ganze systematisch konstruieren und analysieren zu wollen".[69]) Dabei haben die *Wanderjahre* keinen Erzähler, sondern einen „Redacteur"[70], dessen Tätigkeit der – durchaus willkürlichen – Aggregation des disparaten Materials, zu dem relativ abgeschlossene Novellen und Aphorismensammlungen sowie auch ein fast wörtlich eingebauter Text Heinrich Meyers über Baumwollproduktion in der Schweiz gehören, explizit problematisiert wird: als Fiktionalisierung zum „Roman".[71]

Die disparate Form ist nicht nur von vielen Zeitgenossen, sondern auch in der Forschung als Ausdruck von künstlerischer „Altersschwäche" (so 1870 der Literarhistoriker Hermann Hettner[72]) und Desorganisation gedeutet worden. Inzwischen hat sich jedoch die Ansicht durchgesetzt, dass es sich um eine höchst artifizielle Konstruktion mit „durchkonstruierter Motivstruktur"[73] handelt, innerhalb derer ein vorgeblich „wirkliches Archiv [...] durch Weglassen, Umbilden und Ordnen" zum Roman gebildet worden sei.[74] Dieser Fiktion wird auch die Darstellung der ,Handlung' untergeordnet, die als in Wilhelms Tagebüchern übermittelt präsentiert wird. Goethe ,selbst' aber ist weder in einer der etwa 20 handelnden Personen noch gar in der Figur des Herausgebers noch in den Positionen der Aphorismen anwesend – Text und Herausgeber machen sich vielmehr wechselseitig ,fragwürdig'.[75] Es handelt sich also um einen prototypisch ,polyphonen' Text im Sinne der Romantheorie des russischen Literaturtheoretikers Michail M. Bachtin (1895-1975).[76]

Zwar gibt es eine Reihe von inhaltlichen Bezügen zu den *Lehrjahren*, und auch das Theater wird wieder zum Gegenstand ausgesprochen kritischer Betrachtungen, dennoch hat sich das Augenmerk deutlich verschoben. Der ,Roman' entwirft ein Panorama der Moderne als eines wirtschaftlich-soziologischen Problemzusammenhangs. Aufgenommen wird dabei ein Motiv, das sich bereits am Schluss der *Lehrjahre* abzeichnete: ein „Leistungsethos" mit Anklängen an die „asketisch-protestantische Ethik" (die Max Weber zufolge das Fundament des Kapitalismus bil-

Form der Wanderjahre

det).[77] Dies fasst der Text unter den Begriff der „Entsagung" als einer Verpflichtung „auf ein Handeln nach dem Vorbild der praktischen Vernunft".[78] Verkörpert wird jene vor allem von einem (Amerika-)Auswandererbund, in dem die Turmgesellschaft des ersten Teils aufgeht und der als „Mischung von geheimer Gesellschaft und pietistischem Kolonistenunternehmen konzipiert" ist.[79] In ihm findet Wilhelm Meister als Wundarzt die Stelle eines „nützlichen" und „nöthigen Glieds".[80] In Verstärkung der Tendenzen der *Lehrjahre* bedeutet Entsagung hier „die Besonderung in einem Fach, die Ausbildung zu einem Beruf".[81] Dies muss aber nicht bedeuten, dass Goethe für das Berufsleben im Sinne der von Schiller abgelehnten, am Nutzen orientierten Arbeitsteilung plädiert; es geht womöglich weniger um Leistung für die Gesellschaft als um „Gemeinschaft des Geistes"[82] im Sinne eines wechselseitigen Dienstes ihrer Mitglieder.

2. In guter Gesellschaft: *Unterhaltungen deutscher Ausgewanderten*

Die Anlage von Goethes *Unterhaltungen deutscher Ausgewanderten* zitiert einen der prominentesten Texte der Weltliteratur: den um 1350 entstandenen Novellenzyklus *Il Decamerone* von Giovanni Boccaccio (1313-1375). Dort bietet die Erzählung, wie zehn Florentiner Adlige vor der Pest aufs Land fliehen, den Rahmen für Geschichten, die sie sich erzählen, um in der Krise eine gewisse Normalität wiederherzustellen. An die Stelle der Pest treten bei Goethe die Französische Revolution und die militärischen Aktionen der Jahre 1792/93, wie der Eingang des Textes deutlich macht:

Zitat

In jenen unglücklichen Tagen, welche für Deutschland, für Europa, ja für die übrige Welt die traurigsten Folgen hatten, als das Heer der Franken durch eine übelverwahrte Lücke in unser Vaterland einbrach, verließ eine edle Familie ihre Besitzungen in jenen Gegenden und entfloh über den Rhein, um den Bedrängnissen zu entgehen, womit alle ausgezeichneten Personen bedroht waren, denen man zum Verbrechen machte, daß sie sich ihrer Väter mit Freuden und Ehren erinnerten, und mancher Vortheile genossen, die ein wohldenkender Vater seinen Kindern und Nachkommen so gern zu verschaffen wünschte.[83]

Die eindeutig negative Bewertung der Revolution (samt positiver Charakterisierung des Adels) ist um so bemerkenswerter, wenn man den Publikationskontext betrachtet. Die *Unterhaltungen* erschienen in Fortsetzungen 1794/95 im ersten Jahrgang der *Horen* (siehe S. 40). Schillers Zeitschrift war jedoch nicht nur mit hohem ästhetischen Anspruch angetreten, sondern auch mit dem Versprechen, „sich alles [zu] verbieten, was sich auf Staatsreligion und politische Verfassung bezieht".[84]

Die *Unterhaltungen* widersprechen diesem Programm deutlich – und dies, obwohl sie es zustimmend zitieren: als soziales Programm einer höfisch inspirierten Kommunikationskultur.[85] Die Baronesse von C. fordert, im Interesse des Ziels, „Friede und Einigkeit unter uns her[zu]stellen", „gänzlich alle Unterhaltung über das Interesse des Tages" – also die militärisch-politischen Vorgänge in Frankreich und Deutschland – zu „verbannen".[86]

Höfische Kommunikation

Notwendig scheint ihr diese Mahnung samt Hinweis auf die höfische Tugend der *bienséance*, der Schicklichkeit, nach einem Streit unter den „Ausgewanderten", wie er die tatsächliche literarische Öffentlichkeit in den 1790er Jahren spaltete: Der soeben erst mit seiner Frau eingetroffene Geheime Rat von S., charakterisiert als Revolutionsopfer, wird von Karl, einem Vetter der Baronesse und entschiedenen Befürworter der Revolution, verbal heftig attackiert; daraufhin verlässt jener die Gesellschaft wieder, weil in ihr „nichts, was sonst achtungswerth schien, mehr geehrt wird".[87] Darüber sind alle, selbst Karl, schockiert, und die Baronesse reagiert mit einem Programm von Unterhaltungen, das an Goethes Freitagsgesellschaft (siehe S. 23) als Form des „lebendigen Umgang[s] mit unterrichteten Menschen"[88] erinnert: Was erzählt wird, soll vor allem „lehrreich, nützlich und besonders gesellig" sein. Als Themen werden vorgegeben: einerseits leichtere Formen der Literatur („schöne und zierliche Gedichte"), aber auch Populärwissenschaftliches wie Botanik und Zoologie.[89] Schließlich tritt noch ein alter Geistlicher auf, der der Familie seit langem verbunden ist, und verspricht, zum Programm einige „Privatgeschichten" beizutragen; sie sollen, wenn sie nicht „uns die menschliche Natur und ihre inneren Verborgenheiten auf einen Augenblick eröffnen", so doch „zu erheitern Anspruch machen".[90]

Bei den Geschichten handelt sich fast ausschließlich um Adaptionen meist französischer Quellen. Die erste, in der die Sängerin Antonelli einen Liebhaber abweist und nach dessen Tod monatelang von schauerlichen Geräuschen heimgesucht wird, soll einer französischen Schauspielerin tatsächlich widerfahren sein. Die

Die Erzählungen

zweite Geschichte hingegen, in der ein junges Kammermädchen so lange von einem Klopfgeist verfolgt wird, bis der Hausherr droht, sie zu Tode zu prügeln, wenn das mysteriöse Klopfen nicht ausbleibe, kursierte bereits Anfang der 1790er Jahre in Weimar. Eine ebenfalls rätselhafte Geschichte, die allerdings ohne übersinnliche Momente auskommt, entnahm Goethe den Memoiren des französischen Marschalls François de Bassompierre (1579-1646). Er erzählt von einer schönen Krämerin, mit der er eine Liebesnacht verbracht hat; auf dem Weg zu einem zweiten Stelldichein sieht er dann, wie am vereinbarten Ort zwei Leichen von Totengräbern abgeholt werden. Weder erfährt er aber, wer die Toten sind, noch kann er die Schöne je wiederfinden. Die pointenlos bleibende Geschichte dient also durchaus der Illustration von Karls entschieden rationalistischer Klage, es sei „Schade, [...] daß man solche Vorfälle [wie die Klopfgeist-Geschichte] nicht genau untersucht, und daß man bei Beurtheilung der Begebenheiten, die uns so sehr interessiren, immer zwischen verschiedenen Wahrscheinlichkeiten schwanken muß, weil die Umstände, unter welchen solche Wunder geschehen, nicht alle bemerkt sind".[91]

Das zentrale Thema   Die von Karl erzählte Geschichte, die ebenfalls aus den Memoiren Bassompierres stammt, lässt die Thematik umschlagen in die zentrale der gesamten *Unterhaltungen*: **Entsagung.** Eine Ehefrau, die ihren Mann und seine Geliebte im Tiefschlaf antrifft, weckt die beiden nicht auf, sondern breitet ihren Schleier über den Füßen der Geliebten aus; diese bricht am Morgen in laute Klagen aus und erklärt, ihren Geliebten nie wiedersehen zu können. Seinen Töchtern hinterlässt sie Geschenke, „und die Abkömmlinge dieser drei Töchter glaubten die Ursache manches glücklichen Ereignisses in dem Besitz dieser Gabe zu finden".[92]

Der vom alten Geistlichen erzählten „Geschichte vom Procurator", dessen Frau trotz der Erlaubnis ihres abwesenden Mannes, sich einen Liebhaber zu nehmen, darauf Verzicht leistet und entsagt, verleiht die Baronesse den „Ehrentitel einer moralischen Erzählung". Dem Wunsch, Weiteres dieser Art zu hören, entgegnet jener aber, dass moralische Geschichten letztlich immer dasselbe erzählten: „daß der Mensch in sich eine Kraft habe, aus Überzeugung eines Bessern, selbst gegen seine Neigung zu handeln".[93] Dies deckt sich noch mit Schillers Moralität (wie sie im Konzept des Erhabenen sichtbar wird); nicht mehr aber die These, überhaupt nur gegen die eigene Neigung vollzogenes Handeln sei moralisch, zu der jener sich im Disput mit der Tochter Luise versteigt.[94]

Die – neben dem Märchen, das die *Unterhaltungen* abschließt – einzige von Goethe erfundene Geschichte handelt von Ferdinand, der seinen Vater bestiehlt, um seiner heimlichen Verlobten Ottilie aufwändige Geschenke machen zu können. Er, der inzwischen selbst auf den Pfad der Tugend zurückgekehrt war und beschlossen hatte, die gestohlene Summe zurückzugeben, gesteht, von seinen Eltern zur Rede gestellt, alles. Die Mutter sorgt dafür, dass er wieder in die familiäre Ordnung aufgenommen wird und die Rückkehr seiner abwesenden Verlobten erwarten darf. Auch Ferdinand aber entsagt: Er fühlt, „daß er von einer solchen Verbindung kein Glück zu erwarten habe", löst die Verlobung mit der anspruchsvollen Ottilie und heiratet ein „gutes natürliches Mädchen".[95]

Der Text der *Unterhaltungen* endet mit einer Öffnung in einen phantastischen, romantischen Raum: Die Handlung des „Märchens" führt in drei Phasen – „zunächst die Lethargie, dann der Aufbruch im Zeichen der neuen Zeit und schließlich die Wiedergeburt des Einzelnen und der Gemeinschaft" – in eine „politische Utopie".[96] Erzählt wird von Irrlichtern, einer Schlange, die mittags eine Brücke über den Fluss bildet (während abends der Schatten eines Riesen diesen Zweck erfüllt), der „schönen Lilie", einem alten Mann mit einer Lampe, seiner Frau, deren Mops in einen Onyx verwandelt wird und die ihre Hand zu verlieren droht, weil sie einem Fährmann seinen Lohn – je drei Kohlköpfe, Zwiebeln und Artischocken – nicht erstatten kann, sowie einem schönen Jüngling, der aus dem Tod zurück ins Leben geholt wird. Er wird am Ende von drei Königen aus Gold, Silber und Erz, die Weisheit, schönen Schein bzw. Gewalt bedeuten, mit deren Kräften ausgestattet und als neuer König eingesetzt, während ein aus den drei Metallen zusammengesetzter, aber nicht -gemischter vierter König zu einem „Mittelding zwischen Form und Klumpen" zusammensinkt.[97] Dabei geht, angesichts der schönen Lilie, auch die vierte Kraft, die Liebe, in den Jüngling über. „Die Liebe herrscht nicht, aber sie bildet, und das ist mehr."[98]

Während sich diese Moral durchaus mit Bezug auf die *Lehrjahre* lesen lässt, liegt zumindest die Grundtendenz der politischen Folgerungen auf der Hand: Dass die vier Könige in einer Felsenkluft auf ihre Zeit gewartet haben – eine Reminiszenz auch an die Sage von Kaiser Barbarossa, der im Kyffhäuser wartet –, bedeutet jedenfalls „keinen revolutionären Neubeginn"[99]; es meint aber auch nicht die Wiedereinsetzung alter Herrschaft, sondern die Legitimation einer neuen, ‚gebildeten' Herrschaft, die auf der Summe aller Herrschertugenden und der Liebe als dem Inbegriff

Das Märchen

Politische Deutung

moralischer Tugend fußt. Als „Antwort auf die allgemeine Krise" wird das „Bild einer harmonischen Gesellschaft" resp. Gemeinschaft gezeichnet; sie löst „ihre Probleme durch [...] die Teilnahme aller am gemeinsamen Werk".[100] Dass das zentrale Moment hier das „gegenseitige Hülfleisten der Kräfte und das Zurückweisen aufeinander" ist, hat bereits, Schiller zufolge, Goethe formuliert.[101]

Neben einer solchen geschichtlichen Deutung, die „die Heilung politischer Zerrissenheit phantasiert", ermöglicht das Märchen auch eine ästhetische, die „auf der Erfahrung des Schöpferischen als einzig möglichem Kern und Spielfeld der Selbsterfahrung [insistiert]".[102]

Ästhetischer Mehrwert Das Märchen wird von den Figuren nicht mehr gedeutet – wohl aber von seinen Lesern. Mehrere Deutungen kursierten bereits in Weimar zur Zeit der Erstveröffentlichung und Goethe hat sie genüsslich gesammelt; viele haben es als Verschlüsselung der Weimarer Verhältnisse gelesen. Die Überfülle der Details gibt bis heute Anlass zu mehr oder minder spekulativen Deutungen. Der eigentliche Witz scheint dabei aber gerade im von der Verrätselung erzeugten Bedeutungsüberschuss selbst zu liegen, im (romantischen) Gegensatz von „universal gedachter Erneuerung und hermetischer Sprachgestaltung".[103] In seiner Vieldeutigkeit macht das Märchen jede „zu eindeutige allegorische Auslegung"[104] von vornherein ebenso leicht möglich wie letztlich unbefriedigend – weil auch der Sinn des Märchens nicht im Vereinzelten, sondern im Gemeinsamen liegt.[105] Dagegen scheinen die zuvor gebotenen Erzählungen einen geringen Deutungsspielraum zu eröffnen, weshalb sie auch ein deutlich geringeres Interesse der literaturwissenschaftlichen Forschung erregt haben. Die relativ unverständigen Reaktionen der versammelten „Ausgewanderten" (die als Abbild des *Horen*-Publikums gemeint sein dürften) lassen sich durchaus auch deuten als Goethes Hinweis auf die „Ohnmacht der bisher üblichen Literatur", was „moralische Belehrung und politische Besserung der Menschen" betrifft.[106]

Goethe vs. Schiller? Offenbar aber geht es Goethe neben der „systematischen Verdrängung" des Krieges[107] auch um eine Auseinandersetzung mit Schillers Programm der Ästhetischen Erziehung: Die *Unterhaltungen* lassen sich als seine Reaktion auf die Briefe *Ueber die ästhetische Erziehung* lesen, die deren „rigorosem Dogmatismus" eine „notwendige dialektische Antithese entgegensetzte". Gegen das abgeschlossene Konzept einer ästhetischen setzt Goethe demzufolge offene Experimente einer „soziale[n] Erziehung [...], die unmittelbar bei den kommunikativen Störfaktoren einsetzt".[108]

Ästhetisch-experimentell gestalte Goethe die „Konflikterfahrung" zwischen dem „Gefühl einer All-Liebe" (wie seine frühe Lyrik sie propagiert) und den „Tausch-Strukturen der Gesellschaft, die sich vorwiegend ökonomisch definieren".[109]

In der Tat war Schiller als Herausgeber weder einverstanden mit den *Unterhaltungen* noch zufrieden; vielmehr beklagte er etwa deren (scheinbar) anspruchslosen Gestus.[110] (Ob allerdings von „bewußt schlechter künstlerischer Qualität", die sich ebenfalls gegen Schillers Wirkungsabsicht richtete, gesprochen werden kann[111], ist dann doch fraglich; überzeugender ist da der Hinweis auf das tatsächlich „artistische Arrangement des Erzählten".[112]) Gemeinsam ist Goethe und Schiller aber die Tendenz, die Lösung politischer Probleme in einen ästhetischen Raum zu verschieben, in dem die Versöhnung von Natur und Geschichte vorgestellt wird. Während der Rahmen der *Unterhaltungen* aber eher ein (moralisches) Programm der „geselligen Bildung"[113] als eine ästhetische Erziehung vorführt, zeigt das Märchen tatsächlich das „freie Spiel der Einbildungskraft", das in einem romantisch zu nennenden Sinne der „Selbstverständigung des Dichters über sein eigenes Tun" dient[114] – und genau deswegen dient es eben doch der ästhetischen Erziehung: weil jede Manifestation von Schönheit ein Vorschein der Freiheit ist.

Solche utopisch-ästhetischen Konzepte können – auch gegen ihre Intention – durchaus der „Sanktionierung des Status Quo" dienen[115], weil sie notwendige Veränderungen unendlich aufzuschieben drohen. Wenn die „Grundidee" der *Unterhaltungen* die „Wiederherstellung" der durch die Revolution zerstörten „Integrität aller gesellschaftlichen Kräfte" ist[116], dann liegt darin durchaus ein gewisses restauratives Moment. Dass Goethe auch Kritik am Adel übt, ändert zuletzt nichts daran, dass er dessen Position in einer hierarchischen Gesellschaftsordnung bejaht. Moralische Kritik an den Machthabern ist keine politische Kritik an der Macht.

Dass Goethe aber in den *Unterhaltungen* „für den Adel und Adelsstolz" gesprochen habe, wie sich der mit der Revolution sympathisierende Komponist und Publizist Johann Friedrich Reichardt (1752-1814), der später eines der Hauptziele von Goethes und Schillers *Xenien* darstellte, in seiner *Horen*-Rezension empörte, ist wohl zu einseitig geurteilt; dass die Zeitschrift das von ihr propagierte „strenge Stillschweigen" über die Revolution selbst gebrochen habe[117], wird man aber kaum bestreiten können.

Schillers Reaktion

3. Ironie der Geschichte? *Hermann und Dorothea*

Wilhelm Meisters Lehrjahre zeigen das romantische formale Potential der Gattung Roman auf. Dass die Aufhebung der Gattungsgrenzen durch die Super-Gattung Roman ihrerseits wieder aufgehoben wird, ist eigentlich ein Paradoxon; die Romantiker suchen es dadurch ironisch zu brechen, dass ihre Romane fragmentarisch bleiben. Goethe geht den umgekehrten Weg, womit eine entscheidende Differenz zwischen Weimarer Klassik und Jenaer Romantik deutlich wird: Abgeschlossenheit vs. Betonung der Unabschließbarkeit.

Zurück zum Epos　　Mit *Hermann und Dorothea*, entstanden in der Zeit von September 1796 bis Juni 1797, vollzieht Goethe eine Art formalästhetisch-restaurativer Wende: vom Roman zum klassizistischen Epos in Hexametern. Dabei spielen drei Gewährsmänner eine entscheidende Rolle: Homer und zwei seiner wichtigsten Vermittler – zum einen der klassische Philologe Friedrich August Wolf (1759-1824), der die Aufsehen erregende These vertrat, *Ilias* und *Odyssee* seien nicht das Werk eines Autors, sondern Sammlungen von Einzeltexten verschiedener Herkunft, sowie zum anderen der Homer-Übersetzer Johann Heinrich Voß (1751-1826). Dessen „ländliches Gedicht" *Luise* (1795), eine aufklärerisch-bürgerliche Hexameter-Idylle über die Hochzeit einer Pfarrerstochter, war Goethes entscheidende Inspirationsquelle. (Enger an Homer anschließen wollte er sich dann nach Fertigstellung von *Hermann und Dorothea* im Epos *Achilleis*, das die *Ilias* fortsetzen sollte, aber unvollendet blieb.)

Wie schon in den *Unterhaltungen deutscher Ausgewanderten* ist auch die Ausgangssituation des Versepos die Flucht vor den in Deutschland spürbaren Auswirkungen der Französischen Revolution. Diesmal allerdings ist die „Zeit der Handlung" diejenige des Ersten Koalitionskriegs gegen Frankreich, „ohngefähr" im August 1796.[118] Die eigentliche inhaltliche Quelle ist eine Anekdote aus einer 1734 erschienenen Darstellung der Vertreibung von Lutheranern aus dem Erzbistum Salzburg, die Goethe in die unmittelbare politische Gegenwart transponiert hat.

Eingeteilt ist das Epos in neun verschieden lange Gesänge, die doppelte Überschriften tragen: jeweils den Namen einer griechischen Muse sowie eine stichwortartige Charakterisierung des Inhalts. Die Beziehung zwischen den Titelbestandteilen liegt zuweilen auf der Hand – so ist der VI. Gesang, in dem die Bürger über die Zeitgeschichte diskutieren, mit „Klio", dem Namen der Muse der Geschichtsschreibung, und „Das Zeitalter" überschrieben; zuweilen ist die Verbindung eher locker und damit Anlass vielfältiger Deutungen.

Wie August Wilhelm Schlegel in seiner Rezension bemerkte, werde „ein in unserm Zeitalter und unseren Sitten einheimisches Epos [...] mehr eine ‚Odyssee‘ als eine ‚Ilias‘ sein, sich mehr mit dem Privatleben als mit öffentlichen Taten und Verhältnissen beschäftigen müssen".[119] Goethes Epos ist – trotz einiger *Ilias*-Zitate[120] – eine *Odyssee*, in der der Held zu Hause geblieben ist: Hermann ist ein gutherziger, aber schüchterner (und intellektuell wenig brillanter[121]) Gastwirtssohn in einer rechtsrheinischen Kleinstadt; er wird von seinen Eltern losgeschickt, um den vorbeiziehenden Flüchtlingen Proviant und abgelegte Wäsche zur Linderung ihrer Not zu bringen. Dabei trifft er, wie er später den Eltern erzählt, auf Dorothea, die sich um Flüchtlingskinder und um eine Wöchnerin kümmert. Ihr überlässt er seine Gaben zur gerechten Verteilung.

In mehreren eingeschalteten Gesprächen werden, in einem „recht authentischen politischen Stimmungsbericht des deutschen Bürgertums Mitte der neunziger Jahre"[122], verschiedene Positionen gegenüber der Französischen Revolution dargestellt; dabei fällt auf deren Anhänger ein für Goethe ungewöhnlicher „verständnisvoller Lichtstreif".[123] Hermanns Vater, der den bürgerlichen Aufstiegswillen verkörpert, fordert von seinem Sohn eine Heirat mit reicher Mitgift; Hermann aber hat sich in die mittellose Dorothea verliebt. Mit ihr darf er sich am Ende – nachdem man sich von ihren moralischen Qualitäten überzeugt und zudem erfahren hat, dass sie sich bei einem Überfall durch Franzosen als höchst tapfer erwiesen hat – doch verloben. (Daher kann man Hermann tatsächlich auch als Vertreter eines neuen Sozialmodells sehen: der Liebesheirat, die um 1800 gegen die Heirat aus etwa wirtschaftlichen Gründen

Odyssee vs. Ilias

Mich dringt die Noth zu reden.
La nécessité me presse de parler.
pag. 23.

Abb. 35: *Hermann und Dorothea* II, V. 32. Kupferstich von Daniel Chodowiecki

erst etabliert wird.[124]) Der Text endet mit einer „Aussicht" (so der Untertitel des IX. Gesangs, „Urania") auf private Ordnung inmitten politischer Unordnung, die Hermann „mit edler, männlicher Rührung" ausspricht:

Zitat

Nicht dem Deutschen geziemt es, die fürchterliche Bewegung
Fortzuleiten, und auch zu wanken hierhin und dorthin.
Dies ist unser! so laß uns sagen und so es behaupten!
Denn es werden noch stets die entschlossenen Völker gepriesen,
Die für Gott und Gesetz, für Eltern, Weiber und Kinder
Stritten und gegen den Feind zusammenstehend erlagen.
Du bist mein; und nun ist das Meine meiner als jemals.
Nicht mit Kummer will ich's bewahren und sorgend genießen,
Sondern mit Muth und Kraft. Und drohen dießmal die Feinde,
Oder künftig, so rüste mich selbst und reiche die Waffen.
Weiß ich durch dich nur versorgt das Haus und die liebenden
                                                        Eltern,
O, so stellt sich die Brust dem Feinde sicher entgegen.
Und gedächte jeder wie ich, so stünde die Macht auf
Gegen die Macht, und wir erfreuten uns alle des Friedens.[125]

Das ernste Geschehen ist in zuweilen durchaus unernsten Ton gestaltet: etwa wenn in der Eingangsszene die Mutter den Vater davon überzeugt, dass sie seinen „Schlafrock mit indianischen Blumen", der inzwischen „dünn und alt und ganz aus der Mode" ist[126], zu Recht für die Bedürftigen weggegeben habe. Das wirft doch ein eher ironisches Licht auf das Kleinbürgeridyll (und lässt sich zudem als Voß-Parodie lesen[127]). Vor allem aber erscheint die Idylle durch die Bilderwelt des Krieges (und dessen Realität) ebenso bedroht wie durch die Form des Hexameter-Epos poetisch konstruiert.[128] Daneben fällt vor allem eine eigentümliche Verkehrung der Geschlechterrollen auf: Während Hermann eher zögerlich agiert und auch der Vater erstaunlich schwach ist, erscheint Dorothea geradezu als ‚Ikone' der starken Frau und damit als Herausforderung des Patriarchats.[129] Erst gegen Schluss werden die üblichen Verhältnisse, von denen in dieser Zeit noch behauptet wurde, es seien die natürlichen, wiederhergestellt: Während Dorothea in Hermanns Bericht ‚eher männliche' Züge trug, werden diese, sobald sie selbst auftritt, „zugunsten der mütterlich-altruistischen simplifiziert und dem bürgerlichen Ideal angeglichen".[130] Hermann hingegen beginnt „Mannesgefühl" zu zeigen (mit dem er allerdings vor allem die „Heldengröße des Weibes", also eine narzisstische Kränkung, ,trägt').[131]

Klassische, wie die Homerischen Epen setzen eine mythische Weltsicht, eine göttliche Ordnung voraus – auch wenn die Eingriffe göttlicher Instanzen in der *Odyssee* eher willkürlicher Art sind. Es spricht einiges dafür, dass *Hermann und Dorothea* wenigstens leise Spuren" des „Zusammenhangs einer sichtbaren und unsichtbaren Welt" enthält.[132] Dies gilt etwa für den „Parallelismus [...] von Handlung und Witterung"[133], der z.B. „gewitterdrohende" Wolken zur „ahndungsvollen Beleuchtung" des Geschehens einsetzt[134]; es gilt ebenso für die Beschreibung des Revolutionsgeschehens mit „Naturmetaphern"[135] und -vergleichen, die etwa die Franzosen als „schreckliche[s] Volk[], das wie ein Gewitter daherzieht"[136], erscheinen lassen. Beide Momente sind Belege für Goethes Engführung von Geschichte und Natur; indem sie „historische Intention als Natur [...] gründen, Zufall als Ewigkeit"[137], **mythisieren** sie das zeitgeschichtliche Geschehen. Eine mythische Qualität wird der Handlung zudem dadurch zugeschrieben, dass der Geistliche gegen Ende dem um sein Leben fürchtenden Apotheker die tröstliche Gewissheit des „ewigen Kreises" der Natur entgegenhält[138]; zuvor hatte er gemeint, im geflohenen Richter, der „durch Wüsten und Irren vertriebene Völker geleitet", „Josua oder [...] Moses" wiederzuerkennen.[139] Damit wird Zeitgeschichte nicht nur auf „schriftlich beglaubigte Vergangenheit projizier[t]"[140], sondern, weitergehend, auf ihren mythischen Urgrund zurückgeführt. Naturalisierung und eine Deutung der Gegenwart als mythisch präfiguriert wirken hier zusammen. (Mythisierend wirkt schließlich auch das hier zum Ausdruck kommende „Prinzip der bürgerlichen Ideologie, Geschichte in Natur zu verwandeln, die eigenen Norm- und Wertvorstellungen als naturgegeben und ewig zu behaupten".[141])

Im Versuch, mit der Aktualisierung des klassischen Epos die griechische Kultur unter den Bedingungen des deutschen Bürgertums wiederzugewinnen, gehen das Formzitat des Hexameters und die mythisierenden Versuche, „die Gegenwart gleichsam zu exorzieren"[142], eine Synthese ein. Goethes Darstellung des, wie er schreibt, „reine[n] menschlichen der Existenz"[143] ist lange Zeit als höchst gelungen geschätzt worden: so bereits von Hegel, der *Hermann und Dorothea* in seiner *Ästhetik* als Beispiel für die zeitgemäße Gattung des „idyllischen Epos" anführt; es beschränke die Handlung auf die „einfache Menschlichkeit" der „privaten häuslichen Zustände auf dem Lande und in der kleinen Stadt".[144] Tatsächlich kann aber wohl kritisch angemerkt werden, dass der Text

Natur und Mythos

im Versuch, „den Krieg weg[zu]schreiben"[145], eine „Monumenta-
lisierung deutscher Häuslichkeit zum antipolitischen Raum vorbereitet" hat; sie vollzog sich dann in der Rezeption des 19. Jahrhunderts, an der er nicht ganz unschuldig ist.[146]

Idyllisches Epos?　　Dass das *Helden*epos hingegen in der Gegenwart um 1800 keine
Berechtigung mehr habe, liegt Hegel zufolge an der Anonymität der
staatlichen Ordnung. In ihr haben „Gerechtigkeit und deren vernünftige Freiheit" die „Form einer *gesetzlichen* Ordnung" angenommen
und hängen nicht mehr „von der besonderen Individualität und Subjektivität" des Einzelnen, des Helden ab.[147] Der Zeitbezug kann damit
auch so gedeutet werden, dass einerseits, wie im Falle des *Wallenstein*
(siehe S. 101), das Göttlich-Mythische ins Politische transformiert
erscheint (wenn auch nicht ohne Rest); andererseits aber sind dessen
Komplexität und Kontingenz in der Moderne so übermächtig, dass
individuelle Auflehnung sinnlos wird und der erhabenen Fügung ins
Unvermeidliche (im *Wallenstein*) bzw. der Hoffnung auf Glück in der
Beschränkung (in *Hermann und Dorothea*) weicht. Insofern wird Hermann am Ende des Epos nicht nur zum Mann, sondern auch zur
potentiellen Tragödienfigur im Sinne Schillers.

Ironie?　　Mit *Hermann und Dorothea* ist Goethe, durch die „Vermittlung
von Klassizität und Volkstümlichkeit", der einzige ‚klassische'
Publikumserfolg gelungen. Auch von der deutschen Philologie ist
das Epos lange als Gipfelleistung der Deutschen Klassik gesehen
worden.[148] Gegen solche, im Extremfall nationalistische Lektüren
kann der Text nur gerettet werden, indem seine ironischen Rela-
tivierungen und Widersprüche gegen ihn selbst gekehrt werden.
Als ironisch ist schon, gegen Hegel, die Diskrepanz zwischen
(heroischer) Form und (idyllischem) Inhalt lesbar.[149] (Andererseits ist es aber durchaus plausibel, die „Ironie" eher als Ausdruck
„gemütvoller Distanz zu dem Gegenstand" und nicht als „Infragestellung des normativen Gehalts" zu lesen.[150])

Am Ende stehen sich zwei politische Auffassungen gegenüber:
Dorothea erzählt von ihrem verstorbenen Verlobten, einem Par-
teigänger der Revolution, der ihr zum Opfer gefallen ist; hierdurch
kommt „eine mit der Revolution solidarische ‚Gesinnung' selbst
zu Wort", die der Haltung der Bürger konträr gegenübersteht.
Zwar bleibt das „Paradox" unaufgelöst[151] – das letzte Wort aber hat
eben doch Hermann mit seinem konservativen Plädoyer für Ordnung. Dies wird noch durch die Dignität des allerletzten Wortes
verstärkt: „Frieden". Anders als im optimistisch-idealistischen
Konzept der Ästhetischen Erziehung Schillers oder den eher mo-
ralisch-geselligen Erziehungskonzepten, die Goethe sonst vertritt,
erscheint Frieden hier nicht als utopisches Ziel, sondern – realis-

tisch – als Resultat eines Widerstands. Frieden ist, wie Schiller in seiner Jenaer Antrittsvorlesung *Was heißt und zu welchem Ende studiert man Universalgeschichte?* formulierte, „geharnischter Krieg".[152] Die Konstellation aus weiblicher häuslicher Ordnung und männlicher Macht, die die Macht bezähmt und bewacht, gerät in eine gewisse Nähe zu dem nicht minder irritierenden Entwurf in Schillers *Lied von der Glocke*. Anders als dieser aber, der durch das auktoriale lyrische Ich beglaubigt wird, erlaubt Goethes Text den Hinweis darauf, dass der etwas beschränkte Hermann womöglich nicht das glaubwürdigste Sprachrohr seines Autors ist.

Zusammenfassung

Dem Roman *Wilhelm Meisters Lehrjahre* hat das bereits 1803 geprägte Etikett ‚Bildungsroman' eher geschadet: weil er lange als das Hohelied bürgerlicher humanistischer Bildung gelesen worden ist, während die Leistungen seiner schon romantisch zu nennenden Form (und das ironische Moment) dagegen abgewertet wurden. Entsprechend wurden die *Wanderjahre* als formlos und ungestaltet wahrgenommen; ihr eminent moderner Charakter wird erst seit der zweiten Hälfte des 20. Jahrhunderts gewürdigt. Vor allem das Märchen am Ende der *Unterhaltungen deutscher Ausgewanderten* kann kaum anders gelesen werden denn als ästhetisches Rätsel; seine politischen Implikationen sind eher anti-revolutionär. Diese Haltung setzt sich fort im Versepos *Hermann und Dorothea*, das wie die (ironische?) Überhöhung einer spießbürgerlichen Idylle mittels von Homer entlehnter Hexameter erscheint.

Literatur

Bahr, Ehrhard: Wilhelm Meisters Wanderjahre oder die Entsagenden. In: Goethe-Hb. Bd. 3. S. 186-231.

Barner, Wilfried: „Die Verschiedenheit unserer Naturen". Zu Goethes und Schillers Briefwechsel über ‚Wilhelm Meisters Lehrjahre'. In: Unser Commercium. S. 379-404.

Bauschinger, Sigrid: Unterhaltungen deutscher Ausgewanderten. In: Goethe-Hb. Bd. 3. S. 232-252.

Blessin, Stefan: Goethes Romane. Aufbruch in die Moderne. Paderborn u.a.: Schöningh 1996.

Elsaghe, Yahya A.: Herrmann und Dorothea. In: Goethe-Hb. Bd. 1. S. S. 519-537.

Gaier, Ulrich: Soziale Bildung gegen ästhetische Erziehung. Goethes Rahmen der „Unterhaltungen" als satirische Antithese zu Schillers „Ästhetischen Briefen" I-IX. In: Poetische Autonomie? Zur Wechselwirkung von Dichtung und Philosophie in der Epoche Goethes und Hölderlins. Hg. v. Helmut Bachmaier und Thomas Rentsch. Stuttgart: Klett-Cotta 1987. S. 207-272.

Goethes Erzählwerk. Interpretationen. Hg. v. Paul Michael Lützeler und James E. McLeod. Stuttgart: Reclam 1985.

Kittler, Friedrich A.: Über die Sozialisation Wilhelm Meisters. In: Kaiser, Gerhard u. Kittler, Friedrich A.: Dichtung als Sozialisationsspiel. Studien zu Goethe und Gottfried Keller. Göttingen: Vandenhoeck und Ruprecht 1978. S. 13-124.

Schlaffer, Hannelore: Wilhelm Meister. Das Ende der Kunst und die Wiederkehr des Mythos. Stuttgart: Metzler 1980.

Steiner, Uwe: Wilhelm Meisters Lehrjahre. In: Goethe-Hb. Bd. 3. S. 113-152.

Voßkamp, Wilhelm: Utopie und Utopiekritik in Goethes Romanen *Wilhelm Meisters Lehrjahre* und *Wilhelm Meisters Wanderjahre*. In: Utopieforschung. Interdisziplinäre Studien zur neuzeitlichen Utopie. Hg. v. Wilhelm Voßkamp. 3 Bde. Stuttgart: Metzler 1982. Bd. 3. S. 227-249.

Fragen

1. Inwiefern handelt es sich bei *Wilhelm Meisters Lehrjahre* um einen ‚Bildungsroman‘?

2. Welche Momente der *Lehrjahre* lassen sich als ‚romantisch‘ charakterisieren?

3. Auf welche Weisen üben die *Unterhaltungen deutscher Ausgewanderten* Kritik an der Französischen Revolution?

4. Was bedeutet es, dass Goethe *Hermann und Dorothea* als Epos in Hexametern schreibt?

Aufbaumodul 6: Lyrik 8.

Gegenstand des letzten Aufbaumoduls sind Goethes 1788-90 entstandene, von seiner Italien-Erfahrung geprägte Lyrik, Schillers große philosophische Gedichte, die unter dem oft abwertend gemeinten Begriff ‚Gedankenlyrik' gefasst werden, sowie die von beiden gemeinsam verfassten Balladen. Ein Ausblick auf Goethes spätere Produktion, besonders den *West-östlichen Divan* beschließt das Kapitel.

Verlorenes Arkadien: Goethes italienische Lyrik 1.

Die beiden lyrischen Hauptwerke Goethes aus der frühen ‚klassischen' Zeit tragen Hinweise auf Italien im Titel. Die *Römischen Elegien* sind allerdings in Weimar entstanden, zwischen Oktober 1788 und April 1790; die *Venezianischen Epigramme* hingegen schrieb Goethe vor allem während einer weiteren Italienreise, die ihn im Frühjahr 1790 nach Venedig führte. Während die *Römischen Elegien* versuchen, den italienischen Erfahrungen als poetischen im Text Dauer zu verleihen, spiegeln die Epigramme des Jahres 1790 auch den (misslingenden) Versuch, die Erfahrungen der Jahre 1786-88 zu wiederholen.[1]

Auffälliges Merkmal der *Römischen Elegien* ist die enge Verbindung von antiker **Kunst** und persönlicher **Liebeserfahrung**, die sich biographisch auf Christiane Vulpius beziehen lässt, die seit 1788 Goethes Lebensgefährtin war. Eine solche enge Verbindung zwischen Goethes aktueller sinnlicher Erfahrung und seiner poetischen Erinnerung ist bereits von den Zeitgenossen gesehen worden. Deren Häme über die Beziehung Goethes mit der gesellschaftlich geächteten Christiane verband sich mit der Ablehnung als anstößig empfundener einzelner sexueller Anspielungen zu einer Skandalisierung der *Elegien*, die dann in der Prüderie der Herausgeber der *Weimarer Ausgabe*[2] ihre Fortsetzung fand. All dies resultiert einerseits in einer verwickelten Publikations- und Überlieferungsgeschichte, andererseits in einer lange wirkenden Verzerrung der Rezeption. Die Gedichte wurden mehr oder minder voyeuristisch als *Erotica Romana* (so der Titel in der handschriftlichen Fassung) gelesen, ihre poetischen Qualitäten wurden dabei weitgehend vernachlässigt.

Motivik

Die *Römischen Elegien* sind aber keine ‚Erlebnislyrik' in antikisierendem Gewand, sondern sie formulieren einen motivisch-thematisch komplexen Zusammenhang, dessen zentrales Moment das Liebesglück ist. In der Erlebnislyrik wird die Identifikation des lyrischen Ichs mit dem Autor von den Texten durch Unmittelbarkeitssignale immerhin nahe gelegt (auch wenn dies eine theoretisch problematische Verengung des Gehalts auf die biographische Aussage bedeutet). Die *Römischen Elegien* hingegen machen explizit deutlich, dass ungeachtet einzelner biographischer Bezüge kein reales Geschehen lediglich abgebildet wird: Dagegen sprechen etwa Momente eines mythologischen Geschehens wie die ‚persönliche' Begegnung des lyrischen Ichs mit dem Liebesgott Amor. Da andererseits aber das lyrische Ich als Dichter vorgestellt und damit eine „Nähe zum Autor signalisiert" wird, ergibt sich eine „Spannung zwischen fiktiver, dargestellter Situation und realer extratextueller Biographie, zwischen ‚Literatur' und ‚Realität'".[3]

Abb. 36: Ponte Rotto und Isola Tiberina in Rom. Zeichnung von Goethe, 1787

Dass die Liebe untrennbar mit der römischen Antike verwoben ist, macht schon die erste Elegie deutlich, die – in der Perspektive des Rückblicks – die Liebe als das eigentliche Ziel der Reise nach Rom vorstellt; denn „ohne die Liebe / Wäre die Welt nicht die Welt, wäre denn Rom auch nicht Rom". Durch das literarisierende Moment dieser „in der lateinischen Preisdichtung ge-

bräuchlichen Verschränkung von Rom/urbs und Welt/orbis"
wird die Liebeserfahrung „von vornherein ins Kunstwerk transformiert".[4]

Zitat

Noch betracht' ich Kirch' und Palast, Ruinen und Säulen,
  Wie ein bedächtiger Mann schicklich die Reise benutzt.
Doch bald ist es vorbei; dann wird ein einziger Tempel,
  Amors Tempel, nur sein, der den Geweihten empfängt.[5]

Mit der Engführung der Liebeserfahrung und der „Monumenta-
lität" Roms orientiert sich Goethe am römischen Elegiendichter
Properz (um 50-nach 16 v. Chr.); weitere wichtige Bezugsgrößen
sind Catull (um 84-54 v. Chr.) und Tibull (um 50-17 v. Chr.). Diese drei werden vom Text auch direkt angesprochen: als die „Tri-
umvirn" des Liebesgottes Amor.[6] Der Terminus bezeichnet in der
römischen Geschichte politische Bündnisse von drei Männern.
Mit dieser politischen Metapher macht der Text deutlich, dass
hinter der thematisierten Liebeserfahrung, die gegen alle sozialen
Normen verstößt, auch ein alternatives Sozialmodell steht. Das
intertextuelle Spiel, das im Dienst einer „Sakralisierung des Eros"[7]
auch Ovid (43 v. Chr.-17/18 n. Chr.) und die griechisch-römische
Mythologie einbezieht, markiert aber vor allem den „Versuch des
modernen Dichters, im Bewußtsein der eigenen Modernität dem
antiken Vorbild nahezukommen".[8] Das Moment der Originalität
liegt dabei in der Synthese des Traditionellen: „‚Originalität‘ erscheint [...] hier als etwas, was als Schnittpunkt verschiedener
‚traditioneller‘ Modelle entsteht und sich auf diese bezieht, aber
mit keinem identisch ist."[9]

Die *Römischen Elegien* kursierten zunächst nur unter den Freun- | Anstößiges
den Goethes in Weimar. Eine Veröffentlichung schien nicht rat-
sam und war auch nicht vorgesehen; lediglich eine einzelne Elegie
erschien 1791 in der *Deutschen Monatsschrift*.[10] Der Zyklus wurde
dann aber doch Ende Juni 1795 im sechsten Stück von Schillers
Horen veröffentlicht – unter dem Titel *Elegien*, überarbeitet und
gekürzt: Zwei Elegien strich Goethe nach Diskussionen mit Schiller[11]; zwei andere hatte er schon zuvor ausgesondert. Dabei handelt
es sich um die beiden ‚priapeischen‘ Gedichte[12]; sie sind dem
ursprünglich kleinasiatischen Priapus, der als Gott der Fruchtbar-
keit von Flora und Fauna bildlich meist mit einem übergroßen
Phallus dargestellt wurde und bereits Gegenstand römischer erotischer Gedichte gewesen war, gewidmet.

Zitat

Stehe du hier an der Seite Priap! ich habe von Dieben
Nichts zu befürchten und frey pflück und genieße wer mag.
Nur bemercke die Heuchler, entnervte, verschämte Verbrecher;
Nahet sich einer und blinzt über den zierlichen Raum,
Ekelt an Früchten der reinen Natur, so straf ihn von hinten
Mit dem Pfahle der dir roth von den Hüften entspringt.[13]

Und auch wenn so sehr Anstößiges zu Lebzeiten Goethes nicht
veröffentlicht wurde, reichte auch das Verbleibende für einen
handfesten Skandal aus. Karl August Böttiger (1760-1835) berichtet
mit deutlich wohligem Schauder von der Empörung „alle[r] ehr-
baren Frauen [...] über die bordellmäßige Nacktheit"; Herder habe
„sehr schön" gesagt, Goethe „habe der Frechheit ein kaiserliches
Insiegel aufgedrückt. Die *Horen* müßten nun mit dem u geschrieben werden."[14] Der Grund für den Skandal bestand aber wohl
weniger in der freizügigen Darstellung erotischer Sujets als vielmehr im „Verzicht auf jegliche Moralisierung des Sexuellen".[15]

Schiller hingegen schrieb an den Prinzen von Schleswig-Hol-
stein-Sonderburg-Augustenburg, dass die *Römischen Elegien* seiner Ansicht nach „zwar eine conventionelle, aber nicht die wahre
und natürliche Decenz" verletzten.[16] Dass Schiller ausgerechnet
gegenüber dem ursprünglichen Adressaten des Konzepts der Ästhetischen Erziehung (siehe S. 65) auf den Unterschied zwischen
Konvention und Natur verweist und dies noch dazu mit einer
paradoxen Formel, in der Kultur und Natur als bereits Versöhnte
aufscheinen (denn wie anders sollte es eine „natürliche Decenz"
geben können?), scheint kein Zufall zu sein: Tatsächlich lässt sich
das von den *Römischen Elegien* vorgestellte „Ideal der Einheit von
Eros und Ethos" als eine Radikalisierung des Schillerschen Konzepts einer mit der Sittlichkeit zu versöhnenden Sinnlichkeit deuten.[17] So gelesen, bringen sie die *Horen* nicht in Verruf; vielmehr
stimmen sie mit deren ambitioniertem Programm durchaus überein – auch wenn ihre zuweilen frivole Sinnlichkeit zum geläufigen
Bild der Klassik nicht recht passt.[18]

„Erste Epistel"   Sowieso spielt Goethes Lyrik eine wichtige Rolle in Schillers
Zeitschrift. Deren erstes Stück wird eröffnet mit Goethes Hexa-
meter-Gedicht „Erste Epistel". Es beschreibt zunächst die Situation der vergrößerten Leserschaft und der neuen extensiven Lektüreverfahren („Jetzt da jeglicher liest und viele Leser das Buch nur
/ Ungeduldig durchblättern"[19]), um ihr das Märchen von einem

Rhapsoden zu kontrastieren. Er beleidigt auf der Insel „Utopien" das „heilige Gastrecht"[20], indem er um sich bemüht seine Zeche zu bezahlen, und wird dazu verurteilt, Zeuge der Volksbelustigungen zu werden und einen ihm gebührenden Platz im Rat einzunehmen. Schillers Zeitschrift steht also unter dem Motto einer Utopie des Dichters, der seine Funktion darin findet, Zeuge gemeinschaftlicher Harmonie zu sein. (Allerdings lässt sich das Gedicht auch als „heiter ironische Infragestellung des Horenprogramms" lesen[21] – weil es sich skeptisch über die erzieherische Wirkung von Texten äußert.)

Dem Programm einer ‚poetischen' Sozialität, einer kultivierten Geselligkeit, die der Französischen Revolution entgegengesetzt werden sollte, folgen auch die Gedichte, die Goethe 1803 im von ihm und Wieland herausgegebenen *Taschenbuch auf das Jahr 1804* unter dem Titel *Der Geselligkeit gewidmete Lieder* veröffentlichte. Und da sich Goethes Ideal von Geselligkeit auch mit der gemeinsamen harmonischen Anschauung von Natur und Kunst verband (siehe S. 78 f.), gehören auch die Lehrgedichte wie die Elegie „Die Metamorphose der Pflanzen" in diesen Kontext. Hier verhilft das lyrische Ich seiner Geliebten zu einer systematischen Anschauung der vielfältigen Pflanzenwelt – mit Hilfe von Goethes Konzept der Morphologie.

Wie die *Römischen Elegien* erschienen auch die 103 so genannten *Venezianischen Epigramme* – ebenfalls, nachdem Goethe sich hatte „bereden [lassen], die anstößigsten Stücke zu sekretieren"[22] – in einer von Schiller herausgegebenen Zeitschrift: 1795 als *Epigramme. Venedig 1790* im *Musen-Almanach für das Jahr 1796*. (24 von ihnen waren schon zuvor, 1791, in der *Deutschen Monatsschrift* erschienen.) Entstanden waren sie während der unerwartet langen Zeit von fast zwei Monaten, die Goethe in Venedig auf die Herzoginmutter Anna Amalia wartete, die er nach Weimar zurück begleiten sollte.

Venezianische Epigramme

Die von der geläufigen Benennung nahe gelegte Ähnlichkeit zu den *Römischen Elegien* erweist sich als deutlicher Kontrast. Er betrifft zunächst den inneren Zusammenhang: Die *Elegien* bilden auch in der kupierten Fassung der Erstveröffentlichung einen Zyklus, eine „Folge von Bildern", deren erstes die Ankunft, deren letztes die „Geburt des Textes" der *Elegien* schildert[23]; ein solcher enger motivischer Konnex besteht im Falle der *Epigramme* nicht. Weder die Liebe noch der Ort fungieren als Klammer; in Venedig lässt sich die römische Liebes-Erfahrung nicht wiederholen, wie das vierte Epigramm unter explizitem Hinweis auf die fiktive Geliebte in den *Elegien* zeigt: „Schön ist das Land; doch ach! Faustinen find' ich nicht wieder. / Das ist Italien nicht mehr, das ich mit Schmerzen verließ."[24]

Themen   Neben Italien und der Liebe machen Religion und Politik (vor allem in Gestalt der Französischen Revolution), aber auch Reflexion über ästhetische Fragen das Themenspektrum der *Epigramme* aus; auch vor Polemik schrecken sie nicht zurück: etwa gegen den Klerus und die politischen Zustände in Italien sowie gegen die Französische Revolution *und* das *ancien régime*.

Das Publikum wie die ältere germanistische Forschung haben die *Venezianischen Epigramme*, wegen des mangelnden Eindrucks einer poetischen Einheit, meist als zweitrangig und im Kontrast zu den *Römischen Elegien* als auf einer „Schwundstufe dichterisch gelungener Gestaltung" angesiedelt abgetan; erst die jüngere Forschung hat auf den Eigenwert der veränderten Sprechsituation hingewiesen.[25] Das Neue ist die Bewegung eines Beobachters durch die Stadt; er wahrt strikt eine unbeteiligte Distanz zum Beobachteten und deutet damit in vielem auf die „Haltung des Flaneurs" in der Großstadt, wie sie sich im 19. Jahrhundert herausbildet, voraus.[26] Schon Goethe selbst hat die Epigramme als „Früchte" bezeichnet, „die in einer großen Stadt gedeihen".[27]

Mit politisch-zeitgeschichtlichen Bezügen, polemischer Kritik an abweichenden Positionen, den autoreflexiven Momenten (einige Epigramme reflektieren ihre eigene Entstehung) kommen in den *Venezianischen Epigrammen* bereits die Verfahren zum Einsatz, die Goethes und Schillers polemisches Gemeinschaftswerk im *Musen-Almanach* des nächsten Jahres präsentieren sollten. Die *Venezianischen Epigramme* sind auch eine Vorstufe der *Xenien* (siehe S. 52 f.).

2. Schillers ‚Gedankenlyrik'

Innerer West
eines Gedichtes

Die meisten der bekannten lyrischen Gedichte Schillers entstehen in einem recht kurzen Zeitraum: Er beginnt nach dem Ende seiner philosophischen Phase, 1796 mit der Arbeit am *Wallenstein*; er endet bereits 1799, denn danach schreibt Schiller kaum noch Lyrik.

Bereits zu Schillers Lebzeiten ist die bis heute bestimmende Behauptung formuliert worden, seine Gedichte seien zu reflektiert, zu konstruiert, zu theorielastig, um ‚wahre' Lyrik zu sein. Jean Paul (eigtl. Johann Paul Friedrich Richter; 1763-1825) nennt Schillers Lyrik in seiner *Vorschule der Ästhetik* (1804) eine „Reflexion-Poesie"[28] – was als Oxymoron gemeint ist, denn in der Poetik um 1800 galt gerade nicht die Reflexion, sondern der Ausdruck von Empfindung als Domäne der lyrischen Poesie.

Schillers Lyrik in diesem Sinne als ‚**Gedankenlyrik**' zu bezeichnen, hat zunächst einmal, bezogen auf die Thematik vieler Gedichte, eine gewisse Berechtigung. Schief wird das Prädikat dann, wenn damit, was oft der Fall ist, ein abwertender Gegensatz zu Lyrik im emphatischen Sinne gemeint ist.[29] Darunter wird häufig ‚Erlebnislyrik' verstanden: der Ausdruck von erlebtem Gefühl eines lyrischen Ichs (oder einfach: des Autors), der mit großem emotionalen Aufwand und ohne rhetorisches Kalkül spontan aus der Feder geflossen sei. Produktionsästhetisch aber gibt es, wie sich etwa durch den Vergleich von überlieferten Entstehungsvarianten und Fassungen nachweisen lässt, kaum einen Unterschied zwischen Erlebnis- und Gedankenlyrik. Auch was so spontan und ungekünstelt wirkt, ist meist das Ergebnis von reflektiertem, kalkuliertem Handwerk. Dass Schiller besonders reflektiert gedichtet hat, dass er großen Wert auf (Selbst-)Kritik gelegt hat, unterscheidet ihn nicht grundsätzlich von anderen Dichtern. Das Bild einer unbewusst aus sich heraus schaffenden poetischen Subjektivität ist wohl in den meisten Fällen ein Zerrbild.

Im Blick auf die Inhalte vieler, wenn auch längst nicht aller Gedichte Schillers trifft das problematische Prädikat ‚Gedankenlyrik' dennoch zu – wenn damit gemeint ist, dass es einen ‚gedanklichen' Kern gibt, der nicht auf individuelle Gefühle bezogen ist, sondern etwa auf ästhetische Konzepte. Ein anderes, im engeren Sinne ‚dichterisches' Merkmal der Lyrik Schillers könnte als experimentell charakterisiert werden. Neben der versifizierten Illustration seiner Ästhetik, die vor allem seine ‚klassischen' Gedichte zu allegorischen „Vehikeln der Erkenntnis" macht, die „geistigen Gehalt [...] sinnlich darstellen"[30], bietet Schillers Lyrik immer wieder auch das **Spiel** mit dem poetischen Potential einer Form: etwa im Falle der Balladen. Die wohl gelungensten Beispiele seiner Lyrik, etwa „Nänie" oder „Der Spaziergang", sind beides: Reflexion und Poesie.

Schiller hat seine ästhetisch-programmatischen Positionen häufig in Nebentexten, wie Vorworten und Rezensionen (auch Selbstrezensionen) formuliert. Im Falle der Lyrik ist vor allem die 1791 erschienene vernichtende Rezension der Gedichte von Gottfried August Bürger (1747-1794) zentral. Schiller setzt den seinerzeit populären Bürger, der heute fast nur noch für seine Ballade „Lenore" (1793) bekannt ist, als Stellvertreter für die zeitgenössische Lyrik ein und kritisiert dessen Charakteristika heftig: neben der Volkstümlichkeit seiner Stoffe und Formen „seinen im bio-

Marginalien:
Erlebnis vs. Gedanken?

Über Bürgers Gedichte

graphischen Fundament der Poesie erkennbaren Individualismus".[31] Von Individualismus und Subjektivität nimmt Schiller aber gerade Abschied – zugunsten eines Programms der Läuterung und Veredelung des subjektiven Stoffs durch die (lyrische) Form. Dies lässt sich sowohl an den lyrischen Produktionen der 1790er Jahre als auch an den großen ästhetischen Programmtexten wie *Ueber naive und sentimentalische Dichtung* und den Briefen *Ueber die ästhetische Erziehung des Menschen* ablesen.

Der Rezensent Schiller beklagt zunächst, dass die Lyrik – als subjektive Kunst – vom philosophischen Fortschritt abgekoppelt sei. Dem versucht er abzuhelfen, indem er die Lyrik im Rahmen des poetischen Programms einer ästhetischen Erziehung in die Pflicht nimmt. Gegen die „Vereinzelung und getrennte[] Wirksamkeit unsrer Geisteskräfte" könne nur die „Dichtkunst [...] die getrennten Kräfte der Seele wieder in Vereinigung bring[en]", weil sie „Kopf und Herz, Scharfsinn und Witz, Vernunft und Einbildungskraft in harmonischem Bunde beschäftigt" und „gleichsam den *ganzen Menschen* in uns wieder herstellt".[32]

Therapie der Moderne   Das ist die Diagnose, die Schiller der Moderne schlechthin stellt: Mensch und Erwerbstätigkeit werden getrennt, der „erweiterte Kreis des Wissens" macht die Ausdifferenzierung von Fachwissenschaften notwendig, Spezialistentum ersetzt umfassende Bildung. Die Therapie kann allein die Dichtung leisten: Sie besteht in der **Vermittlung** von Verstand und den ‚niederen Vermögen', von Sittlichkeit und Sinnlichkeit, von Rationalität und Emotionalität nach der aufklärerischen Idee des ‚ganzen Menschen'. Um dieses Ziel zu erreichen, darf sich die Poesie nicht vom allgemeinen Fortschritt abkoppeln – im Gegenteil, sie muss „die Sitten, den Charakter, die ganze Weisheit ihrer Zeit [...], geläutert und veredelt, in ihrem Spiegel sammeln und mit idealisierender Kunst aus dem Jahrhundert selbst ein Muster für das Jahrhundert erschaffen".[33]

Läuterung des Individuellen   In der zeitgenössischen Lyriktheorie hat sich inzwischen die – später noch entschieden von den Brüdern Schlegel, aber auch von Hegel vertretene – Ansicht durchgesetzt, Lyrik sei die subjektivste der Gattungen, weil sie etwa Empfindungen des Ichs unmittelbar darstellte. Dies findet ebenfalls einen Reflex bei Schiller, wenn auch charakteristisch modifiziert; denn nicht nur muss die „Individualität", die „alles [ist], was der Dichter uns geben kann", es „wert sein, vor Welt und Nachwelt ausgestellt zu werden" – was ja nur hieße, dass ein hinreichend besonderes Individuum sich vorstellte. Vielmehr ist es Aufgabe des Dichters, „seine Individualität so sehr als möglich zu veredeln, zur reinsten herrlichsten

Menschheit *hinaufzuläutern*".[34] In letzter Konsequenz bedeutet dies aber, dass es auf die subjektive Besonderheit gerade nicht ankommt, sondern auf die objektive Geltung. Die geforderte Idealisierung und Veredelung bedeutet letztlich dasselbe, was in *Ueber die ästhetische Erziehung des Menschen* unter die Formel der ‚Vertilgung' des Stoffs durch die Form gefasst ist[35]: Der Dichter soll die „zerstreuten Strahlen von Vollkommenheit in einem einzigen [...] sammeln" und „einzelne, das Ebenmaß störende Züge der Harmonie des Ganzen [...] unterwerfen".[36]

Das fordert vor allem Distanz zur eigenen Empfindung, also die Freiheit des Gemüts. Letztlich schadet die subjektive Befindlichkeit des Dichters also eher, als dass sie nützt: wenn Gedichte „nicht bloß *Gemälde*" der „Seelenlage" des Dichters sind, „sondern auch *Geburten* derselben". „Die Empfindlichkeit, der Unwille, die Schwermut des Dichters sind nicht bloß der *Gegenstand*, den er besingt; sie sind leider oft auch der *Apoll*, der ihn begeistert."[37]

Ganz und gar typisch für Schillers Ästhetik ist das folgende Resümee: „Das Idealschöne wird schlechterdings nur durch eine Freiheit des Geistes, durch eine Selbsttätigkeit möglich, welche die Übermacht der Leidenschaft aufhebt."[38] Typisch daran ist, dass Kunst als ein Modus der Freiheit der Sittlichkeit gegenüber der Sinnlichkeit erscheint. Mit diesem Programm erreicht die Lyrik Schillers eine Läuterung und Veredelung der Affekte, wie sie Winckelmann an den Griechen rühmt: „edle Einfalt" und „stille Größe" (siehe S. 44).

Besonders deutlich wird dieser Effekt einer klassizistischen Haltung, der Vertilgung des subjektiven Stoffes durch die klassizistische Form, an Schillers Gedicht „Nänie", mit dem die „Hochphase lyrischer Kreativität"[39] 1799 ihren Abschluss findet:

„Nänie"

Zitat

Auch das Schöne muß sterben! Das Menschen und Götter
                     bezwinget,
  Nicht die eherne Brust rührt es des stygischen Zeus.
[...]
Siehe! Da weinen die Götter, es weinen die Göttinnen alle,
  Daß das Schöne vergeht, daß das Vollkommene stirbt.
Auch ein Klaglied zu seyn im Mund der Geliebten ist herrlich,
  Denn das Gemeine geht klanglos zum Orkus hinab.[40]

In mehrfacher Hinsicht handelt es sich um ein „Klagelied in zweiter Potenz"[41]: Es formuliert nicht die Klage darüber, dass etwas

Bestimmtes vergangen ist, sondern über die Vergänglichkeit selbst; diese aber wird aufgehoben in der Unvergänglichkeit der Klage. Das Ideal der zeitlosen Schönheit realisiert sich in der Feststellung, dass reale Schönheit zeitlich und vergänglich ist. Damit, so ist es jedenfalls intendiert, ist das Gedicht der Vorschein eines Ideals, an das nicht mehr als vergangenes erinnert werden muss. Der Text formuliert dabei einen performativen Selbstwiderspruch; denn das Schöne, das „das Schöne" als vergänglich besingt, ist selbst unvergänglich – folgt man zumindest dem bereits in Platons *Symposion* formulierten Gedanken, dass es der Auftrag des Dichter sei, das Vergängliche ins Unvergängliche zu retten (wodurch der Dichter sich zugleich ewigen Ruhm erwirbt).[42] Das spricht Schillers Gedicht aber nicht aus.[43]

Ideal vs. Wirklichkeit

Bei Schillers „Nänie" (von lat. *naenia*, Totenklage) handelt es sich in doppelter Hinsicht um eine **Elegie**: in formaler, weil es ein Langgedicht in Distichen ist, in inhaltlicher, weil es ein „Klaglied" ist. In dieser Hinsicht spielt die Elegie eine wichtige Rolle in Schillers *Ueber naive und sentimentalische Dichtung*. Dessen geschichtsphilosophischem Entwurf zufolge soll die Kultur den Menschen „auf dem Wege der Vernunft und der Freiheit, zur Natur zurückführen".[44] Im Gegensatz zum naiven Dichter, der selbst Natur „ist", weiß der moderne, der sentimentalische Dichter um das Charakteristikum der Moderne[45]: den Verlust der Einheit von Mensch und Natur. Seine Bestimmung ist es daher, entweder den „Widerspruch der Wirklichkeit mit dem Ideale" darzustellen – in Form *„strafender"* oder *„scherzhafter* Satyre"[46] – oder ihn aufzuheben, die ideale „Einheit [...] aus sich selbst wieder herzustellen, die Menschheit in sich vollständig zu machen".[47]

Idylle vs. Elegie

Schiller zufolge gibt es eine positive und eine negative Form, das Ideal darzustellen: als „Gegenstand der Freude" und „wirkliches" oder als „Gegenstand der Trauer" und „unerreichtes". Ersteres soll die Idylle leisten, letzteres die Elegie.[48] Während Schiller keine Idylle in diesem Sinne geschrieben hat, gibt es neben der „Nänie" mehrere Versuche der Umsetzung des elegischen Programms. Deutlich als solcher markiert ist das Gedicht mit dem programmatischen Titel „Elegie", das im Herbst 1795 in unmittelbarer Nähe zu *Ueber naive und sentimentalische Dichtung* entstand, zunächst in den *Horen* abgedruckt wurde und 1800, bei seiner Überarbeitung für den ersten Teil der Ausgabe der *Gedichte*, auf Anregung vor allem Wilhelm von Humboldts, den Titel „Der Spaziergang" erhielt.

„Der Spaziergang"

Auch diese zweite Fassung aber ist im doppelten Sinne eine Elegie – zunächst, weil der Text aus 100 (ursprünglich 108) Distichen besteht. Elegisch im Sinne von Schillers Ästhetik ist das Gedicht, weil es das Ideal der Einheit von Natur und Kultur als verloren vorstellt und es damit zugleich im Medium der Kunst temporär zurückgewinnt. Damit ist es vielleicht das gelungenste Beispiel für Schillers ästhetisch-diskursive Lyrik und die von ihr intendierte „Synthese von Reflexion und Anschauung".[49] Es ist eben nicht bloß in Verse übersetzter Diskurs; vielmehr nutzt der Text den spezifischen Mehrwert der lyrischen Form. Der Text des „Spaziergangs" schildert weniger einen räumlichen Gang durch die Natur, als dass er ein zeitlicher Gang durch das Auseinandertreten von Kultur und Natur *ist.* „Die rhetorische und rhythmische Motion inszeniert den Weg und den Takt der Ideen und Konzepte."[50]

Das lyrische Ich unternimmt einen Gang in die Natur, der zunächst durch das idyllische Szenario eines *locus amoenus,* eines schönen Orts im Sinne der antiken Rhetorik, in den Wald führt. Dann aber wird die räumliche Anschauung der Landschaft durch eine zeitliche Vision abgelöst; es folgt ein Durchgang durch die Kulturgeschichte der Menschheit von den Anfängen mit Ackerbau und Viehzucht, über die Entstehung von Städten, die Erfindung der Künste, die Ausbreitung des Kolonialismus bis zur unmittelbaren Gegenwart der Französischen Revolution. Der Fortschritt der Kultur erscheint einerseits als Entwicklung der Möglichkeiten des Menschen, andererseits, in Anlehnung an Rousseaus Aufklärungskritik, als Entfernung des Menschen von seiner Natur.

Zitat

Da zerrinnt vor dem wundernden Blick der Nebel des Wahnes,
    Und die Gebilde der Nacht weichen dem tagenden Licht.
Seine Fesseln zerbricht der Mensch. Der Beglückte! Zerriß er
    Mit den Fesseln der Furcht nur nicht den Zügel der Schaam!
Freiheit ruft die Vernunft, Freiheit die wilde Begierde,
    Von der heil'gen Natur ringen sie lüstern sich los.[51]

Auf dem Gipfel dieses „Akts der Reflexion über das Ganze der Natur und der Geschichte"[52] sucht die ‚elende' Menschheit „in der Asche der Stadt", also den Trümmern der Kultur, „die verlorne Natur".[53] Entsprechend stellt die Natur sich dem Spaziergänger, der jetzt aus dem „Traum"[54] erwacht, weniger schön als erhaben dar: „abschüßige Gründe / [...] mit gähnender Kluft".[55] Das Naturbild, das die letzten Verse entwerfen, ist dann eines der Abstraktion auf das „alte Gesetz" der Natur[56], nicht mehr der Anschauung: „Nur die Stoffe seh' ich getürmt, aus welchen das Leben / Keimet, der rohe Basalt hofft auf die bildende Hand."[57]

Eine Idylle?

Schillers Gedicht gerät weniger „in die Nähe seiner Idyllen-Konzeption"[58] aus *Ueber naive und sentimentalische Dichtung*, denn das bedeutete, dass es das „Ideal" der mit der Kultur versöhnten Natur „als wirklich" vorstellte; vielmehr stellt es dieses als „unerreicht", wenn auch erreichbar[59], vor – und dies genau macht das „Elegische" aus.[60] Die „verlorne Natur" wird nicht „als Realität" vorgefunden; was das lyrische Ich an das „Paradies des Ursprungs" gemahnt und es zugleich „ermuntert, die Hoffnung auf eine glücklichere Zukunft nicht aufzugeben"[61], ist vielmehr die künstlerische Repräsentation von Natur (im emphatischen Sinne), also nicht deren unmittelbare, naive Anschauung, sondern deren sentimentalische Konstruktion. An die Stelle des verlorenen Arkadien wird das Elysium gesetzt, in das der sentimentalische Dichter den Menschen führen soll[62] – indem er es im Modus des Textes entwirft.

Der letzte Vers des Gedichts – „Und die Sonne Homers, siehe! sie lächelt auch uns" – besagt weniger, dass sich die „fromme Natur"[63] seit den Zeiten Homers nicht geändert hätte; sie hat sich ja geändert, weil sich das Verhältnis des Menschen zu ihr geändert hat. Vielmehr sagt er, dass die von Homer noch naiv als Kunstschönes dargestellte Natur ihren utopischen Charakter nicht eingebüßt hat. Die „Sonne Homers" ist nicht die Sonne, die Homer geschienen hat, sondern diejenige, die Homer hat scheinen lassen und noch scheinen lässt; sie ist „nicht länger Naturkörper, sondern Kunsterinnerung".[64] Es wird also weniger die „Natur zur Allegorie der Kunst"[65] als vielmehr die Kunst zur Allegorie einer im Durchgang durch die Kultur wiederzugewinnenden Natur. Die elegische Klage über den Verlust der Einheit mit der Natur beschwört im Raum der textuellen Erinnerung diese Einheit wieder herauf. Elysium ist ein Zitat Arkadiens.

„Das Ideal und das Leben"

In ähnlicher Weise vermittelt das Gedicht „Das Reich der Schatten" zwischen Theorie und poetischer Praxis. Es stellt in einer Reihe von Antithesen das ‚ideale' Kunstschöne dem Körperlichen, die Form dem Stoff gegenüber. Das Gedicht erhielt später den Titel „Das Reich der Formen" und heißt seit 1804 „Das Ideal und das Leben", wobei dieser letzte Titel „endlich klar [macht], dass es in dem Gedicht um den Gegensatz zwischen der geschichtlichen Wirklichkeit und dem erwarteten – mit ‚Reich der Schatten' tatsächlich missverständlich bezeichneten – Ideal vollkommener Harmonie alles Lebendigen geht".[66] Zugleich nimmt Schiller Änderungen vor, durch die sich der „Abstand zwischen der Sphäre der Schönheit [...] und dem Leben vergrößert".[67]

Auch hier wird das utopische Moment der Kunst durch den Text weniger abgebildet als vielmehr ‚realisiert': Die Apotheose des Herakles am Schluss des Gedichts, die ihn „des Irdischen entkleidet" und „des Olympus Harmonien empfangen" lässt[68], lässt das Ende des Textes in seinen Anfang einmünden; denn er beginnt mit einer Aufrufung der ewigen Harmonie des Olymps, die er selbst in einem performativen Sprechakt herstellt. Der Olymp ist nur in der Kunst, ja er ist die Kunst selbst.

Das für Schillers Ästhetik ebenfalls wichtige Moment der Kritik an der **Französischen Revolution** erscheint am deutlichsten im vielleicht berühmtesten seiner Gedichte, dem „Lied von der Glocke", das im Oktober 1799 im letzten der Schillerschen *Musen-Almanache* erschien. — Lyrische Revolutionskritik

Bei der Darstellung des Glockengusses konnte sich Schiller auf seine eigene Anschauung beziehen; mehrfach hatte er eine Glockengießerei in Rudolstadt besucht. Obendrein nahm er eine technische Enzyklopädie zu Hilfe. Die liedhafte Schilderung des Glockengießens verbindet der Text dann mit zwischengeschalteten allgemeinen kulturgeschichtlichen und zeithistorischen Beobachtungen. Größte formale Schwäche ist dabei aber, dass der Text nicht bei der Allegorie stehen bleibt (und die Deutung dem Leser überlässt), sondern „durch seine ausufernden Kommentare zu einer schlechten Allegorese", also der Deutung seiner eigenen Allegorie, wird[69] und restlos alles erklärt. Sein größtes inhaltliches Problem ist das konservativ, zuweilen geradezu reaktionär anmutende Gesellschafts- und Geschlechterbild, das er dem Chaos der Revolution entgegensetzt: „Und drinnen waltet / Die züchtige Hausfrau, / Die Mutter der Kinder [...]".[70] Dies wirkt nicht erst aus der historischen Distanz unfreiwillig komisch. Wie Caroline Schlegel (1763-1809), die Frau von August Wilhelm Schlegel, berichtet, seien die Jenaer Romantiker, die generell die moderneren Gesellschafts- und Geschlechterkonzepte vertraten, beim Lesen des Gedichtes „fast von den Stühlen gefallen vor Lachen".[71]

Heftige Kritik an der Französischen Revolution und ein entschiedenes Plädoyer für staatlich garantierte Ordnung gehen mit allzu Sentenzhaftem eine unselige Allianz ein, was dann wiederum nicht ohne Auswirkungen auf die Rezeptionsgeschichte blieb (an der der Text alles andere als unschuldig ist). Während er auf der einen Seite im 19. und 20. Jahrhundert (etwa durch szenische Aufführungen) zur Feier der schieren poetischen Größe Schillers — Parodien benutzt oder auf eine Folge von Sinnsprüchen reduziert wurde, boten die unfreiwillig komischen unter diesen einen willkommenen Anlass zu Parodien.[72]

3. »Ur-Ei der Dichtung«: Goethes und Schillers Balladen

Nachdem Goethe und Schiller im *Xenien*-Streit wenig Positives erreicht hatten (siehe S. 53), schlug Goethe im November 1796 einen Rückzug auf das im engeren Sinne literarische Feld vor: „[...] nach dem tollen Wagestück der Xenien müssen wir uns blos großer und würdiger Kunstwerke befleißigen und unsere proteische Natur, zu Beschämung aller Gegner, in die Gestalten des Edlen und Guten umwandeln."[73]

Episch-dramatische Experimente

Als Musterstücke dieser behaupteten poetischen Wandlungsfähigkeit dienen vor allem „erzählende Gedichte"[74]: seine und Schillers Balladen. Im *Musen-Almanach für das Jahr 1798*, dem so genannten ‚Balladen-Almanach', erscheinen dann vier Balladen Goethes und sechs von Schiller.[75] Im Juni 1797 entstanden, sind sie „Nebenwerke"[76] größerer Projekte: zu Goethes Epos *Hermann und Dorothea* und Schillers *Wallenstein*-Drama. Eine wichtige Funktion haben sie aber im Zusammenhang mit grundsätzlichen Überlegungen zur Gattungstheorie. Die Ballade eignet sich deswegen für Experimente mit den Merkmalen von Epos und Drama, weil sie „sowohl epischer als auch dramatischer ist als jede andere Art der Lyrik".[77] (Deswegen war sie zunächst auch gar nicht zur Lyrik gerechnet worden: Noch in Johann Georg Sulzers *Allgemeiner Theorie der schönen Künste* [1771/74] gelten Balladen als „Epopeen im Kleinen".[78])

Es scheint zunächst paradox, dass Goethe sich zeitgleich gegen die romantische Inthronisation des Romans aufs Epos zurück besinnt, dass er dabei aber selbst Lyrik produziert, die auch episch und dramatisch ist. Allerdings versteht Goethe auch dies als einen Rückgriff auf ältere – wenn auch ‚nordische'[79] und nicht klassisch-antike – Formen und nicht als ‚modernes' Moment einer Gattungsgrenzen überwindenden „progressiven Universalpoesie". Dies zeigen seine später im Zusammenhang mit der Arbeit am *West-östlichen Divan* formulierten Überlegungen; hier sieht er die Ballade als das „lebendige Ur-Ei der Dichtung"[80], weil sie noch die später getrennten drei „Naturformen der Poesie: die klar erzählende, die enthusiastisch aufgeregte und die persönlich handelnde: *Epos, Lyrik* und *Drama*", vereine.[81]

Die Stoffe der Balladen und deren formal einfache Gestaltung zielen bereits auf eine gewisse Publikumsnähe, ja Volkstümlichkeit; entsprechend beliebt sind sie teilweise bis heute geblieben. Dabei wird im Falle Schillers oft ein ideeller Gehalt zugunsten einer an erzählerischen Spannungseffekten interessierten Lektüre zurückgedrängt; Goethes Balladen, vor allem „Die Braut von Corinth" und „Der Gott und die Bajadere", müssen sich eher gegen moralische bzw. religiöse Entrüstung behaupten.

[handschriftliche Randnotiz: → Publikumsnähe fast volkstümlich]

Goethes „Romanzen" „Die Braut von Corinth" und „Der Gott und die Bajadere" stehen einander polar gegenüber. In beiden spielt Feuer am Ende eine wesentliche Rolle; die Bewegung der beteiligten Paare lyrischer Protagonisten richtet sich in der „Braut von Corinth" auf das Feuer hin, während am Ende von „Der Gott und die Bajadere" eine Auferstehung des Paares aus dem Feuer stattfindet.[82]

Goethe hat „Die Braut von Corinth" selbst ein „Vampyrisches Gedicht" genannt[83]: Ein junger Heide besucht in Korinth seine ihm noch unbekannte christliche Braut. Nach einer relativ freizügig geschilderten Liebesnacht erfährt er Grausiges: Seine „Braut" ist ein ,vampyrisches' Gespenst, das ihm sein Herzblut ausgesaugt und ihn damit dem Tode geweiht hat. Am Ende bittet die Braut ihre Mutter, die skandalöserweise Zeugin des Vorfalls geworden ist, sie möge Braut und Bräutigam auf dem Scheiterhaufen verbrennen, um auf diese Weise „in Flammen Liebende zur Ruh" zu bringen.[84] Das Gedicht endet also mit einer ,systolischen' (zusammenziehenden) Konzentration auf die Vereinigung der Liebenden im Medium des Feuers der Liebe.

[Randtitel: „Die Braut von Corinth"]

Goethe geht es offenbar eher um die dramatische Vergegenwärtigung der Begegnung der Liebenden als um die epische Darstellung der Vorgeschichte; das Schicksal der Braut wird nur in ihrer eigenen wörtlichen Rede angedeutet – und dies zu einem Zeitpunkt der Handlung, als sie ihren Verlobten

Abb. 37: Kupfer zur „Braut von Corinth" in Goethes *Neuen Schriften* (1800). Stich von Meno Haas nach Vorlage von Heinrich Meyer (?)

[handschriftliche Notiz unten: → dramat. Vergegenwärtigung]

noch im Unklaren über ihren Zustand lassen will. Es bleibt offen, in wie buchstäblichem Sinne an ihr ein „Menschenopfer"[85] vollzogen wurde: ob sie von der Mutter als Dank für ihre Heilung „offensichtlich zur Nonne bestimmt" worden und dann im Kloster gestorben[86] oder ob sie direkt in „christlichem Wahn" geopfert worden ist.[87]

Wenn die Tat selbst (das „Menschenopfer") nicht genau in Betracht gezogen wird, erscheint es aber unwahrscheinlich, dass deren Motivation im Zentrum steht; die „dahinterstehende Grundgesinnung" ist also wohl weniger, „daß das Christentum sich aus einem falschen Drange nach Heiligung gegen die natürlichen Mächte des Bluts versündigt hat".[88] Dennoch fällt neben dem Moment, dass die Angehörigen der Braut „schon Christen und getauft" sind[89], die Tatsache auf, dass Goethe die Handlung in Korinth angesiedelt hat. Dies lässt sich als Bezug auf den 1. Korintherbrief und dessen ‚Geschlechtsfeindlichkeit' deuten. Im intertextuell konstituierten Subtext steht dann das „Mißtrauen" des Mannes „gegen das Weibliche", das „als todesträchtiges, vampyrhaftes Phänomen [...] das Geistige zu entmannen droht" (und dies unabhängig davon, ob jenes sich gegen den „schöpferischen Urgrund seines [d.i. Goethes] Wesens" richtete).[90] Zentral bleibt aber das Moment des „Geheimnisvollen" selbst, die „Bilder [...] für menschliche Konflikte, die sich in ihrer ganzen Komplexität der abstrakten Erfassung durch eine Begriffssprache entziehen".[91]

„Der Gott und die Bajadere"

Das Motiv einer letztlich den Tod bringenden Sexualität, die Verbindung von Eros und Thanatos, sowie das Moment des Glaubens stehen auch im Zentrum der Ballade „Der Gott und die Bajadere". Dies stieß auf Widerstand etwa von theologischer Seite. Herder schrieb, in beiden Balladen spiele „Priapus eine grosse Rolle, einmal als Gott mit einer Bajadere [...]; das 2te mal, als ein Heidenjüngling mit seiner christlichen Braut, die als Gespenst zu ihm kommt u. die er, eine kalte Leiche ohne Herz, zum warmen Leben priapisiret – das sind Heldenballaden!"[92]

Eine „Heldenballade" ist auch „Der Gott und die Bajadere" tatsächlich nicht: Weniger als vergangen erzählt als vielmehr durch präsentischen Erzählerbericht und quasi-dramatischen Dialog unmittelbar vergegenwärtigt wird eine, so der Untertitel „indische Legende": die Geschichte des Gottes Mahadöh (Shiva), der auf die Erde herabsteigt, eine Liebesnacht mit einer Bajadere, einer Tempeltänzerin, verbringt und ihr eine Reihe von „Sklavendiensten"[93] und Prüfungen ihrer Liebe abverlangt. Am Morgen „Findet sie an ihrem Herzen / Todt den vielgeliebten Gast".[94] Der tote Gott wird rituell verbrannt, und obwohl die Bajadere von der Witwenverbrennung durch die Priester verschont werden soll – weil der Gott eben nicht ihr „Gatte" gewesen ist –, wählt sie aus Neigung den Feuertod; sie vollzieht also die Hochzeit selbst, die zugleich die Voraussetzung für die gemeinsame Verbrennung ist.

Das Ende ist im doppelten Sinne ‚diastolisch' (erweiternd): zum einen durch das entgrenzende Moment der Himmelfahrt, zum anderen durch die Ausweitung des Gehalts in einer sentenzhaften Moral:

Zitat

Doch der Götter-Jüngling hebet
Aus der Flamme sich empor.
Und in seinen Armen schwebet
Die Geliebte mit hervor.
Es freut sich die Gottheit der reuigen Sünder;
Unsterbliche heben verlorene Kinder
Mit feurigen Armen zum Himmel empor.[95]

Aber obwohl es sich beim drittletzten Vers um ein Zitat aus dem Neuen Testament handelt (Lk 15,10), ist die dargestellte Auferstehung „durchaus unchristlich"[96] und damit gar kein Beispiel für den allgemeinen moralischen Satz; denn die Bajadere wird ja nicht wegen ihrer Reue, sondern wegen ihrer Liebe, oder genauer: wegen ihres liebenden Gehorsams gerettet.

Am Ende der insgesamt „irritierenden Montage"[97] von Sinnsystemen bleibt damit eine Reihe von Fragen offen. Wenn der Text, wie es immer wieder geschieht, als „Proklamation ‚klassischer', undogmatischer und universeller Humanitätsreligion" gelesen oder auf Goethes Verhältnis zu Christiane Vulpius bezogen wird, dann muss auch beachtet werden, dass sich in der „herablassenden Liebe des Gottes zur Bajadere [...] ein bei aller freundlichen Wärme gegenüber den Niedrigen und Unterdrückten konservativ-patriarchalisches Sozialmodell [verrät]".[98] Wenn hier „Humanität" proklamiert wird, dann schließt diese zwar „Sinnlichkeit und Sexualität" ein; die Menschlichkeit erweist sich allerdings, wie oft, als Männlichkeit, weil ihr ein „männlich dominiertes Geschlechterverhältnis" eingeschrieben ist.[99] Die Feier von Liebe und Sexualität und die Kritik an „religiös-gesellschaftlichen Konventionen" sind aber jedenfalls in ein indisches Szenario lediglich projiziert; denn mit authentischem Hinduismus oder indischer

Mythologie hat das Dargestellte wenig zu tun.[100] Es bleibt, wie schon bei der „Braut von Corinth", eine schwer aufzulösende „Spannung von magischen, mythologischen, religiösen, kurz: archaischen und modernen – aufklärerischen, humanistischen und kritischen – Momenten".[101]

Schillers Balladen   Während für Goethes Balladen dieses (spielerische) Moment der Offenheit an den Bruchkanten von Montiertem charakteristisch ist, bieten Schillers Balladen zunächst ein eher geschlossenes Bild. Oft formulieren sie dabei selbst ihren (sittlichen) Gehalt in „Sentenzen und Maximen, an deren Richtigkeit kein sittliches Wesen sollte zweifeln können".[102] Als „dramatisch gebaute moralische Erzählungen in Strophen" sind Schillers Balladen aber auch „moralische Erprobungsspiele, in denen die Geltung von Handlungsnormen zur Diskussion steht" – mit dann zuweilen doch offenem Ergebnis.[103]

„Der Taucher"   Schillers Ballade „Der Taucher" beginnt mit den oft zitierten Worten („Wer wagt es, Rittersmann oder Knapp, / Zu tauchen in diesen Schlund?") eines Königs, der mutwillig einen „goldnen Becher" ins aufgewühlte Meer wirft und ihn demjenigen verspricht, der ihn wieder heraufholt. Dies gelingt einem „Edelknecht, sanft und keck".[104] Knapp dem Tode entronnen, formuliert er zunächst die Moral der Geschichte („Da unten aber ist's fürchterlich, / Und der Mensch versuche die Götter nicht"[105]) und berichtet dann plastisch von seinen Beobachtungen unter Wasser: von Korallen, „purpurner Finsterniß"[106] und von allerlei Getier. Dies weckt die Neugier des Königs, der ihm zunächst einen kostbaren Ring und dann obendrein seine Tochter verspricht, wenn er noch einmal ins Meer springt und anschließend Weiteres berichtet. Diesen zweiten, gegen seine neu gewonnene Maxime verstoßenden Tauchgang, von dem er nicht zurückkehrt, unternimmt der Taucher nicht mehr naiv, sondern sentimentalisch – „im Bewußtsein nicht nur der Aussichtslosigkeit, sondern auch des Frevels"[107], weil ihn der Gedanke an die Ehe mit der schönen Königstochter „mit Himmelsgewalt" ‚ergriffen' hat.[108] Die Entwicklung des Knappen vollendet sich in der freien „Entscheidung, maßlos zu lieben".[109] Freiheit wird hier, wie im *Wallenstein*, als scheiternde vorgeführt; der Entfremdung unter der skrupellosen Herrschaft entspricht dabei diejenige in einer unwirtlichen Natur[110], die hier nicht, wie im „Spaziergang" als Chiffre einer Versöhnung erscheint.

Wichtiger als eindeutig zu formulierende moralische Sätze im Sinne eines eher frühaufklärerischen Wirkungsmodells scheint Schiller das Moment der **Psychologie** zu sein. Schillers Erzählgedichte zeugen teilweise von demselben psychologischen Interesse wie seine Dramen, geht es in ihnen doch um die Darstellung von fiktiven Figuren in physischen, psychischen, moralischen „Extremsituationen"[111] sowie um Experimente mit den poetischen Mitteln, um maximale Wirkung auf den Rezipienten, den Leser der Balladen genauso wie den Zuschauer der Dramen, zu erzielen.

„Die Kraniche des Ibycus" stellen nicht nur mit ihrem doppelten Interesse an der Psychologie – der Figuren wie des Rezipienten – ihre Verwandtschaft mit den Dramen aus; sie handeln zudem explizit von der Psychologie des Theaters und, gemäß der *Schaubühnen*-Rede (siehe S. 84), von seiner Funktion als Gericht.[112] Der Text erzählt davon, wie der gefeierte Dichter Ibycus bei einem Überfall von Räubern getötet wird; nur eine Schar Kraniche sind Zeugen dieser Tat. Später erscheinen sie über einem Theater, in dem sich die Mörder unter den Zuschauern befinden; deren schaudervolle Bewunderung wird vom Chor der Rachegöttinnen auf der Bühne erregt, die die Aufklärung des Verbrechens ankündigen („[...] wehe wehe, wer verstohlen / Des Mordes schwere That vollbracht"[113]). Dies veranlasst einen der Mörder zu einer spontanen Selbstentlarvung: „Sieh da! Sieh da, Timotheus, / Die Kraniche des Ibycus!"[114]

Der Text ist aber nicht nur eine gereimte psychologische Studie über eine Fehlleistung aus Schuldbewusstsein – er handelt auch von den Möglichkeiten der Dichtung generell. Der sterbende (und damit zugleich unsterblich werdende) Dichter Ibycus selbst „delegiert [...] seine Rache an Kraniche" und macht sie damit – in einem quasi-poetischen Akt – zu Schicksalsvögeln.[115] Durch die Verbindung der poetischen Einsetzung der Kraniche als Rächer mit dem Kontext einer Theateraufführung erscheinen die Kraniche als Allegorie der poetisch-dramatischen Wirkung. Damit stellt Schiller dar, was ihn als Dramentheoretiker von Beginn an am meisten interessiert: die „Gewalt der künstlerischen Darstellung über die menschliche Brust", wie Wilhelm von Humboldt formulierte.[116]

> „Die Kraniche des Ibycus"

Dialogizität: Goethes (nach-)klassische Lyrik 4.

Schillers Tod am 9. Mai 1805 bedeutete nicht nur einen persönlichen Schock für Goethe, sondern auch eine Zäsur in poetischer und ästhetischer Hinsicht. Es beginnt eine Übergangszeit, die bis zum Erscheinen des *West-östlichen-Divans* (1819) andauert. Obwohl nun die Arbeit am ersten Teil des *Faust*, zu der Schiller noch wichtige Impulse gegeben hatte, nach langer Zeit abgeschlossen wird, die *Wahlverwandtschaften* (1809) und die erste Fassung von *Wilhelm Meisters Wanderjahren* (1812) entstehen, ist es vor allem eine Zeit der erneuten Hinwendung zur Naturforschung: zur Farbenlehre und Morphologie. Daneben arbeitet Goethe ab 1813 intensiv am Komplex zweier autobiographischer Großprojekte: an *Aus meinem Leben. Dichtung und Wahrheit* und der *Italienischen Reise*; zudem gibt er eine Zeitschrift *Ueber Kunst und Altherthum in den Rhein und Mayn-Gegenden* (1816-32) sowie eine *Zur Naturwissenschaft überhaupt, besonders zur Morphologie* (1817-24) heraus.

Vielstimmige Lyrik   Auch wenn der Schwerpunkt seiner Tätigkeit erneut – wie schon im ersten Weimarer Jahrzehnt, wo ihn der Hof und die Politik fast vollständig absorbierten – nicht auf poetischem Felde liegt, handelt es sich um die Zeit der umfangreichsten lyrischen Produktion. Ein inhaltlich-formales Moment fällt dabei an der Lyrik dieser Phase besonders ins Auge: Sie ist „in hohem Maße dialogisch orientiert".[117] Dies realisiert sich zum einen, etwa bei der Spruchlyrik, als „Vielstimmigkeit" und „Vielfalt der Tonarten"[118], zum anderen als dialogische *Form*, etwa in den Dialogen im *West-östlichen Divan*, drittens schließlich in der intertextuellen Bezugnahme z.B. auf persische Lyrik. All dies sind Formen von Mehrstimmigkeit, von ‚**Dialogizität**' im Sinne Michail M. Bachtins – auch wenn dieser selbst lyrische Gedichte als einstimmige, monologische Äußerungen bestimmt hat.[119]

Das kommunikative dialogische Moment hat auch einen pragmatischen Aspekt: Viele Gedichte Goethes aus dieser Zeit sind von ausgesprochen „‚geselligem' Redegestus"; das gilt besonders, aber bei weitem nicht nur für die Vielzahl von Widmungsversen und anderen Gelegenheitsgedichten, die Goethe in dieser Zeit produziert.[120] ‚Dialogisch' ist schließlich aber auch Goethes intensivierte Auseinandersetzung mit der Romantik, die zunehmend zur Entfremdung, vor allem mit den katholischen Tendenzen, führt (siehe S. 50); auf lyrischen Gebiet kommt es aber auch zu Berührungen. Den romantischen Hang zum Sonett als einer romanischen Form hat Goethe zunächst abgetan – bevor die „Sonettenwuth"[121] auch auf ihn übergriff und er 1807/08 einen ganzen Zyklus verfasste, unter dem, für Goethe ganz typischen, Titel *Sonette*.

West-östlicher   Geradezu als Muster der Dialogizität im Sinne Bachtins er-
Divan   scheint heute der *West-östliche Divan*. Entstanden ist er hauptsächlich in den Jahren 1814-15, also in einer Zeit, in der der „schöne[]

Kreis, wovon Weimar und Jena die beyden Brennpuncte sind"[122], durch politische Umwälzung immensen Ausmaßes gestört wurde. Der Unordnung, die das Ende des Napoleonischen Zeitalters mit sich brachte, entzog sich Goethe durch Flucht in einen poetischen Rückzugsraum: durch eine „imaginäre Fahrt ins Morgenland".[123]

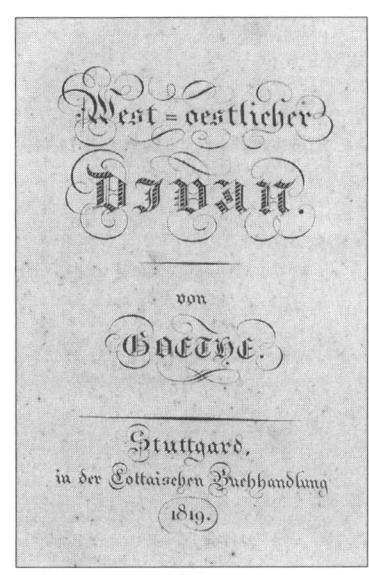

Abb. 38: *West-oestlicher Divan*. Titelkupfer und Titelblatt des Erstdrucks

Keimzelle für die spielerisch-intertextuelle Auseinandersetzung mit orientalischer Lyrik ist der *Diwan* (arab. ‚[Lieder-]Sammlung') des persischen Dichters Hafis (Šams ud-Dīn Muḥammad Ḥāfiẓ; um 1326-1390) in der Übersetzung durch den österreichischen Orientalisten Joseph von Hammer (1774-1856). In Hafis meinte Goethe sich selbst, gespiegelt, wieder zu erkennen – was die (historische) Situation in einer Zeit politischen Umbruchs, aber auch was poetische Verfahren betrifft.[124]

Der gesamte *Divan* steht unter der Signatur einer „‚poetischen' Reise"[125], die Goethe als eine „Hegire" inszeniert, die ihn „der Zeit und dem lieben Mittel-Europa entrückt".[126] ‚Hegire' ist die französische Schreibung des arabischen Wortes ‚hiǧra'; es bezeichnet die Auswanderung des Propheten Mohammed von Mekka nach Medina, die den Beginn des islamischen Kalenders markiert. (Dass Goethe die französische Umschrift wählt, macht ein Pro-

blem deutlich: dass ihm die Texte des islamischen Orients nur in
Übersetzungen zugänglich waren.) Und „Hegire" ist auch der
Titel des Eingangsgedichts des *Divans*, mit dem das Motiv der
„poetischen Emigration"[127], der imaginären Flucht in einen
(Zeit-)Raum des Ursprungs aufgerufen wird; der Orient besetzt
dabei die Systemstelle, die zuvor mit Winckelmanns Griechenland besetzt war.

Zitat

Nord und West und Süd zersplittern,
Throne bersten, Reiche zittern,
Flüchte du, im reinen Osten
Patriarchenluft zu kosten,
Unter Lieben, Trinken, Singen
Soll dich Chisers Quell verjüngen.[128]

Poetische Verfahren

Die Skala der **intertextuellen** Verfahren, die Goethe anwendet,
reicht von (seltenen) wörtlichen Übernahmen aus den übersetzten
Quellentexten über die komprimierende Verdichtung bis zu
einem nur noch vage zu nennenden Bezug auf die Quelle; all dies
dient einer „Amalgamierung von Westlichem und Östlichem, von
eigener Erfahrung, Beobachtung, Poesie und Angelesenem über
den Orient".[129]

Eine weitere Form von dialogischer Mehrstimmigkeit ergibt
sich aus einem biographischen Moment. Eine wichtige Rolle bei
der Entstehung des *Divans* spielte die Bankiersfrau und ehemalige
Strukturelle Merkmale Schauspielerin Marianne von Willemer (1784-1860). Goethe ver-
brachte 1814/15 jeweils mehrere Wochen bei den Willemers bzw.
mit Marianne in Frankfurt und dann Heidelberg
und übernahm einige Gedichte von Marianne von
Willemer, nur leicht redigiert, in den *Divan*. Vor
allem das „Buch Suleika" erscheint als Inszenierung einer Liebesbeziehung im Raum des Poetischen.[130]

Die Gedichte des *Divans* folgen keinem strengen Anordnungsprinzip, bilden keine strikte
Struktur; deswegen handelt es sich auch nicht im
engeren Sinne um einen Zyklus als ‚in sich voll-

Abb. 39: Marianne von Willemer. Miniaturporträt, vermutlich
von Joseph Nicolaus Peroux, um 1809

endetes' Ganzes, sondern eher um locker gruppierte ‚Ensembles'[131] von zwölf (ursprünglich geplant waren dreizehn) „Büchern" (angelehnt an ein Prinzip orientalischer Sammlungen). Ein „zentrales Strukturprinzip" gibt es aber dennoch und es wird bereits im Titel des *Divans* und in den Überschriften der „Bücher" deutlich markiert: die (west-östliche) Polarität.[132]

Insgesamt präsentiert der *Divan* einen dichten Zusammenhang von wiederkehrenden Grund- und Leitmotiven. Dabei benutzt Goethe ein großes Spektrum von metrischen Formen, allerdings, entsprechend dem orientalischen Sujet, keine griechischen Versmaße wie Hexameter oder italienische Strophenformen wie das Sonett. Gute zwei Fünftel der Gedichte sind in vierhebigen Trochäen verfasst; dieser Vers war als „deutsche[s] Äquivalent der Form der spanischen Romanze und des Calderón-Dramas" etabliert.[133] Damit stiftet Goethe einen Bezug zu einer stark islamisch geprägten europäischen Kulturlandschaft.

Bis heute führt der *Divan*, verglichen mit der Wirkung der *Lehrjahre* oder des *Faust*, eher ein Schattendasein im Werk Goethes. Bis weit ins 20. Jahrhundert hinein waren bei Cotta Exemplare der Erstauflage erhältlich. Ein Hindernis für die Rezeption war und ist neben dem Moment der Fremdheit etwa der Voraussetzungsreichtum. Das hatte Goethe vorausgesehen und er konnte es auch aus der von Verständnislosigkeit geprägten Publikumsreaktion auf den Vorabdruck einiger Gedichte in Cottas *Taschenbuch für Damen auf das Jahr 1817* ablesen. Nicht zuletzt deswegen verfasste er 1818/19 einen umfangreichen erläuternden Prosateil, der unter dem Titel „Besserem Verständniß" (seit der Ausgabe letzter Hand, 1827: „Noten und Abhandlungen zu besserem Verständnis des West-östlichen Divans") dem Gedichtteil folgt und diesen im Umfang deutlich übertrifft.

Auch die germanistische Forschung war lange Zeit am *Divan* eher desinteressiert. Heute spielt der Text unter Gesichtspunkten der Inter- oder besser Transkulturalität eine deutlich größere Rolle. Allerdings droht nun zuweilen die Gefahr, dass er allzu unkritisch als Ideal eines ‚humanen' Umgangs mit fremden Kulturen inthronisiert wird. Höheren Erkenntniswert verspricht es aber wohl, wenn das Augenmerk auf seine historisch bedingten Begrenzungen in dieser Hinsicht gelegt wird (die er in Teilen bereits selbst reflektiert[134]).

Rezeption

Zusammenfassung

Goethes *Römische Elegien* und die *Venezianischen Epigramme* nehmen auf unterschiedliche Weise auf das für Goethe einschneidende Italien-Erlebnis Bezug; seine anderen lyrischen Dichtungen der klassischen Zeit sind vor allem Texte, die einem Programm harmonischer, gebildeter Geselligkeit folgen. Schillers wichtige ,klassische' Gedichte sind zum großen Teil poetische Umsetzungen seiner ästhetischen Konzepte – ohne bloße Versfassungen davon zu sein; sein populärstes Gedicht hingegen ist das unendlich oft wiederholte und zur Phrasensammlung verkommene „Lied von der Glocke". Goethes und Schillers Balladen experimentieren mit epischen und dramatischen Strukturmerkmalen. Goethes Balladen irritieren, weil sie mit Sinnsystemen (etwa Religion und Mythos) spielen; Schillers Balladen, besonders „Die Kraniche des Ibycus", zeigen den ausgebildeten Psychologen und erfahrenen Bühnenautor. Goethes wichtigstes lyrisches Spätwerk schließlich, der *West-östliche Divan*, ist ein Musterbeispiel poetischer Dialogizität.

Literatur

Birus, Hendrik: Von den Sonetten zum West-östlichen Divan. 1806-1819. In: Goethe-Hb. Bd. 1. S. 296-302.

Bohnenkamp, Anne: West-östlicher Divan. In: Goethe-Hb. Bd. 1. S. 306-323.

Gedichte von Friedrich Schiller. Interpretationen. Hg. v. Norbert Oellers. Stuttgart: Reclam 1996.

Hinderer, Walter: Schiller und Bürger: Die ästhetische Kontroverse als Paradigma. In: Jahrbuch des Freien Deutschen Hochstifts 1986. S. 130-154.

Koopmann, Helmut: Schillers Lyrik. In: Schiller-Hb. Hg. Koopmann. S. 303-325.

Kurscheidt, Georg: Kommentar. In: Friedrich Schiller: Gedichte. Hg. v. Georg Kurscheidt. Frankfurt a.M.: Deutscher Klassiker Verlag 1992 (Werke und Briefe. Bd. 1). S. 747-1490.

Mecklenburg, Norbert: Balladen der Klassik. In: Deutsche Literatur zur Zeit der Klassik. S. 154-171.

Oellers, Norbert: Goethes und Schillers Balladen vom Juni 1797 – auch Nebenwerke zu ,Hermann und Dorothea' und ,Wallenstein'. In: Unser Commercium. S. 507-527.

Oswald, Stefan: Venezianische Epigramme. In: Goethe-Hb. Bd. 1. S. 232-237.

Riedel, Wolfgang: „Der Spaziergang". Ästhetik der Landschaft und Geschichtsphilosophie der Natur bei Schiller. Würzburg: Königshausen und Neumann 1989.

Riedel, Wolfgang: Eros und Ethos. *Goethes Römische Elegien* und *Das Tagebuch*. In: Schiller-Jb. 40 (1996). S. 147-180.

Schulz, Gerhard: Die Braut von Corinth. In: Goethe-Hb. Bd. 1. S. 288-291.

Wild, Reiner: Der Gott und die Bajadere. In: Goethe-Hb. Bd. 1. S. 291-293.

Wild, Reiner: Lyrik der klassischen Zeit. 1787-1806/Römische Elegien. In: Goethe-Hb. Bd. 1. S. 220-225/S. 225-232.
Wünsch: Marianne: Der Strukturwandel in der Lyrik Goethes. Stuttgart u.a.: Kohlhammer 1975.

Fragen

1. Was unterscheidet die *Römischen Elegien* von den *Venezianischen Epigrammen*?

2. Was sind die Leistungen und Grenzen des Begriffs ‚Gedankenlyrik' im Blick auf Schiller?

3. Was interessiert Goethe und Schiller an der Gattung der Ballade?

4. Inwiefern kann man den *West-östlichen Divan* als ‚dialogisch' bezeichnen?

Antwortteil

Schlüssel zum Basismodul 1, S. 15

1. Gegen die Bezeichnung ‚Deutsche Klassik' kann angeführt werden, dass man heute nicht mehr von einer Vorrangstellung der deutschen Literatur spricht, die derjenigen der klassischen griechischen Literatur gleichkäme; auch die nationalistischen Untertöne sind fehl am Platze. Von einer *Epoche* kann man deswegen kaum sprechen, weil ihr bloß zwei Autoren angehören und sie zudem keine zeitliche Ordnung herstellen helfen würde.

2. Goethe und Schiller haben sich als eine Arbeitsgemeinschaft verstanden und einige ihrer Werke sind in direkter Auseinandersetzung mit der Kritik des jeweils anderen entstanden; daher ist es legitim, die beiden Autoren als Gemeinschaft zu betrachten, wie es sich seit zwei Jahrhunderten eingebürgert hat. Ihre Lösungsversuche für Probleme der klassisch-romantischen Epoche weisen untereinander generell mehr Gemeinsamkeiten auf als etwa mit denen der frühromantischen Autoren.

Schlüssel zum Basismodul 2, S. 31

1. Deutschland ist in eine Vielzahl von kleinen und kleinsten Staaten zersplittert; daher gibt es kaum einheitliche Entwicklungen und z.B. starke Verzögerungen bei der Industrialisierung; Deutschland ist weitgehend agrarisch geprägt. Fast alle Landesfürsten leisten sich Theater, so dass es heute noch in Provinzstädten qualitativ hochwertige Bühnen gibt; aber das bedeutete, wie exzessive Bautätigkeit auch, zugleich eine starke finanzielle Belastung der Staatshaushalte – und der Untertanen.

2. Um 1800 vergrößert sich das Lesepublikum rapide, sowohl aus Unterhaltungs- wie aus Informationsbedürfnis; die Produktion von Literatur wuchs ebenfalls schnell an. Beides wurde von Konservativen argwöhnisch registriert. Das Leseverhalten wandelte sich: vom intensiven zum extensiven Lesen; Lesen blieb aber dennoch für die meisten ein unerschwinglicher Luxus, und auch die geringe Schulbildung schloss noch lange die meisten aus. Kapitalistische Wirtschaftsformen und die Entwicklung des Urheberrechts sorgten auf die Dauer dafür, dass Autoren von Tantiemen leben konnten, was um 1800 noch nicht der Fall war. Eine mögliche Reaktion auf Raubdrucke bestand in der Publikation kleiner, aktuellerer Formen.

1776 wurde Goethe als Geheimer Legationsrat in das höchste herzogliche **3.** Beratergremium, das Geheime Consilium, aufgenommen; er wurde Leiter der Bergwerks-, der Kriegs- und der Wegebaukommission sowie der Finanzverwaltung. Nach der Rückkehr aus Italien wurde er von vielen Aufgaben entbunden, es blieben vor allem solche im kulturellen Bereich, wie in der Kommission zum Wiederaufbau des Weimarer Schlosses; dazu aber kam die Leitung der Wasserbaukommission. Zugleich war Goethe ‚Hofpoet‘ und verfasste Texte für höfische Anlässe. Er war mitverantwortlich für die Universität in Jena. 1791-1817 leitete er das Hoftheater.

Die Revolution und die von Napoleon durchgesetzten Reformen bewirkten in **4.** Deutschland eine radikale Verbürgerlichung: Wirtschafts- und Finanzwesen, Verwaltung und Schule wurden reformiert; der *Code civil* sicherte persönliche Freiheit und Rechtsgleichheit; die soziale Emanzipation z.B. der Juden wurde vorangetrieben. Die Politisierung der gebildeten Schichten nahm zu – aber auch die Nationalisierung. Nach dem Ende Napoleons wurde die politische Landkarte neu geordnet und vereinfacht, Deutschland bestand nur noch aus 39 Einzelstaaten.

Schlüssel zum Aufbaumodul 1, S. 55

a) Goethe kannte Herder seit 1770; damals drehten sich die Gespräche um **1.** Ästhetik, griechische Literatur, das Alte Testament, Shakespeare und Literaturgeschichte. Herders konzeptionelle Bevorzugung des Tastsinns gegenüber dem Gesichtssinn ist zentral für die allgemeine Aufwertung der sinnlichen gegenüber den geistigen Vermögen des Menschen in den 1770er Jahren. Goethe übernahm den Gedanken der in sich geschlossenen Gestalt des Kunstwerks von Herder; auch Goethes Metamorphosen-Denken sowie sein Geschichtsbild ruhen auf dem Fundament der Herderschen (Natur-)Geschichtsphilosophie.

b) Wieland war in den 1760er Jahren der berühmteste Schriftsteller Deutschlands; neben einer heiter-geselligen, stark spielerisch-sinnlichen Spielart der Aufklärung spielt bei ihm vor allem das Konzept der Grazie eine wichtige Rolle. Er war Herausgeber einer der wichtigsten deutschen Zeitschriften seiner Zeit, des *Teutschen Merkur*. Für Goethes Antike-Bild und seine Shakespeare-Begeisterung sowie seine spätere Re-Orientierung an der Renaissance spielte Wieland eine wichtige Rolle, ebenso bei der klassizistischen Wende von Schillers Dramatik; er verkörperte geradezu die idealen höfischen Kommunikationsformen der italienischen Renaissance: *grazia* (Anmut) und *sprezzatura* (Leichtigkeit).

c) Moritz war Ästhetiker und Pädagoge sowie Verfasser des psychologischen Romans *Anton Reiser*. 1786/87 gehörte er in Rom zum Kreis um Goethe, der viele intensive Gespräche über Kunsttheorie und -praxis führte; er half Goethe dabei, die *Iphigenie* in Versen einzurichten, und wirkte später in Weimar auch bei der Fertigstellung des *Torquato Tasso* mit, dessen Titelfigur Grundzüge seiner Ästhetik vertritt.

2. Als Schiller 1787 nach Weimar kam, irritierte ihn, dass Goethes Bindung an die Natur und seine Geringschätzung der Spekulation auch spürbar waren, obwohl er selbst gerade in Italien weilte. Lange Zeit galt Goethe für Schiller dann als in Lebenserfahrung unerreichbar fortgeschritten; wie viele andere auch wollte er ihn dann aber als Beiträger für seine Zeitschrift *Die Horen* gewinnen. Goethe und Schiller stimmten in deren wichtigem Programmpunkt der Ablehnung der Revolution und der Bevorzugung einer evolutionären Veränderung der Gesellschaft überein. Goethe war für Schiller der Prototyp des ‚naiven' Genies; der Widerspruch zwischen Goethes Realismus und Schillers Idealismus erschien dann als produktive Dialektik.

3. Friedrich Schlegel schätzt Goethe höher als Schiller; er sah in ihm eine Art poetischen Ziehvater der Frühromantik. Goethe ist für Fr. Schlegels Konzepte der Ironie und des Symbols zentral; *Wilhelm Meisters Lehrjahre* ist (formal) geradezu der Prototyp des romantischen Romans. Zu Schiller stand Fr. Schlegel immer in entschiedener Opposition; seine satirische Rezension der *Horen* war der Anlass für Schillers Bruch mit A. W. Schlegel. Auch seine *Vorlesungen der alten und neuen Literatur* sind besonders kritisch gegenüber Schiller.

4. Was später als ‚Weimarer Klassik' bezeichnet wurde, hatte kaum Erfolg beim zeitgenössischen Publikum; gelesen wurden hauptsächlich Unterhaltungsromane, auf den Bühnen wurden Trivialdramen gespielt. Goethe und Schiller reagierten nicht etwa mit Popularisierung, sondern mit Verstärkung ihrer Oppositionshaltung zum Publikum – und mit der Polemik der *Xenien*, die das Verhältnis alles andere als verbesserten.

Schlüssel zum Aufbaumodul 2, S. 82

1. Die Ästhetik der Aufklärung steht im Kontext einer Verbürgerlichung der Kunst; Kunst soll den Menschen verbessern – nach bürgerlichen Moralvorstellungen. Schön ist eine Tragödie für Gottsched, wenn sie den überkommenen Regeln folgt (die vor allem in Italien und Frankreich unter Berufung auf Aristoteles entwickelt wurden). Lessings Dramaturgie rückt die Affekte „Mitleid und Furcht" ins Zentrum, aber auch ihm geht es um die Tugend des Zuschauers – und um die Theodizee, die Rechtfertigung der göttlichen Einrichtung der Welt.

Zentrale Voraussetzung der Ästhetik Moritz' ist, dass das Kunstwerk in sich **2.** selbst vollendet ist und keinen fremdbestimmten Nutzen zu erfüllen hat; darin gleiche das schöne Kunstwerk einer edlen Handlung. Dennoch ist das Kunstwerk auf etwas außerhalb seiner selbst bezogen: auf das ‚große Ganze der Natur', das von den menschlichen Sinnen als Ganzes nicht wahrgenommen werden kann; dies gelingt nur im subjektiven Akt der künstlerischen Produktion. Möglich wird dies durch die Tatkraft des Künstlers, der aber nicht nach der Wirkung auf sein Publikum schielen darf. Schönheit erlaubt weder die Frage nach Nutzen noch nach Schaden, weil das Schöne eine höhere Organisationsform ist als das Individuum, das leidet; am Ende geht es – in einer heilsgeschichtlichen Perspektive – um die Aufhebung des Individuums in der Gattung des Menschen, wodurch die intendierte ästhetische Autonomie in eine ethische überführt wird.

Schiller erscheint seine Gegenwart als von Zweckrationalität geprägt, die den **3.** Einzelnen auf seine Funktion für die Gesellschaft reduziert; damit entfremde sich der Mensch von seiner ganzheitlichen, harmonischen Bestimmung. Im gegenwärtigen, dem „Naturstaat" werde die gewalttätige Natur des Menschen durch Gegengewalt eingedämmt. Was geschieht, wenn diese mangelhafte Ordnung beseitigt wird, ohne dass sie durch eine vernunftgemäßere ersetzt werde, zeige die Französische Revolution in ihrer entfesselten Gewalttätigkeit; dass sie kaum zu vermeiden gewesen ist, liegt nicht nur an der „Verwilderung" der niederen Klassen, sondern genauso an der „Erschlaffung" und Korruption des Adels.

Da die Politik ihre Unfähigkeit zur Lösung politischer Fragen gezeigt habe, **4.** müsse nun die Ästhetik deren Aufgaben übernehmen und dafür sorgen, dass die Idee der menschlichen Freiheit zur Grundlage von Politik werde; die Kunst soll dazu dienen, die beiden antagonistischen Triebe Stoff- und Formtrieb durch den Spieltrieb, der vom Kunstwerk geweckt wird, harmonisch auszugleichen. Hierin, und damit in der Rezeption von Kunst, realisiert sich eine momentane Freiheit, die die Ästhetische Erziehung auf Dauer stellen soll; endgültiges Ziel ist die Etablierung eines Vernunftstaates, in dem Sinnlichkeit und Sittlichkeit dauerhaft im Einklang sind.

Goethe deutet die Natur als einen großen harmonischen Zusammenhang. **5.** Anders als für den Goethe des ‚Sturm und Drang' ist er für den klassischen Goethe nicht dem Gefühl zugänglich, sondern in einer unendlichen Annäherung, die vom einzelnen Phänomen ausgeht; Ziel ist die Erkenntnis der abstrakten Prinzipien, die den Erscheinungen zu Grunde liegen. Naturprozesse sind stetige Ausgleichsbewegungen von Gegensätzen (Polarität), die sich zielgerichtet (im Sinne des Prinzips der Steigerung) entwickeln. Der Künstler muss, will er weder die Natur bloß abschildern, noch seine reine Subjektivität darstellen, über genaue Kenntnisse der Natur verfügen; über sie kommt er mit anderen überein. Indem er die Eigenschaften von Naturgegenständen entsprechend deren Funktionsprinzipien darstellt, hat seine Kunst auch eine belehrende Funktion. Aber es geht nicht nur darum, die Natur als geschaffene (*natura naturata*) nachzuahmen, sondern v.a. die Natur als schaffende (*natura naturans*), also selbst schöpferisch tätig zu werden.

6. Symbole sind nicht bloß Zeichen für etwas Allgemeineres; es sind besondere Gegenstände, die obendrein etwas Allgemeines repräsentieren. Das Symbol ist die bildliche Darstellung einer Idee, die Allegorie diejenige eines Begriffes; daher lässt sich ein Symbol nicht in begriffliche Sprache übersetzen – im Gegensatz zur Allegorie.

Schlüssel zum Aufbaumodul 3, S. 120

1. Dass der Zuschauer am dargestellten Leid Vergnügen empfindet, ist unbestreitbar; es kann aber nicht mit Hilfe der Kategorie des Schönen bestimmt werden, denn Schönheit besteht, für Schiller wie für Kant, in einer inneren Zweckmäßigkeit. Leiden aber widerspricht dem Zweck des Menschen, der modern gesprochen in physischer Selbsterhaltung und moralischer Freiheit besteht; es muss also ein höheres Vergnügen geben: ein moralisches, das eben aus der Freiheit gegenüber der Zweckwidrigkeit physischen Leidens entsteht. Zunächst bestimmt Schiller das Vergnügen als Reaktion auf die Verdeutlichung eines moralischen Siegs; schließlich macht die Kategorie des „Pathetischerhabenen" die Tatsache, dass der Mensch von noch so übermächtigen physischen Bedrohungen moralisch unabhängig ist, für den Zuschauer sinnlich erfahrbar. Der erfolgreiche moralische Widerstand eines Helden gegen ein Leiden, gegen das er körperlich machtlos ist, erweckt im Zuschauer das lustvolle Gefühl der eigenen moralischen Freiheit; sie zeigt sich gerade dann, wenn man sich einer unabwendbaren Gewalt freiwillig, also im Bewusstsein der Freiheit unterwirft.

2. Schiller geht es nicht um die Übereinstimmung mit den historischen Fakten, sondern um eine innere, philosophische Wahrheit. Im *Fiesko* besteht diese Wahrheit noch in der moralischen Funktion, der zufolge auf der Bühne gezeigt werden muss, dass amoralisches Verhalten (auch) im Leben bestraft wird. Um philosophisch wahr zu sein, muss das Drama, im Anschluss an Aristoteles und Lessing, ein Ganzes sein, dessen einzelne Teile sich kausal und teleologisch entwickeln; ein solches Ganzes ist nur die Universalgeschichte selbst, kein einzelnes historisches Geschehen. Die Vorgänge, die auf der Bühne als Ganze überschaubar sind, sollen zeigen, was man an der Weltgeschichte nur ablesen könnte, wenn man sie ganz überschauen könnte.

Der *Wallenstein* entwirft ein pessimistisches Geschichtsbild. Schillers Jenaer **3.** Antrittsvorlesung ist noch von einem aufklärerischen Glauben an den Fortschritt und die Vervollkommnung der Vernunft getragen (der sich auch, aufs Ganze gesehen, an seiner historiographischen Darstellung des Dreißigjährigen Kriegs ablesen lässt); in der Dramentrilogie zeigt sich hingegen, dass das Handeln des Einzelnen Mechanismen unterliegt, die er nicht kontrollieren kann. Anders als in der antiken Tragödie ist das in der modernen Welt die Politik; die politische Welt besteht zwar aus einzelnen Akteuren und ihren Interessen, aber Resultat ist nicht, dass die Einzelnen ihre Interessen auch durchsetzen; vielmehr geschieht das Gegenteil, und der Einzelne scheitert.

Dass sich Maria Stuart völlig gefasst in ihr Schicksal ergibt und ihrer Kontra- **4.** hentin vergibt, scheint sie zum erhabenen Charakter zu machen; zudem verleiht es ihr Züge einer barocken Märtyrerin. Allerdings vollzieht sich diese Läuterung erst im letztmöglichen Moment, und auch ihre Haltung Leicester gegenüber ist undurchsichtig; es ist also fraglich, ob sie als ‚schöne Seele‘ apostrophiert werden kann. Würde hingegen kann Maria eigentlich nicht zeigen, denn die kommt bei Schiller nur männlichen Charakteren zu.

Typisch griechisch ist zum einen das Thema der sich selbst erfüllenden Pro- **5.** phezeiung – auch wenn nicht klar ist, welche Rolle das unabänderliche Schicksal bei Schiller spielt; vor allem der Chor aber ist ein Formzitat der griechischen Tragödie. (Nicht griechisch sind hingegen die Versmaße; dass das Drama sich an die ‚drei Einheiten‘ hält, ist eher typisch für den [französischen] Klassizismus; dass es fünf Akte hat, ist ein Merkmal der römischen Tragödie.)

Bereits in Schillers Vorlagen ist Tell weniger eine historische als eine mytho- **6.** logische Figur; er trägt Züge einer nordischen Überlieferung. Der Zustand, in den die Bemühungen der Aufständischen zurückführen, ist in wesentlichen Teilen ein Naturzustand, außerhalb der Geschichte; auch das ist ein mythisches Moment.

Schlüssel zum Aufbaumodul 4, S. 151

Dafür spricht, dass Iphigenie eine Zeitlang das Menschenopfer verhindert und **1.** dass sie sich autonom entscheidet, aus dem Atridenfluch auszubrechen und die Kette der Gewalttaten nicht fortzusetzen, sondern Thoas die Wahrheit über sich und Orest zu offenbaren. Dagegen spricht, dass das Menschenopfer womöglich wieder eingeführt wird, dass die Rettung als Dienst an der Göttin Diana gedeutet wird und dass der, der diese Deutung am Ende vertritt, Orest, damit die weibliche Autonomie in den Dienst der Rettung der männlichen Herrschaft einer Dynastie nimmt.

2. Von Goethes eigenen späteren Äußerungen abgesehen, spricht wenig dafür. Goethes Position in Weimar glich eher derjenigen Antonios, des politischen Akteurs, der *auch* dichtet. Tassos Dichtung ist zu subjektiv, als dass sie stellvertretend für Goethes klassische Poetik stehen könnte; Tasso tritt eher als Anwalt der von Goethe abgelehnten Manier (und von Moritz' Bildender Nachahmung) auf.

3. Im Lustspiel *Der Groß-Cophta* ist es eine betrügerische Adlige, auf deren moralische Verfehlung die Intrige zurückgeht, während die moralische Indifferenz der anderen Adligen beinahe deren Erfolg ermöglicht. Dass so etwas im Adel möglich ist (und in der Wirklichkeit zur Revolution geführt habe), liegt Goethe zufolge an der moralischen Verkommenheit seiner einzelnen Mitglieder. Im Gegensatz dazu bieten sowohl *Der Bürgergeneral* als auch *Die Aufgeregten* moralisch positive Beispiele adliger Besonnenheit; korrupt sind hier der Kleinbürger bzw. der Beamte. In beiden Fällen aber gilt: In Ländern, in denen ein solcher, moralisch guter Adel (in Eintracht mit den Bürgern) herrscht, kann die Revolution verhindert werden.

4. Zunächst ist die Struktur beider Teile nicht dramatisch – auch wenn der zweite Teil äußerlich, wie die klassizistische Tragödie, in fünf Akte gegliedert ist –, sondern episch (im Sinne Goethes und Schillers) und episodisch. Spätestens im zweiten Teil wird auch ganz offenkundig, dass der Tragödie ein tragischer Charakter fehlt, denn Faust hat (wie Mephisto auch) praktisch keine individuelle Identität mehr. Auch Margarete kommt als Protagonistin der ‚Gretchen-Tragödie' eigentlich kaum in Frage, weil sie vielmehr Fausts Objekt ist und ihr Handeln als sozial determiniert zu erklären (und entschuldigen) ist. Man kann in Fausts Entwicklung tragische Züge hineinlesen (allerdings nicht, wie es oft geschehen ist, in dem Sinne, dass sich die große Tragik eines unbegrenzten Erkenntnisstrebens zeige); der Widerspruch zwischen Wollen und Sollen aber führt nicht zu seinem Scheitern (das er dann womöglich im Schillerschen Sinne moralisch überwinden würde), sondern bleibt bis zum Schluss stetiger Antrieb. Am Schluss selbst stirbt Faust aber an seiner momentanen Befriedigung (also der Lösung des ‚tragischen' Widerspruchs?), und dies wird obendrein noch in einer explizit als poetisch markierten Struktur aufgehoben; es ist also in doppelter Hinsicht kein tragisches Ende.

Schlüssel zum Aufbaumodul 5, S. 174

1. Der Roman ist jedenfalls nicht in dem Sinne ein Bildungsroman, dass sein Held erfolgreich Weltwissen erwerben oder dass gezeigt würde, wie er seinen definitiven Platz in der Gesellschaft, gar der modernen bürgerlichen, fände. Vielmehr erscheint Bildung als offenes Programm, das mit Wilhelms Übernahme der Verantwortung für seinen Sohn (und dessen Bildung) eigentlich erst beginnt: Ziel ist es offenbar, seine persönlichen Anlagen zur Perfektion auszubilden, um sie in den Dienst einer persönlich verbundenen Gemeinschaft stellen zu können; der Weg zu dieser ‚Rolle' führt über Irrtümer und Selbsttäuschungen (wie Wilhelms fixe Idee, sein Heil liege auf dem Theater, das ihm eine Form von Adelsersatz sein könne).

Friedrich Schlegel hat die *Lehrjahre* zu den „größten Tendenzen des Zeitalters" **2.** gezählt; sie stehen am Beginn der Entwicklung des romantischen Romans, weil sie Poesie und Theorie verbinden und, weil etwa Lieder eingeschaltet sind, auch die Gattungsgrenzen überwinden. Auch romantische Ironie lässt sich dem Roman ablesen; und das Bildungsmodell schließlich ist progressiv und damit prototypisch romantisch (auch wenn Schlegel das so nicht gesehen hat). Das anti-revolutionäre Motiv einer *moralisch* guten adlig-bürgerlichen Gemeinschaft lässt sich mit (früh-)romantischen Vorstellungen allerdings kaum vereinbaren; auch der Tod Mignons und des Harfners wirkt (zunächst) eher antiromantisch – kann aber, wie Wilhelms Scheitern am Theater auch, als Plädoyer für wahre Kunst verstanden werden (was wiederum in Einklang mit der Romantik steht).

Die Folgen der Revolution beklagen bereits die Eingangssätze: dass der Adel **3.** in die Flucht getrieben wird, auch wenn er sich nichts hat zuschulden kommen lassen. Der revolutionären Unordnung wird in der Rahmenerzählung ein soziales Programm entgegengesetzt: eine vom höfischen Ideal der Schicklichkeit inspirierte Kommunikation über interessante Gegenstände, zu der jeder das Seine beiträgt, als Urmodell eines gemeinschaftlichen Zusammenlebens. Im abschließenden Märchen wird gute Herrschaft als gebildete und moralisch einwandfreie vorgestellt; im ästhetischen Raum werden so die gesellschaftlich getrennten Kräfte wieder zu einem Ganzen gefügt.

Die Form des Hexameter-Epos bedeutet zum einen einen Rückgriff auf Ho- **4.** mers *Ilias* und *Odyssee*, die seinerzeit Gegenstand von großem philologischem Interesse waren; zum anderen handelt es auch um einen Versuch, das offene, ‚progressive' Experiment des Romans, das von den Romantikern weiter geführt wurde, zu beenden: durch einen Rückzug auf klassizistische Geschlossenheit. Der Kontingenz und Unordnung der Französischen Revolution wird zudem mindestens die Andeutung einer mythischen Ordnung, wie sie bei Homer herrscht, entgegengesetzt.

Schlüssel zum Aufbaumodul 6, S. 199

1. In den *Römischen Elegien* gibt es eine enge Verbindung von Liebe und antiker Kunst; dabei entsteht ein dichter Motivzusammenhang von römischer Mythologie und Sexualität; die *Elegien* bilden einen Zyklus, dessen Ende die Folge aus dem Anfang ist: die Geburt des Textes aus der Rom-Erfahrung, die mit der eingangs geschilderten Ankunft beginnt. Die *Venezianischen Epigramme* hingegen haben keinen engen inhaltlichen Zusammenhang und auch Venedig erscheint nicht als Zentrum der Texte. Die römische Liebeserfahrung lässt sich nicht wiederholen; die *Epigramme* erscheinen desillusioniert und thematisch vielfältig – und damit spezifischer ,modern' als die *Elegien*.

2. Auf viele von Schillers Gedichten der klassischen Zeit trifft der Begriff durchaus zu – wenn damit gemeint ist, dass die Gedichte nicht z.B. subjektive Gefühle, sondern geschichtsphilosophische oder ästhetische Konzepte transportieren (wie etwa „Der Spaziergang" oder „Nänie"). Er ist dann eher problematisch, wenn zugleich gemeint wird, dass echte Lyrik eben keine Gedankenlyrik ist, sondern ,Gefühlslyrik', die spontan aus übervollem Herzen hervorgequollen ist. Auch scheinbar gefühlvolle Lyrik ist meist genau kalkuliert; und Gefühle für die legitimeren lyrischen Gegenstände anzusehen als Gedanken, bedeutet eine Verengung des großen Themenspektrums der Lyrik (die meist vom Urbild romantischer Poesie etwa Eichendorffs beeinflusst ist).

3. Balladen galten der älteren poetischen Theorie meist als epische Texte; dazu sind sie ausgesprochen dramatisch in der Vergegenwärtigung eines ,erzählten' Geschehens. Daher eignen sie sich für Experimente mit epischen und dramatischen Strukturen. Goethe und Schiller dichten ihre Balladen zu einem Zeitpunkt, als sie sowohl mit großen epischen und dramatischen Projekten (*Hermann und Dorothea* bzw. *Wallenstein*) beschäftigt sind als auch grundsätzliche Überlegungen über die Merkmale epischer und dramatischer Dichtung anstellen, die sie dann ,empirisch' überprüfen.

4. Der *West-östliche Divan* signalisiert schon im Titel, dass er einen Dialog mit orientalischer Dichtung führt, der sich in einer Reihe verschiedener Zitatverfahren realisiert; hinzu kommt das Moment einer inneren Vielstimmigkeit zwischen verschiedenen lyrischen Subjekten, und formal sind einige Passagen als konkrete Dialoge zwischen zwei lyrischen Sprechern gestaltet. Schließlich ist der *Divan* auch in biographischer Hinsicht in Teilen aus einem Dialog entstanden: zwischen Goethe und Marianne von Willemer.

Anmerkungen

Basismodul 1, S. 9-15

1   Gervinus, Georg Gottfried: Geschichte der poetischen National-Literatur der Deutschen. 5 Bde. 3. Auflage. Leipzig 1846. Bd. 1. S. 12.
2   Ebd. Bd. 5. S. 735.
3   Berghahn, Klaus L.: Von Weimar nach Versailles. Zur Entstehung der Klassik-Legende im 19. Jahrhundert. In: Die Klassik-Legende. Second Wisconsin Workshop. Hg. v. Reinhold Grimm und Jost Hermand. Frankfurt a.M.: Athenäum 1971. S. 50-78; S 75.
4   Vgl. Plumpe, Gerhard: Epochen moderner Literatur. Ein systemtheoretischer Entwurf. Opladen: Westdeutscher Verlag 1995. S. 23.
5   Vgl. Thomé, Horst: Klassik₁. In: Reallexikon der deutschen Literaturwissenschaft. Hg. v. Harald Fricke u.a. Bd. 2: H – O. Berlin, New York: de Gruyter 2000. S. 266-270.
6   Vgl. Plumpe: Epochen moderner Literatur. S. 27f.
7   Vgl. Borchmeyer: Weimarer Klassik. S. 13-40.
8   Vgl. Baeumer, Max L.: Der Begriff ,klassisch' bei Goethe und Schiller. In: Die Klassik-Legende. S. 17-49.
9   Literarischer Sansculottismus. WA I 40. S. 197f.
10 Ebd. S. 198.
11 Ebd. S. 199.
12 Stellvertretend für viele vgl. Frenzel, Herbert A.: Daten deutscher Dichtung. Chronologischer Abriß der deutschen Literaturgeschichte. Köln: Kiepenheuer und Witsch 1953 [u.ö.]. S. 153.
13 Die Klassik dauerte somit vom 3. September 1786, 3:00 Uhr (vgl. Italienische Reise. WA I 30. S. 5), bis 22. März 1832, gegen 11:30 Uhr.
14 Frenzel: Daten deutscher Dichtung. S. 200.
15 Vgl. die Briefe vom 21. Juli 1797 und 1. März 1799; lat. commercium: Handel, Gemeinschaft.
16 Schlegel, Friedrich: Athenäums-Fragmente. In: ders.: Charakteristiken und Kritiken I (1796-1801). Hg. u. eingel. v. Hans Eichner. München u.a.: Schöningh 1967 (Kritische Friedrich-Schlegel-Ausgabe. Bd. 2). S. 165-255; S. 182 (Nr. 116).

Basismodul 2, S. 16-31

1   Vgl. Luhmann, Niklas: Soziale Systeme. Grundriß einer allgemeinen Theorie. Frankfurt a.M.: Suhrkamp 1984.
2   Koselleck, Reinhart: Das achtzehnte Jahrhundert als Beginn der Neuzeit. In: Epochenschwelle und Epochenbewußtsein. Hg. v. Reinhart Herzog und Reinhart Koselleck. München: Fink 1987 (Poetik und Hermeneutik. Bd. 12). S. 269-282; S. 281.
3   Hierzu und zum Folgenden vgl. Möller: Epoche – sozialgeschichtlicher Abriß.
4   Vgl. Martino/Stützel-Prüsener: Publikumsschichten, Lesegesellschaften und Leihbibliotheken. S. 46-51.
5   Schenda: Volk ohne Buch. S. 443, S. 88.

6 Vgl. Bosse: Autorschaft ist Werkherrschaft.
7 Vgl. dazu Oellers, Norbert: Hof-, Stadt- und Nationaltheater. In: Deutsche Literatur. Eine Sozialgeschichte. Bd. 5. S. 255-275.
8 An Johann Georg Hamann. 11. Juli 1782. Herder, Johann Gottfried: Briefe. Bd. 4: Oktober 1776 – August 1783. Bearb. v. Wilhelm Dobbek und Günter Arnold. Weimar: Hermann Böhlaus Nachf. 1979. S. 226; vgl. Oellers/Steegers: Treffpunkt Weimar. S. 63.
9 An Lavater. 22. Juni 1781. WA IV 5. S. 149.
10 Wilson, W. Daniel: Geheimräte gegen Geheimbünde. Ein unbekanntes Kapitel der klassisch-romantischen Geschichte Weimars. Stuttgart: Metzler 1991. S. 263.
11 Schings, Hans-Jürgen: ‚Wilhelm Meister‘ und das Erbe der Illuminaten. In: Die Weimarer Klassik und ihre Geheimbünde. Hg. v. Walter Müller-Seidel und Wolfgang Riedel. Würzburg: Königshausen und Neumann 2002. S. 177-203; S. 192, S. 195.
12 Möller: Vom aufgeklärten Absolutismus zu den Reformen des 19. Jahrhunderts. S. 30.
13 Vgl. dazu Habermas, Jürgen: Strukturwandel der Öffentlichkeit. Untersuchungen zu einer Kategorie der bürgerlichen Gesellschaft. Frankfurt a.M.: Suhrkamp 1990.
14 Vgl. dazu Fink: Die Revolution als Herausforderung in Literatur und Publizistik.
15 Vgl. dazu Eke: Signaturen der Revolution. S. 36-38.
16 An Gerhard Anton von Halem. 30. November 1790. In: Wielands Briefwechsel. Bd. 10: April 1788 – Dezember 1790. Erster Teil: Text. Bearb. v. Ute Moschmann. Berlin: Akademie Verlag 1992. S. 425.
17 An Christian Garve. 5. Dezember 1790. In: Briefe von und an Friedrich Gentz. Hg. v. Friedrich Carl Wittichen. Bd. 1. München, Berlin: Oldenbourg 1909. S. 178; zit. nach: Eke: Signaturen der Revolution. S. 44.
18 Vgl. Borchmeyer: Höfische Gesellschaft und französische Revolution. S. 40-44.
19 Vgl. Möller: Vom aufgeklärten Absolutismus zu den Reformen des 19. Jahrhunderts.
20 Vgl. Goethes Gespräch mit Eckermann vom 4. Januar 1824 (Eckermann, Johann Peter: Gespräche mit Goethe. 3. Teil. FA II 12. S. 529-533); dazu Borchmeyer: Höfische Gesellschaft und französische Revolution. S. 292f.
21 Eckermann, Johann Peter: Gespräche mit Goethe. 3. Teil. FA II 12. S. 559 (27. April 1825).
22 Zu Goethes „Reformkonservatismus" vgl. ausführlich Borchmeyer: Höfische Gesellschaft und französische Revolution. S. 250-282.
23 Vgl. Ueding: Klassik und Romantik. S. 33f.
24 Ebd. S. 44.
25 Conrady, Karl Otto: Anmerkungen zum Konzept der Klassik. In: Deutsche Literatur zur Zeit der Klassik. S. 7-29; S. 13; vgl. dazu Ueding: Klassik und Romantik. S. 24ff.
26 Vgl. Oellers, Norbert: Schiller. Geschichte seiner Wirkung bis zu Goethes Tod. 1805-1832. Bonn: Bouvier 1967. S. 297.

Aufbaumodul 1, S. 32-55

1 Dichtung und Wahrheit. 10. Buch. WA I 27. S. 313.
2 Vgl. Irmscher: Goethe und Herder. S. 33.

[3] Ebd. S. 35.
[4] Herder, Johann Gottfried: Gott. In: ders.: Sämtliche Werke. Bd. 16. Hg. v. Bernhard Suphan. Berlin: Weidmann 1887. S. 401-580; S. 551.
[5] Vgl. Irmscher: Goethe und Herder. S. 41f.
[6] Borchmeyer: Weimarer Klassik. S. 116.
[7] Vgl. Irmscher: Goethe und Herder. S. 43.
[8] An Karoline Adelheid Cornelia Gräfin von Baudissin. Vor Mai 1795. In: Herder, Johann Gottfried: Briefe. Bd. 7: Januar 1793 – Dezember 1798. Bearb. v. Wilhelm Dobbek und Günter Arnold. Weimar: Hermann Böhlaus Nachf. 1982. S. 152; vgl. dazu Irmscher: Goethe und Herder. S. 47.
[9] An J. H. Meyer. 20. Juni 1796. WA IV 11. S. 101.
[10] Starnes: Wieland. S. 1152.
[11] Hofmann, Michael: Reine Seelen und komische Ritter. Aspekte literarischer Aufklärung in Christoph Martin Wielands Versepik. Stuttgart, Weimar: Metzler 1998. S. 207.
[12] Vgl. Jørgensen: Ist eine Weimarer Klassik ohne Wieland denkbar? S. 195f.
[13] Hofmann: Reine Seelen und komische Ritter. S. 206.
[14] Vgl. Jørgensen: Ist eine Weimarer Klassik ohne Wieland denkbar? S. 190.
[15] Hinderer: Wielands Beiträge zur deutschen Klassik. S. 45.
[16] Starnes: Wieland. S. 1154.
[17] Dichtung und Wahrheit. 7. Buch. WA I 27. S. 91.
[18] Hinderer: Wielands Beiträge zur deutschen Klassik. S. 54.
[19] Schiller an Körner. 28. Juli 1787. NA 24. S. 113.
[20] Hinderer: Wielands Beiträge zur deutschen Klassik. S. 46.
[21] Jørgensen: Ist eine Weimarer Klassik ohne Wieland denkbar? S. 188f.
[22] An Charlotte von Stein. 24. November 1788. WA IV 8. S. 68. – Als Goethe die Briefstelle in die *Italienische Reise* hinein montierte, fügte er noch den *Anton Reiser* hinzu.
[23] An Charlotte von Stein. 17.-20. Januar 1788. WA IV 8. S. 144.
[24] An Charlotte von Stein. 13.-16. Dezember 1786. Ebd. S. 94.
[25] Lenz, Karl Gotthold: Karl Philipp Moritz. In: Nekrolog auf das Jahr 1793. Hg. v. Friedrich Schlichtegroll. Jg. 4. Bd. 2. Gotha: Perthes 1795. S. 169-276; S. 228.
[26] Ebd. S. 211.
[27] An Körner. 12. August 1787. NA 24. S. 129.
[28] NA 25. S. 107.
[29] Gerhard, Melitta: Wahrheit und Dichtung in der Überlieferung des Zusammentreffens von Goethe und Schiller im Juli 1794. Eine Klarstellung. In: Jahrbuch des Freien deutschen Hochstifts 1974. S. 17-24; S. 23.
[30] Glückliches Ereigniß. WA II 11. S. 17.
[31] Ebd. S. 18.
[32] Borchmeyer: Weimarer Klassik. S. 255f.
[33] Böhler: Geteilte Autorschaft. S. 170.
[34] An Goethe. 23. August 1794. NA 27. S. 25f.
[35] Ueber naive und sentimentalische Dichtung. NA 20. S. 414.
[36] Ebd. S. 424.
[37] Szondi, Peter: Das Naive ist das Sentimentalische. Zur Begriffsdialektik in Schillers Abhandlung. In: Euphorion 66 (1972). S. 174-206.
[38] An Goethe. 23. August 1794. NA 27. S. 26.
[39] Vgl. J. H. Voß d. J. an K. W. F. Solger. 22./26. Mai 1805. FA II 5. S. 570.
[40] Vgl. C. F. A. von Conta. Deutsche Rundschau 109. 1901. Ebd. S. 573.

41 Vgl. dazu Schöne, Albrecht: Schillers Schädel. München: Beck 2002.
42 Einleitung in die Propyläen. WA I 47. S. 7.
43 An Cotta. 27. Mai 1798. WA IV 13. S. 162.
44 Über Laokoon. WA I 47. S. 101.
45 Winckelmann, Johann Joachim: Gedanken über die Nachahmung der grie-
    chischen Werke in der Malerei und Bildhauerkunst. Hg. v. Ludwig Uhlig.
    Stuttgart: Reclam 1982. S. 20.
46 Anzeige der Propyläen. WA I 47. S. 36.
47 Conrady: Goethe. S. 695.
48 Ebd. S. 708.
49 Osterkamp: Aus dem Gesichtspunkt reiner Menschlichkeit. S. 315.
50 Ebd. S. 320.
51 Kremer, Detlef: Romantik. 2., überarb. und aktualisierte Auflage. Stuttgart,
    Weimar: Metzler 2003. S. 23.
52 Schlegel, Friedrich: Über das Studium der Griechischen Poesie. In: ders.:
    Studien des klassischen Altertums. Hg. v. Ernst Behler. Paderborn u.a.: Schö-
    ningh 1979 (Kritische Friedrich-Schlegel-Ausgabe. Bd. 1). S. 217-367; S. 260;
    vgl. dazu Behler: Die Wirkung Goethes und Schillers auf die Brüder Schlegel.
    S. 570.
53 Vgl. dazu ausführlich Behler: Die Wirkung Goethes und Schillers auf die
    Brüder Schlegel. S. 559f.
54 Ebd. S. 569.
55 Vgl. dazu Behler, Ernst: Schlegel, August Wilhelm. In: Goethe-Hb. Bd. 4/2.
    S. 950-953.
56 Behler: Die Wirkung Goethes und Schillers auf die Brüder Schlegel. S. 566.
57 Behler: Schlegel, August Wilhelm. S. 951.
58 An Tieck. 15. Januar 1830; zit. nach Behler: Romantik. S. 924.
59 A. W. Schlegel: Literarische Scherze; zit. nach: Schiller – Zeitgenosse aller
    Epochen. Dokumente zur Wirkungsgeschichte Schillers in Deutschland. Hg.,
    eingel. u. komm. v. Norbert Oellers. Teil I: 1782-1859. Frankfurt a.M.: Athenä-
    um 1970. S. 491.
60 Maximen und Reflexionen über Literatur und Ethik. Aus dem Nachlaß. WA I
    42.2. S. 247.
61 Behler: Romantik. S. 920.
62 An Carl Jacob Ludwig Iken. 27. September 1827. WA IV 43. S. 81f.; vgl. Baeu-
    mer, Max L.: Der Begriff 'klassisch' bei Goethe und Schiller. In: Die Klassik-
    Legende. Second Wisconsin Workshop. Hg. v. Reinhold Grimm und Jost
    Hermand. Frankfurt a.M.: Athenäum 1971. S. 17-49; S. 47
63 Polygnots Gemählde. WA I 48. S. 81-122; S. 122.
64 Eckermann, Johann Peter: Gespräche mit Goethe. 1. Teil. FA II 12. S. 108 (30.
    März 1824).
65 An Zelter. 20. Oktober 1831. WA IV 49. S. 118.
66 Vgl. Schenda, Rudolf: Volk ohne Buch. Studien zur Sozialgeschichte der po-
    pulären Lesestoffe. 1770-1910. Frankfurt a.M.: Klostermann 1970. S. 200.
67 Ankündigung [Die Horen]. NA 22. S. 107.
68 An Schiller. 28. Oktober 1795. NA 35. S. 404.
69 NA 2 I. S. 94; NA 1. S. 342; S. 321. – Die beiden ersten stammen von Schiller,
    das dritte von Goethe; „Nicolai auf Reisen" wurde nicht im Musen-Almanach
    veröffentlicht.
70 [Dyk, Johann Gottfried u. Manso, Johann Kaspar Friedrich:] Gegengeschenke
    an die Sudelköche in Jena und Weimar von einigen dankbaren Gästen. 1797;

zit. nach Boas, Eduard: Schiller und Goethe im Xenienkampf. 2 Tle. Stuttgart, Tübingen: Cotta 1851. T. 2. S. 81, S. 77.

71 Boas: Schiller und Goethe im Xenienkampf.

72 Reed: Ecclesia militans. S. 46.

Aufbaumodul 2, S. 56-82

1 Vgl. dazu Plumpe, Gerhard: Epochen moderner Literatur. Ein systemtheoretischer Entwurf. Opladen: Westdeutscher Verlag 1995. S. 72-104.

2 Vgl. Wölfel: Moralische Anstalt. S. 57.

3 Gottsched, Johann Christoph: Versuch einer Critischen Dichtkunst. Darmstadt: Wissenschaftliche Buchges. 1962 (unveränderter photomechan. Nachdr. der 4., verm. Aufl. Leipzig 1751). S. 606.

4 Vgl. Fuhrmann, Manfred: Die Rezeption der aristotelischen Tragödienpoetik in Deutschland. In: Handbuch des deutschen Dramas. Hg. v. Walter Hinck Düsseldorf: Bagel 1980. S. 93-105; S. 97f.

5 Vgl. Horaz: Ars poetica. Die Dichtkunst. Lateinisch/Deutsch. Übersetzt u. m. einem Nachw. hg. v. Eckart Schäfer. Stuttgart: Reclam 1972. V. 180-182.

6 Gottsched: Versuch einer Critischen Dichtkunst. S. 610.

7 Ebd. S. 612.

8 Lessing, Gotthold Ephraim: Hamburgische Dramaturgie. In: ders.: Werke. Bd. 4: Dramaturgische Schriften. Hg. v. Karl Eibl. München: Hanser 1973. S. 229-720; S. 595 (78. Stück).

9 Ebd. S. 598 (79. Stück); vgl. dazu Fick, Monika: Lessing-Handbuch. Stuttgart, Weimar: Metzler 2000. S. 288f.

10 Lenz, Jakob Michael Reinhold: Anmerkungen übers Theater. In: ders.: Werke und Briefe in drei Bänden. Hg. v. Sigrid Damm. Leipzig: Insel 1987. Bd. 2. S. 641-671; S. 654.

11 Kant, Immanuel: Kritik der Urteilskraft. Hg. v. Karl Vorländer. Hamburg: Meiner 1993. S. 66 (§ 15).

12 Ebd. S. 77 (§ 17).

13 Vgl. ebd. S. 66f. (§ 15).

14 Plumpe: Epochen moderner Literatur. S. 73.

15 Moritz, Karl Philipp: Über die bildende Nachahmung des Schönen. In: ders.: Schriften zur Ästhetik und Poetik. Kritische Ausgabe. Hg. v. Hans Joachim Schrimpf. Tübingen: Niemeyer 1962. S. 63-93; S. 72.

16 Wölfel, Kurt: Zur Geschichtlichkeit des Autonomiebegriffs. In: Historizität in Sprach- und Literaturwissenschaft. Vorträge und Berichte der Stuttgarter Germanistentagung 1972. In Verb. m. Hans Fromm und Karl Richter hg. v. Walter Müller-Seidel. München: Fink 1974. S. 563-577; S. 571.

17 Schiller: Ueber die ästhetische Erziehung des Menschen in einer Reihe von Briefen. NA 20. S. 309-412; S. 371.

18 Moritz: Über die bildende Nachahmung des Schönen. S. 68.

19 Ebd. S. 71f.

20 Vgl. Kant: Kritik der Urteilskraft. S. 91ff. (§ 25ff.).

21 Moritz: Über die bildende Nachahmung des Schönen. S. 73.

22 Plumpe: Epochen moderner Literatur. S. 77.

23 Fischer: Kunstautonomie. S. 263f.

24 Moritz: Über die bildende Nachahmung des Schönen. S. 86.

25 Ebd. S. 88.

26 Ebd. S. 89.

[27] Lessing an Nicolai. November 1756; zit. nach: Schings, Hans-Jürgen: Der mitleidigste Mensch ist der beste Mensch. Poetik des Mitleids von Lessing bis Büchner. München: Beck 1980. S. 38.

[28] Moritz: Über die bildende Nachahmung des Schönen. S. 88.

[29] Vgl. dazu Saine: Die Ästhetische Theodizee.

[30] Fohrmann: Schiffbruch mit Strandrecht. S. 85.

[31] Moritz: Über die bildende Nachahmung des Schönen. S. 91.

[32] Ebd. S. 92.

[33] Vgl. Luhmann, Niklas: Das Kunstwerk und die Selbstreproduktion der Kunst. In: Stil. Geschichten und Funktionen eines kulturwissenschaftlichen Diskurselements. Hg. v. Hans Ulrich Gumbrecht und K. Ludwig Pfeiffer. Frankfurt a.M.: Suhrkamp 1986. S. 620-672; S. 624.

[34] An F. Ch. v. Augustenburg. 20. Januar 1795. NA 27. S. 125.

[35] NA 26. S. 262.

[36] NA 2 I. S. 237 (V. 366).

[37] Zelle: Über die ästhetische Erziehung des Menschen. S. 415.

[38] Vgl. dazu vom systemtheoretischen Standpunkt Plumpe: Epochen moderner Literatur. S. 99: Der „Gedanke der ästhetischen Sozialversöhnung" erweist sich „als Import einer philosophischen Leistungserwartung durch das Literatursystem" – der „sachlich" zudem eine „Überforderung" der Literatur bedeutet.

[39] Ueber die ästhetische Erziehung des Menschen. S. 319f.; vgl. Borchmeyer: Weimarer Klassik. S. 287.

[40] Ueber die ästhetische Erziehung des Menschen. S. 361f.

[41] Ebd. S. 323.

[42] Vgl. Ueding: Klassik und Romantik. S. 86.

[43] Ueber die ästhetische Erziehung des Menschen. S. 326.

[44] Wilkinson/Willoughby: Schillers Ästhetische Erziehung des Menschen. S. 85.

[45] Ueber die ästhetische Erziehung des Menschen. S. 340.

[46] Ueding: Klassik und Romantik. S. 91.

[47] Ueber die ästhetische Erziehung des Menschen. S. 353.

[48] Ebd. S. 354.

[49] Ebd. S. 358, S. 353.

[50] Ebd. S. 359.

[51] Ebd. S. 353.

[52] Schneider, Sabine: Die schwierige Sprache des Schönen. Moritz' und Schillers Semiotik der Sinnlichkeit. Würzburg: Königshausen und Neumann 1998. S. 243.

[53] Ueber die ästhetische Erziehung des Menschen. S. 375, S. 366, S. 388.

[54] Ebd. S. 314, S. 410.

[55] Ebd. S. 314.

[56] Vgl. Borchmeyer: Weimarer Klassik. S. 291.

[57] Ueber die ästhetische Erziehung des Menschen. S. 314f.

[58] Vgl. Borchmeyer: Weimarer Klassik. S. 291f.

[59] Vgl. ebd.; Zelle: Über die ästhetische Erziehung des Menschen. S. 419.

[60] Ebd. S. 433.

[61] Ueber die ästhetische Erziehung des Menschen. S. 411.

[62] Vgl. Hofmann, Michael: Schiller. Epoche – Werk – Wirkung. München: Beck 2003. S. 110.

[63] Ueber die ästhetische Erziehung des Menschen. S. 411f.

[64] Borchmeyer: Weimarer Klassik. S. 294f.

[65] Grimminger, Rolf: Die ästhetische Versöhnung. Ideologiekritische Aspekte zum Autonomiebegriff am Beispiel Schillers. In: Historizität in Sprach- und Literaturwissenschaft. S. 579-597; S. 595.

[66] Alt: Schiller. Bd. 2. S. 149.

[67] Vgl. Schings, Hans-Jürgen: Die Brüder des Marquis Posa. Schiller und der Geheimbund der Illuminaten. Tübingen: Niemeyer 1996. S. 210ff.

[68] Ueber die ästhetische Erziehung des Menschen. S. 382.

[69] Ebd. S. 312.

[70] Alt: Schiller. Bd. 2. S. 144.

[71] Eagleton, Terry: Ästhetik. Die Geschichte ihrer Ideologie. Aus dem Englischen von Klaus Laermann. Stuttgart, Weimar: Metzler 1994. S. 116.

[72] Zelle: Über die ästhetische Erziehung des Menschen. S. 423.

[73] Wilkinson/Willoughby: Schillers Ästhetische Erziehung des Menschen. S. 67.

[74] Vgl. Zelle: Über die ästhetische Erziehung des Menschen. S. 426ff.

[75] Das hat schon Wilhelm von Humboldt 1830, in seiner Rezension zu Goethes Zweitem Römischen Aufenthalt, gesehen: „Goethes Dichtungstrieb [...] und sein Drang, von der Gestalt und dem äußeren Objekt aus dem inneren Wesen der Naturgegenstände und den Gesetzen ihrer Bildung nachzuforschen, sind in ihrem Prinzip eins und ebendasselbe, und nur verschieden in ihrem Wirken." (Humboldt, Wilhelm von: Rezension zu Goethes „Zweitem Römischen Aufenthalt". In: Goethe im Urteil seiner Kritiker. Dokumente zur Wirkungsgeschichte Goethes in Deutschland. Teil I: 1773-1832. Hg., eingel. u. komm. v. Karl Robert Mandelkow. München: Beck 1975. S. 475-489; S. 481; vgl. Wenzel: Naturwissenschaften. S. 781.)

[76] Fischer: Kunstautonomie. S. 275.

[77] Vgl. zum Folgenden Wenzel: Naturwissenschaften.

[78] An C. v. Knebel. 17. November 1784. WA IV 6. S. 390.

[79] Deutliche Spuren davon finden sich etwa im Faust; vgl. Schöne, Albrecht: Kommentar. In: FA I 7/2. S. 53.

[80] Eckermann, Johann Peter: Gespräche mit Goethe. 2. Teil. FA II 12. S. 320 (19. Februar 1829).

[81] Vgl. dazu Dietzsch, Steffen u. Dahnke, Hans-Dietrich: Naturphilosophie. In: Goethe-Hb. Bd. 4/2. S. 778-780.

[82] Vgl. hierzu und zum Folgenden Schmidt: Natur. S. 766ff.

[83] Vgl. Goethes Brief an Sömmerring. 28. August 1796. WA IV 11. S. 174-178.

[84] An Goethe. 12. Januar 1798. NA 29. S. 186.

[85] Vgl. Irmscher, Hans Dietrich: Goethe und Herder im Wechselspiel von Attraktion und Repulsion. In: Goethe-Jahrbuch 106 (1989). S. 22-52; S. 42.

[86] Erläuterung zu dem aphoristischen Aufsatz ‚Die Natur'. WA II 11. S. 11.

[87] Goethe zu Friedrich Wilhelm Riemer am 24. März 1807. Goethe. Begegnungen und Gespräche. Bd. 6: 1806-1808. Hg. v. Renate Grumach. Berlin, New York: de Gruyter 1999. S. 239; vgl. dazu Huber, Peter: Polarität/Steigerung. In: Goethe-Hb. Bd. 4/2. S. 863-865; S. 864.

[88] Wenzel: Naturwissenschaften. S. 787.

[89] Italienische Reise. Palermo. 17. April 1787. WA I 31, S. 147f.

[90] Einfache Nachahmung der Natur, Manier, Stil. WA I 47. S. 77.

[91] Ebd. S. 78.

[92] Ebd. S. 78f.

[93] Ebd. S. 79.

[94] Ebd. S. 80.
[95] Ebd.
[96] Ebd. S. 82.
[97] „[...] omne tulit punctum, qui miscuit utile dulci / lectorem delectando pariterque monendo": „[...] jede Stimme [der „Abstimmungsgruppe der Senioren"] erhielt, wer Süßes und Nützliches mischte, indem er den Leser ergötzte und gleicherweise belehrte" (Horaz: Ars Poetica. V. 343f. S. 26f.).
[98] Einfache Nachahmung der Natur, Manier Stil. WA I 47. S. 83.
[99] Einleitung in die Propyläen. WA I 47. S. 11f.
[100] Ebd. S. 9.
[101] Goethe an Schiller. 16. [u. 17.] August 1797. NA 37 I. S. 101.
[102] Maximen und Reflexionen über Literatur und Ethik. Einzelnes [III.]. WA I 42.2. S. 151f.
[103] Maximen und Reflexionen über Kunst. Aus dem Nachlaß. WA I 48. S. 206.
[104] Ebd. S. 205.
[105] Moritz: Die Signatur des Schönen. Schriften zur Ästhetik und Poetik. S. 95. – Gewisse Ähnlichkeiten hat der Symbol-Begriff zugleich mit Kants Konzept der „ästhetischen Idee", der auch kein „bestimmter Gedanke, d.i. *Begriff*, adäquat sein kann, die folglich keine Sprache völlig erreicht und verständlich machen kann" (Kant: Kritik der Urteilskraft. S. 168 [§ 49]).
[106] Vgl. dazu Schlaffer, Heinz: Faust Zweiter Teil. Die Allegorie des 19. Jahrhunderts. Stuttgart: Metzler 1981. S. 29-38.
[107] Vgl. Emrich, Wilhelm: Die Symbolik von Faust II. Sinn und Vorformen. Berlin: Junker und Dünnhaupt 1943.
[108] Schlaffer: Faust Zweiter Teil. S. 147.
[109] Stockhammer: Symbol. S. 1032.
[110] An die Herzogin Louise. [12.-]23. Dezember 1786. WA IV 8. S. 97.

Aufbaumodul 3, S. 83-120

[1] Lessing, Gotthold Ephraim: Hamburgische Dramaturgie. In: ders.: Werke. Bd. 4: Dramaturgische Schriften. Hg. v. Karl Eibl. München: Hanser 1973. S. 229-720; S. 595 (78. Stück).
[2] Riedel: Schriften zum Theater. S. 563.
[3] Was kann eine gute stehende Schaubühne eigentlich wirken? NA 20. S. 87-100; S. 95, S. 97.
[4] Ebd. S. 92.
[5] Lessing: Hamburgische Dramaturgie. S. 579 (75. Stück).
[6] Ueber den Grund des Vergnügens an tragischen Gegenständen. NA 20. S. 133-147; S. 140.
[7] Ebd. S. 130f.; vgl. dazu Koopmann: Kleinere Schriften nach der Begegnung mit Kant. S. 575f.
[8] Ueber den Grund des Vergnügens an tragischen Gegenständen. S. 135.
[9] Kant, Immanuel: Kritik der Urteilskraft. Hg. v. Karl Vorländer. Hamburg: Meiner 1993. S. 103 (§ 27).
[10] Ueber den Grund des Vergnügens an tragischen Gegenständen. S. 137.
[11] Vom Erhabenen. NA 20. S. 171-195; S. 171.
[12] Kant: Kritik der Urteilskraft. S. 111 (§ 29).
[13] Vom Erhabenen. S. 186.
[14] Ebd. S. 192.
[15] Berghahn: „Das Pathetischerhabene". S. 227.

[16] Vom Erhabenen. S. 195.

[17] Ueber das Pathetische. NA 20. S. 196-221; S. 200.

[18] Barone: Schiller und die Tradition des Erhabenen. S. 167.

[19] Ueber das Pathetische. S. 202.

[20] Ebd. S. 199.

[21] Vgl. dazu Kim, Eun-Ae: Lessings Tragödientheorie im Licht der neueren Aristoteles-Forschung. Würzburg: Königshausen und Neumann 2002.

[22] Ueber das Pathetische. S. 198.

[23] Ebd. S. 211.

[24] Ueber das Erhabene. NA 21. S. 38-54; S. 38.

[25] Ebd.

[26] Ebd. S. 39.

[27] Ebd. S. 40.

[28] Zelle: Über das Erhabene. S. 482.

[29] Alt: Schiller. Bd. 2. S. 96.

[30] Barone: Schiller und die Tradition des Erhabenen. S. 172.

[31] Ueber das Erhabene. S. 51.

[32] Zelle: Über das Erhabene. S. 486.

[33] Alt: Schiller. Bd. 2. S. 96.

[34] Ebd. S. 97.

[35] Ueber das Erhabene. S. 49.

[36] Janz, Rolf-Peter: Die ästhetische Bewältigung des Schreckens. Zu Schillers Theorie des Erhabenen. In: Geschichte als Literatur. Formen und Grenzen der Repräsentation von Vergangenheit. Hg. v. Hartmut Eggert, Ulrich Profitlich und Klaus R. Scherpe. Stuttgart: Metzler 1990. S. 151-160; S. 156.

[37] Vgl. Zelle, Carsten: Die doppelte Ästhetik der Moderne. Revisionen des Schönen von Boileau bis Nietzsche. Stuttgart, Weimar: Metzler 1995. S. 151ff.

[38] Hofmann, Michael: Schiller. Epoche – Werk – Wirkung. München: Beck 2003. S. 127f.

[39] Zelle: Über das Erhabene. S. 488.

[40] Alt: Schiller. Bd. 2. S. 97.

[41] Zelle: Vom Erhabenen/Über das Pathetische. S. 405.

[42] Berghahn, Klaus L.: Zum Drama Schillers. In: Handbuch des deutschen Dramas. Hg. v. Walter Hinck: Düsseldorf: Bagel 1980. S. 157-173; S. 160.

[43] Vgl. Lessing: Hamburgische Dramaturgie. S. 556 (70. Stück).

[44] Die Verschwörung des Fiesco zu Genua. NA 4. S. 9 (Vorrede).

[45] Ebd.

[46] Lessing: Hamburgische Dramaturgie. S. 598 (79. Stück).

[47] Was heißt und zu welchem Ende studiert man Universalgeschichte? NA 17. S. 359-376; S. 366.

[48] Ebd. S. 375.

[49] Ebd. S. 370.

[50] Ebd. S. 373.

[51] Ebd. S. 373f.

[52] An Caroline von Beulwitz. 10. [und 11.] Dezember 1788. NA 25. S. 154.

[53] Aristoteles: Poetik. Griechisch/Deutsch. Übersetzt u. hg. v. Manfred Fuhrmann. Stuttgart: Reclam 1982. 1451a (Kap. 9). S. 29.

[54] Ebd. S. 29/31 [Hervorh. V.D.].

[55] Schmitt: Teleologie und Geschichte. S. 535.

[56] Ebd. S. 557.

[57] Vgl. Verf.: Wie dichtet Klio? Zum Zusammenhang von Mythologie, Historiographie und Narrativität. In: Literatur und Geschichte. Neue Perspektiven. Hg. v. Michael Hofmann und Hartmut Steinecke. Berlin: Schmidt 2004. S. 25-41.

[58] Pestalozzi, Karl: Ferdinand II. in Schillers *Geschichte des Dreißigjährigen Kriegs*. Die Rechtfertigung eines Üblen. In: Schiller als Historiker. S. 179-190; S. 180.

[59] Geschichte des Dreißigjährigen Kriegs. NA 18. S. 9.

[60] Ebd. S. 329f.

[61] Fulda: Wissenschaft aus Kunst. S. 244.

[62] Geschichte des Dreißigjährigen Kriegs. S. 327.

[63] Vgl. Fulda: Wissenschaft aus Kunst. S. 256f.

[64] Geschichte des Dreißigjährigen Kriegs. S. 327.

[65] Ueber das Pathetische. S. 218.

[66] Oellers: Schiller. S. 382; vgl. Hofmann, Michael: Die unaufhebbare Ambivalenz historischer Praxis und die Poetik des Erhabenen in Friedrich Schillers „Wallenstein"-Trilogie. In: Schiller-Jb. 43 (1999). S. 241-265.

[67] An Goethe. 2. Oktober 1797. NA 29. S. 141.

[68] Vgl. Schings, Hans-Jürgen: Das Haupt der Gorgone. Tragische Analysis und Politik in Schillers „Wallenstein". In: Das Subjekt der Dichtung. Festschrift für Gerhard Kaiser. Hg. v. Gerhard Buhr, Friedrich A. Kittler und Horst Turk. Würzburg: Königshausen und Neumann 1990. S. 283-307; S. 289.

[69] NA 12. S. 163.

[70] An Goethe. 2. Oktober 1797. NA 29. S. 141; vgl. Schings: Das Haupt der Gorgone. S. 288-290.

[71] Cessi, Viviana: Erkennen und Handeln in der Theorie des Tragischen bei Aristoteles. Frankfurt a.M.: Athenäum 1987. S. 262; vgl. Schmitt, Arbogast: Aristoteles und die Moral der Tragödie. In: Orchestra. Drama, Mythos, Bühne. Hg. v. Anton Bierl und Peter von Möllendorff. Stuttgart, Leipzig: Teubner 1994. S. 331-343.

[72] Reinhardt, Hartmut: Schillers „Wallenstein" und Aristoteles. In: Schiller-Jb. 20 (1976). S. 278-337; S. 309, S. 331.

[73] Schulz, Gerhard: Schillers *Wallenstein* zwischen den Zeiten. In: Geschichte als Schauspiel. Deutsche Geschichtsdramen. Interpretationen. Hg. v. Walter Hinck. Frankfurt a.M.: Suhrkamp 1981. S. 116-132; S. 120.

[74] *Wallensteins Lager* wurde am 12. Oktober 1798 zur Wiedereröffnung des umgebauten Weimarer Hoftheaters uraufgeführt; am 30. Januar 1799 folgten *Die Piccolomini* sowie die ersten beiden Akte von *Wallensteins Tod*, am 20. April dann *Wallensteins Tod* (unter dem Titel *Wallenstein*). Veröffentlicht wurde das Drama in der endgültigen Fassung Ende Juni 1800.

[75] Wallensteins Lager. Prolog. NA 8. V. 112-114.

[76] Vgl. Wallensteins Lager. V. 805-807.

[77] Die Piccolomini. V. 318.

[78] Ebd. V. 463.

[79] Vgl. Borchmeyer: Macht und Melancholie. S. 164ff.

[80] Die Piccolomini. V. 2632.

[81] Wallensteins Tod. V. 943-947.

[82] Ebd. V. 139-141.

[83] Ebd. Nach V. 3867.

[84] Ueber das Erhabene. S. 39.

[85] Hofmann: Die unaufhebbare Ambivalenz historischer Praxis. S. 260.

[86] In diesem Sinne lassen sich Wallensteins letzte Worte lesen: „Ich denke einen langen Schlaf zu tun, / Denn dieser letzten Tage Qual war groß, / Sorgt, daß sie nicht zu zeitig mich erwecken." (Wallensteins Tod. V. 3677-3679.)

[87] Ueber das Erhabene. S. 49.

[88] Borchmeyer: Macht und Melancholie. S. 211.

[89] Vgl. Fulda: Wissenschaft aus Kunst. S. 257.

[90] Vgl. Reinhardt: Schillers „Wallenstein". S. 332f.

[91] Cessi: Erkennen und Handeln. S. 262.

[92] Vgl. dazu Borchmeyer: Macht und Melancholie.

[93] An Goethe. 19. Juli 1799. NA 30. S. 73.

[94] An Goethe. 26. April 1799. Ebd. S. 45.

[95] Vgl. Oellers: Schiller. S. 237.

[96] Maria Stuart. NA 9. V. 2410f.

[97] Ebd. V. 2447f.

[98] Sautermeister: Maria Stuart. S. 310.

[99] Greiner: Tragödie als Negativ. S. 104f.

[100] Ebd. S. 101.

[101] Maria Stuart. V. 3048.

[102] Ebd. V. 4032f.

[103] Guthke: Maria Stuart. S. 416.

[104] Alt: Schiller. Bd. 2. S. 498f.

[105] Vgl. Sautermeister: Maria Stuart. S. 292.

[106] Vgl. Greiner: Tragödie als Negativ. S. 102.

[107] Oellers: Schiller. S. 231f.

[108] Maria Stuart. V 3548f.

[109] Guthke: Maria Stuart. S. 439.

[110] Ebd.; vgl. auch Berghahn: Zum Drama Schillers. S. 164.

[111] Vgl. Lokke, Kari: Schiller's Maria Stuart: The Historical Sublime and the Aesthetics of Gender. In: Monatshefte 82 (1990). S. 123-141. Lokki deutet Maria allerdings dennoch als erhaben, womit das Drama in Widerspruch zur Theorie gerate. Mit seiner deutlichen Abwertung der Elisabeth liege Schiller allerdings ganz auf der Linie der männlichen Geschichtsschreibung, die ihr generell vorwarf, sich nicht in die passive Rolle der Frau gefügt zu haben.

[112] Sautermeister: Maria Stuart. S. 323.

[113] Ueber Anmuth und Würde. NA 20. S. 251-308; S. 287.

[114] Port, Ulrich: Künste des Affekts. Die Aporien des Pathetischerhabenen und die Bildrhetorik in Schillers Maria Stuart. In: Schiller-Jb. 46 (2002). S. 134-159; S. 151.

[115] Ebd. S. 152.

[116] Guthke: Maria Stuart. S. 416.

[117] Zymner: Friedrich Schiller. Dramen. S. 107.

[118] Vonhoff: Maria Stuart. S. 163.

[119] Greiner: Tragödie als Negativ. S. 106f.

[120] Vgl. dazu etwa Sauder, Gerhard: Die Jungfrau von Orleans. In: Schillers Dramen. Interpretationen. S. 336-384; Guthke, Karl S.: „Die Jungfrau von Orleans". Sendung und Witwenmachen. In: Schiller heute. Hg. v. Hans-Jörg Knobloch und Helmut Koopmann. Tübingen: Stauffenburg 1996. S. 115-130; Zymner: Friedrich Schiller. Dramen. S. 114-129; Martin, Ariane: Die Jungfrau von Orleans. Eine romantische Tragödie (1801). In: Schiller-Handbuch. Hg. Luserke-Jaqui. S. 168-195.

[121] Vgl. Martini, Fritz: Die feindlichen Brüder. Zum Problem des gesellschafts-kritischen Dramas von J. A. Leisewitz, F. M. Klinger und F. Schiller. In: Schiller-Jb. 16 (1972). S. 208-265.

[122] Vgl. dazu Klotz, Volker: Geschlossene und offene Form im Drama. München: Hanser 1969 u.ö.

[123] Schulz: Die Braut von Messina. S. 196.

[124] Die Braut von Messina. Ueber den Gebrauch des Chors in der Tragödie. NA 10. S. 7-15; S. 8.

[125] Ebd. S. 9f.

[126] Ebd. S. 10.

[127] Ebd. S. 11.

[128] Ebd. S. 13f.

[129] Oellers: Schiller. S. 276.

[130] Die Braut von Messina. NA 10. S. 5-125. V. 1317-1324.

[131] Ebd. V. 1350f.

[132] Ebd. V. 1314f.

[133] Janz, Rolf-Peter: Antike und Moderne in Schillers „Braut von Messina". In: Unser Commercium. S. 329-349; S. 340f.

[134] Die Braut von Messina. V. 2729f.

[135] Guthke, Karl S.: Die Braut von Messina. In: Schiller-Hb. Hg. Koopmann. S. 466-485; S. 483.

[136] An Körner. 10. März 1803. NA 32. S. 19f.

[137] Die Braut von Messina. V. 2838f.

[138] Darsow, Götz-Lothar: Friedrich Schiller. Stuttgart, Weimar: Metzler 2000. S. 210.

[139] Vgl. Oellers: Schiller. S. 272.

[140] An Schiller. 14. Oktober 1797. NA 37 I. S. 159.

[141] Es handelt sich um *Der Wilhelm Tell. Ein dänisches Mährgen...* von einem Pfarrer namens Freudenberger; vgl. Schmidt, Josef: Friedrich Schiller. Wilhelm Tell. Erläuterungen und Dokumente. Stuttgart: Reclam 2001. S. 60.

[142] Vgl. ebd. S. 45.

[143] Vgl. Borchmeyer: *Altes Recht* und Revolution. S. 98f.

[144] Wilhelm Tell. NA 10. S. 127-277. V. 1155-1157, V. 1354-1356.

[145] Borchmeyer: *Altes Recht* und Revolution. S. 72.

[146] Schiller an Iffland. 5. Dezember 1803. NA 32. S. 89.

[147] Schmidt: Friedrich Schiller. Wilhelm Tell. S. 41.

[148] Vgl. Knobloch: Wilhelm Tell. S. 502.

[149] Vgl. Koschorke, Albrecht: Brüderbund und Bann. Das Drama der politischen Inklusion in Schillers *Tell*. In: Das Politische. Figurenlehren des sozialen Körpers nach der Romantik. Hg. v. Uwe Hebekus, Ethel Matala de Mazza und Albrecht Koschorke. München: Fink 2003. S. 106-122; S. 109.

[150] Vgl. Borchmeyer: *Altes Recht* und Revolution. S. 97.

[151] Vgl. Hinderer: Wallenstein. S. 273.

[152] Wilhelm Tell. V. 2568-2579.

[153] Hofmann: Schiller. S. 174.

[154] Ueding: Wilhelm Tell. S. 415.

[155] Darsow: Schiller. S. 218.

[156] Wilhelm Tell. V. 2611-2613, V. 2621.

[157] Alt: Schiller. Bd. 2. S. 586.

[158] Wilhelm Tell. V. 3086.

[159] Ebd. V. 3174-3179.

[160] [Für Carl Theodor von Dalberg.] NA 2 I. S. 179.
[161] Borchmeyer: *Altes Recht* und Revolution. S. 72.
[162] Wilhelm Tell. V. 1282f.
[163] Borchmeyer: Macht und Melancholie. S. 177.
[164] Vgl. dazu ausführlich Ruppelt, Georg: Schiller im nationalsozialistischen Deutschland. Der Versuch einer Gleichschaltung. Stuttgart: Metzler 1979. S. 40ff.

Aufbaumodul 4, S. 121-151

[1] Jauß, Hans Robert: Racines und Goethes Iphigenie. Mit einem Nachwort über die Partialität der rezeptionsästhetischen Methode [1973]. In: Rezeptionsästhetik. Theorie und Praxis. Hg. v. Rainer Warning. 4. Aufl. München: Fink 1993. S. 353-400; S. 353.
[2] An Schiller. 19. Januar 1802. NA 39 I. S. 175.
[3] Reed: Iphigenie auf Tauris. S. 205.
[4] Ebd. S. 195.
[5] Winkler, Markus: Von Iphigenie zu Medea: Zur Semantik des Barbarischen bei Racine, Goethe und Grillparzer. In: Die deutsche Tragödie. Neue Lektüren einer Gattung im europäischen Kontext. Hg. v. Volker C. Dörr und Helmut J. Schneider. Bielefeld: Aisthesis 2006. S. 17-38; S. 19.
[6] Reed: Iphigenie auf Tauris. S. 203.
[7] Vgl. Borchmeyer: Iphigenie auf Tauris. S. 131.
[8] Iphigenie auf Tauris. WA I 10. S. 1-95. V. 24-31.
[9] Ebd. V. 38.
[10] Ebd. V. 34.
[11] Ebd. V. 161-163.
[12] Reed: Iphigenie auf Tauris. S. 210.
[13] Iphigenie auf Tauris. V. 12.
[14] Winkler: Von Iphigenie zu Medea. S. 28.
[15] Ebd. S. 29.
[16] Ebd. S. 30.
[17] Reed: Iphigenie auf Tauris. S. 210.
[18] Iphigenie auf Tauris. V. 520f.
[19] Ebd. V. 2113-2115.
[20] Freud, Sigmund: Ansprache im Frankfurter Goethe-Haus [1930]. In: ders.: Studienausgabe. Bd. 10. Hg. v. Alexander Mitscherlich u.a. Frankfurt a.M.: S. Fischer 1969. S. 292-296; S. 293f.
[21] Italienische Reise. Neapel, 13. März 1787. WA I 31. S. 48.
[22] An Körner. 21. Januar 1802. NA 31. S. 90; vgl. Schiller an Goethe. 22. Januar 1802. Ebd. S. 92f.; dazu Borchmeyer: Iphigenie auf Tauris. S. 128f.
[23] Iphigenie auf Tauris. V. 1166f.
[24] Ebd. V. 2119.
[25] Ebd. V. 1168-1171.
[26] Ebd. V. 1892.
[27] Ebd. V. 1919.
[28] Adorno, Theodor W.: Zum Klassizismus von Goethes Iphigenie. In: ders.: Noten zur Literatur. Hg. v. Rolf Tiedemann. Frankfurt a.M.: Suhrkamp 1974 (Gesammelte Schriften. Bd. 11). S. 495-514; S. 509.
[29] Borchmeyer: Iphigenie auf Tauris. S. 144.
[30] Iphigenie auf Tauris. V. 1720.

[31] Ebd. V. 2102f.
[32] Ebd. V. 2100.
[33] Borchmeyer: Iphigenie auf Tauris. S. 142.
[34] Iphigenie auf Tauris. V. 2149.
[35] Ebd. V. 2146-2148.
[36] Ebd. V. 2127.
[37] Ebd. V. 292-294.
[38] Ebd. V. 528-530.
[39] Winkler: Von Iphigenie zu Medea. S. 31.
[40] Jauß: Racines und Goethes Iphigenie. S. 376.
[41] Wagner: Vom Mythos zum Fetisch. S. 122.
[42] Gutjahr, Ortrud: Iphigenie – Penthesilea – Medea. Zur Klassizität weiblicher Mythen bei Goethe, Kleist und Grillparzer. In: Frauen: MitSprechen, Mit-Schreiben. Beiträge zur literatur- und sprachwissenschaftlichen Frauenforschung. Hg. v. Marianne Henn und Britta Hufeisen. Stuttgart: Heinz 1997. S. 223-243; S. 227f.
[43] Wagner: Vom Mythos zum Fetisch. S. 124.
[44] Hinderer: Torquato Tasso. S. 234f.
[45] Torquato Tasso. WA I 10. S. 103-244. V. 497.
[46] Vgl. Borchmeyer: Höfische Gesellschaft und französische Revolution. S. 78-86.
[47] Torquato Tasso. V. 845.
[48] Eckermann, Johann Peter: Gespräche mit Goethe. 3. Teil. FA II 12. S. 615 (6. Mai 1827).
[49] Vgl. Vaget: Um einen Tasso von außen bittend.
[50] Vgl. Bürger, Christa: Der bürgerliche Schriftsteller im höfischen Mäzenat. Literatursoziologische Bemerkungen zu Goethes „Tasso". In: Deutsche Literatur zur Zeit der Klassik. S. 141-153.
[51] Vgl. Borchmeyer: Weimarer Klassik. S. 170; ders.: Höfische Gesellschaft und französische Revolution. S. 70-72.
[52] Hinderer: Torquato Tasso. S. 230f.
[53] Wieland, Christoph Martin: Briefe an einen jungen Dichter. In: ders.: Werke. Hg. v. Fritz Martini und Hans Werner Seifert. München: Hanser 1967. Bd. 3. S. 432-481; S. 432f.
[54] Borchmeyer: Weimarer Klassik. S. 172f.
[55] Brief an Herder. 20. März 1789. In: Herders Reise nach Italien. Herders Briefwechsel mit seiner Gattin vom August 1788 bis Juli 1789. Hg. v. Heinrich Düntzer u. Ferdinand Gottfried von Herder. Hildesheim u.a.: Olms 1977 (Nachdr. d. Ausg. Gießen 1859). S. 296.
[56] Torquato Tasso. V. 243f.
[57] Ebd. V. 304f.
[58] Hinderer: Torquato Tasso. S. 252.
[59] Torquato Tasso. V. 274f.
[60] Ebd. V. 159-163.
[61] Moritz, Karl Philipp: Über die bildende Nachahmung des Schönen. In: ders.: Schriften zur Ästhetik und Poetik. Kritische Ausgabe. Hg. v. Hans Joachim Schrimpf. Tübingen: Niemeyer 1962. S. 63-93; S. 75.
[62] Vgl. Torquato Tasso. V. 2118-2129.
[63] Hinderer: Torquato Tasso. S. 249.
[64] Torquato Tasso. V. 1704f.
[65] Ebd. V. 3420.

[66] Neumann: Konfiguration. S. 152.
[67] Torquato Tasso. V. 3432f.
[68] Vgl. Ryan, Lawrence: Die Tragödie des Dichters in Goethes „Torquato Tasso". In: Schiller-Jb. 9 (1965). S. 283-322; S. 312.
[69] Torquato Tasso. V. 3434-3453.
[70] Aus meinem Leben. Dichtung und Wahrheit. 7. Buch. WA I 27. S. 110.
[71] Eckermann: Gespräche mit Goethe. 3. Teil. FA II 12. S. 607 (3. Mai 1827).
[72] Campagne in Frankreich. WA I 33. S. 1-271; S. 261.
[73] Der Groß-Cophta. WA I 17. S. 250.
[74] Campagne in Frankreich. S. 262.
[75] Eke, Norbert Otto: Signaturen der Revolution. Frankreich – Deutschland: deutsche Zeitgenossenschaft und deutsches Drama zur Französischen Revolution um 1800. München: Fink 1997. S. 117.
[76] Borchmeyer: Höfische Gesellschaft und französische Revolution. S. 316.
[77] Mehra, Marlies: Goethes Groß-Cophta und das zeitgenössische Lustspiel um 1790. In: Goethe Yearbook 1 (1982). S. 93-111; S. 109.
[78] Zu nennen ist schließlich noch das geplante Trauerspiel *Das Mädchen von Oberkirch* (1793/94 oder 1795/96), von dem aber nur anderthalb Szenen überliefert sind. Vgl. dazu Wilson: Dramen zum Thema der Französischen Revolution. S. 284.
[79] Borchmeyer: Weimarer Klassik. S. 266.
[80] Wilson: Dramen zum Thema der Französischen Revolution. S. 277.
[81] Epigramme. Venedig 1790. WA I 1. S. 320 (Nr. 50).
[82] Wilson: Dramen zum Thema der Französischen Revolution. S. 279.
[83] Eke: Signaturen der Revolution. S. 156.
[84] Eckermann: Gespräche mit Goethe. 3. Teil. FA II 12. S. 531 (4. Januar 1824).
[85] Ebd. S. 532.
[86] Vgl. Wilson: Dramen zum Thema der Französischen Revolution. S. 268f.
[87] Ebd. S. 272.
[88] Borchmeyer: Weimarer Klassik. S. 274.
[89] Bourbon-Conti, Stéphanie-Louise de: Mémoires historiques. Paris: chez l'auteur 1798.
[90] Zu J. D. Falk. 25. Januar 1813. FA II 7. S. 164.
[91] Vgl. Goethes Schema in WA I 10. S. 442-450.
[92] NA 39 I. S. 211.
[93] Schulz: Die natürliche Tochter. S. 288.
[94] Zu den Naturbildern vgl. Cape, Ruth I.: Das französische Ungewitter. Goethes Bildersprache zur Französischen Revolution. Heidelberg: Winter 1991. S. 92.
[95] Die natürliche Tochter. WA I 10. S. 245-383. V. 2888.
[96] Ebd. V. 2841-2844.
[97] Ebd. V. 2853-2855.
[98] Schulz: Die natürliche Tochter. S. 291 [Hervorh. V.D.].
[99] Die natürliche Tochter. V. 2825-2829 [Hervorh. V.D.].
[100] Schulz: Die natürliche Tochter. S. 294.
[101] Die natürliche Tochter. V. 2791-2801.
[102] Conrady: Goethe. S. 749.
[103] Vgl. Schulz: Die natürliche Tochter. S. 300.
[104] Wagner: Vom Mythos zum Fetisch. S. 136, S. 140.
[105] Das ‚Volksbuch' ist in einer Reihe von verschiedenen Fassungen verbreitet gewesen; unklar ist, welche von ihnen Goethe wann kennengelernt hat (vgl. Schöne: Kommentar. S. 184f.).

[106] Keller: Faust. S. 262; vgl. Schöne: Kommentar. S. 187.

[107] Lange: Faust. S. 333.

[108] Schöne: Kommentar. S. 37f.

[109] Matussek: Faust I. S. 358.

[110] An Schiller. 27. Juni 1797. NA 37 I. S. 52 [Hervorh. V.D.].

[111] Ueber epische und dramatische Dichtung. Von Goethe und Schiller. NA 21. S. 57-59; S. 57f.

[112] Matussek: Faust I. S. 358, S. 373.

[113] Schöne: Kommentar. S. 151.

[114] Die komischen Elemente sind wohl ein Erbe der Puppenspiel-Überlieferung; vgl. Müller-Seidel, Walter: Komik und Komödie in Goethes Faust. In: ders.: Die Geschichtlichkeit der deutschen Klassik. Literatur und Denkformen um 1800. Stuttgart: Metzler 1983. S. 173-188; S. 178f.

[115] Schlegel, Friedrich: Lyceums-Fragmente. In: ders.: Charakteristiken und Kritiken I (1796-1801). Hg. u. eingel. v. Hans Eichner. München u.a.: Schöningh 1967 (Kritische Friedrich-Schlegel-Ausgabe. Bd. 2). S. 147-163; S. 160 (Nr. 108).

[116] Faust. Eine Tragödie. FA I 7/1. Prolog im Himmel. V. 277f.

[117] Vgl. Schöne: Kommentar. S. 163.

[118] Prolog im Himmel. V. 281-286.

[119] Ebd. V. 340.

[120] Borchmeyer: Weimarer Klassik. S. 552.

[121] Prolog im Himmel. V. 317.

[122] Matussek: Faust I. S. 363, S. 374.

[123] Vgl. Schöne: Kommentar. S. 170f.

[124] Vgl. Matussek: Faust I. S. 363; Schöne: Kommentar. S. 173.

[125] Conrady: Goethe. S. 796.

[126] Vorspiel auf dem Theater. V. 157f.

[127] Prolog im Himmel. V. 328f.

[128] Ebd. V. 338f.

[129] Vgl. ebd. V. 271f.

[130] Faust. Der Tragödie erster Teil. V. 382f.

[131] Ebd. V. 374f.

[132] Ebd. V. 1112-1117.

[133] Ebd. V. 1110.

[134] Vgl. Zabka: Faust II. S. 26-32.

[135] Schrimpf, Hans Joachim: Johann Wolfgang Goethe: Faust. In: Deutsche Dramen. Interpretationen zu Werken von der Aufklärung bis zur Gegenwart. Hg. v. Harro Müller-Michaels. Bd. 1. Königstein/Ts.: Athenäum 1981. S. 87-127; S. 93.

[136] Keller, Werner: Der klassische Goethe und sein nicht-klassischer Faust. In: Goethe-Jb. 95 (1978). S. 9-28; S. 22.

[137] Vgl. Zabka: Faust II. S. 20.

[138] Faust. Der Tragödie erster Teil. V. 705f.

[139] Keller: Der klassische Goethe. S. 19, S. 17f.

[140] Schmidt: Goethes Faust. S. 71.

[141] Schöne: Kommentar. S. 207.

[142] Vgl. ebd. S. 189.

[143] Faust. Der Tragödie erster Teil. V. 1545-1549.

[144] Ebd. V. 1674.

[145] Ebd. V. 1699-1702.

[146] Ebd. V. 1335f.

[147] Schmidt: Goethes Faust. S. 126f.

[148] Schlegel: Lyceums-Fragmente. S. 153 (Nr. 48).

[149] Kremer, Detlef: Romantik. 2., überarb. und aktualisierte Auflage. Stuttgart, Weimar: Metzler 2003. S. 94.

[150] Faust. Der Tragödie erster Teil. V. 2604.

[151] Auch dies kann wiederum anders gedeutet werden; vgl. etwa Schöne: Kommentar. S. 192.

[152] Vgl. Matussek: Faust I. S. 368.

[153] Faust. Der Tragödie erster Teil. V. 3221.

[154] Schmidt: Goethes Faust. S. 162.

[155] Vgl. Schöne: Kommentar. S. 342-346. Der *Faust*-Herausgeber Albrecht Schöne bietet im Textband der *Frankfurter Ausgabe* (FA I 7/1. S. 737-754) den Vorschlag einer Bühnenfassung dessen, was Goethe unterdrückt und in seinen „Walpurgissack" gepackt hat, von dem er 1808 gegenüber J. D. Falk gesprochen hat (vgl. FA I 7/2. S. 343).

[156] Schmidt: Goethes Faust. S. 174, S. 166.

[157] Faust. Der Tragödie erster Teil. V. 4605.

[158] Ebd. V. 4611.

[159] Schmidt: Goethes Faust. S. 203.

[160] Vgl. Schrimpf: Johann Wolfgang Goethe: Faust. S. 112; Schlaffer: Faust Zweiter Teil. S. 139.

[161] Lange: Faust. S. 340, S. 343.

[162] Schrimpf: Johann Wolfgang Goethe: Faust. S. 91, S. 110.

[163] Die These einer dialektischen „*Einheit* des Gesamtwerkes" vertritt etwa: Wertheim, Ursula: Klassisches in „Faust – der Tragödie erster Teil". In: Goethe-Jb. 95 (1978). S. 112-149; Zitat S. 116.

[164] Schlaffer: Faust Zweiter Teil. S. 174.

[165] Vgl. Schlaffer: Faust Zweiter Teil.

[166] Vgl. Borchmeyer: Höfische Gesellschaft und französische Revolution. S. 312-314.

[167] Schlaffer: Faust Zweiter Teil. S. 82.

[168] Ebd. S. 93.

[169] Lange: Faust. S. 378.

[170] Ebd. S. 380.

[171] Faust. Der Tragödie zweiter Teil. V. 11585f.

[172] Ebd. Vor V. 11934.

[173] Vgl. Zabka: Faust II. S. 280.

[174] Schlaffer: Faust Zweiter Teil. S. 164.

[175] Faust. Der Tragödie zweiter Teil. V. 11936f.

[176] Eckermann: Gespräche mit Goethe. 2. Teil. FA II 12. S. 489 (6. Juni 1831); zu Goethes „Liebestheologie" vgl. Henkel, Arthur: Das Ärgernis Faust. In: Versuche zu Goethe. Festschrift für Erich Heller. Hg. v. Volker Dürr und Géza von Molnár. Heidelberg: Stiehm 1976. S. 282-304; Zitat S. 300.

[177] Vgl. ebd., S. 293: „Von sich steigernder Läuterung des Teufelsbündners kann keine Rede sein."

[178] Vgl. auch Schöne: Kommentar. S. 17f.

[179] Schmidt: Goethes Faust. S. 56, S. 58.

[180] Vgl. Hinck, Walter: Schillers Zusammenarbeit mit Goethe auf dem Weimarer Hoftheater. In: Schiller und die höfische Welt. Hg. v. Achim Aurnhammer, Klaus Manger und Friedrich Strack. Tübingen: Niemeyer 1990. S. 271-281.

[181] Borchmeyer: Naturalism in der Kunst. S. 352.
[182] Tag- und Jahreshefte. 1803. FA I 17. S. 112; vgl. Borchmeyer: Naturalism in der Kunst. S. 351.
[183] Sie erschienen 1800 unter dem Titel *Ueber die gegenwärtige französische tragische Bühne* in Goethes Zeitschrift *Propyläen.* – Vgl. dazu Borchmeyer: Naturalism in der Kunst. S. 356; Hinck: Schillers Zusammenarbeit mit Goethe. S. 274f.
[184] Eckermann: Gespräche mit Goethe. 2. Teil. FA II 12. S. 298 (16. Dezember 1828).
[185] Borchmeyer: Naturalism in der Kunst. S. 367.
[186] Unter Goethes Leitung wurden an 4136 Spieltagen 600 verschiedene Stücke insgesamt 4809-mal aufgeführt. 367-mal wurde ein Drama Schillers gegeben (davon der *Don Karlos* mit 47 Aufführungen am häufigsten), 238-mal eines von Goethe. Vgl. Das Repertoire des Weimarischen Theaters unter Goethes Leitung 1791-1817. Bearb. u. hg. v. C. A. H. Burkhardt. Hamburg, Leipzig: Leopold Voß 1891. S. XXXVIf.

Aufbaumodul 5, S. 152-174

[1] Ueber naive und sentimentalische Dichtung. NA 20. S. 462.
[2] Vgl. den Tagebucheintrag vom 16. Februar 1777: „[...] zu Wieland viel geschwäzzt. In Garten dicktirt an W. Meister. Eingeschlafen." (WA III 1. S. 34.)
[3] NA 35. S. 101.
[4] Vgl. dazu ausführlich Barner: „Die Verschiedenheit unserer Naturen".
[5] An Goethe. 8. Juli 1796. NA 28. S. 252.
[6] An Schiller. 9. Juli 1796. NA 36 I. S. 260.
[7] An Schiller. 16. August 1796. Ebd. S. 305.
[8] Koopmann, Helmut: Wilhelm Meisters Lehrjahre. In: Goethes Erzählwerk. Interpretationen. S. 168-191; S. 179.
[9] Ebd. S. 180.
[10] Blessin: Goethes Romane. S. 192, S. 199.
[11] Hegel, Georg Wilhelm Friedrich: Ästhetik. Nach der zweiten Ausgabe Heinrich Gustav Hothos (1842) redigiert und mit einem ausführlichen Register versehen von Friedrich Bassenge. 2 Bde. 2., durchges. Aufl. Berlin, Weimar: Aufbau 1965. Bd. 1. S. 568.
[12] Voßkamp: Utopie und Utopiekritik. S. 229.
[13] May, Kurt: ‚Wilhelm Meisters Lehrjahre', ein Bildungsroman? In: Deutsche Vierteljahrsschrift für Literaturwissenschaft und Geistesgeschichte 31 (1957). S. 1-37; S. 33.
[14] Blessin: Goethes Romane. S. 182, S. 158.
[15] Wilhelm Meisters Lehrjahre. VII.9. WA I 23. S. 122.
[16] Blessin: Goethes Romane. S. 118.
[17] Wilhelm Meisters Lehrjahre. V.3. WA I 22. S. 149.
[18] Vgl. Borchmeyer: Höfische Gesellschaft und französische Revolution. S. 10, S. 45-53; vgl. auch Ueding: Klassik und Romantik. S. 441f.
[19] Ebd. S. 439f., S. 441.
[20] Wilhelm Meisters Lehrjahre. VIII.1. WA I 23. S. 137.
[21] Ebd. S. 140.
[22] May: ‚Wilhelm Meisters Lehrjahre'. S. 31.
[23] Wilhelm Meisters Lehrjahre. VII.9. WA I 23. S. 123.
[24] Wilhelm Meisters Lehrjahre. VIII.3. Ebd. S. 164.
[25] Janz, Rolf-Peter: Zum sozialen Gehalt der „Lehrjahre". In: Literaturwissenschaft und Geschichtsphilosophie. Festschrift für Wilhelm Emrich. Hg. v.

Helmut Arntzen, Bernd Balzer, Karl Pestalozzi und Rainer Wagner. Berlin, New York: de Gruyter 1975. S. 320-340; S. 335.

26 Vgl. Haas, Rosemarie: Die Turmgesellschaft in „Wilhelm Meisters Lehrjahren". Zur Geschichte des Geheimbundromans und der Romantheorie im 18. Jahrhundert. Bern, Frankfurt a.M.: Lang 1975. S. 77-82.

27 Schings, Hans-Jürgen: ‚Wilhelm Meister' und das Erbe der Illuminaten. In: Die Weimarer Klassik und ihre Geheimbünde. Hg. v. Walter Müller-Seidel und Wolfgang Riedel. Würzburg: Königshausen und Neumann 2002. S. 177-203; S. 195.

28 Wilhelm Meisters Lehrjahre. VIII.7. WA I 23. S. 236.

29 Vgl. Haas: Die Turmgesellschaft in „Wilhelm Meisters Lehrjahren". S. 57-76.

30 Janz: Zum sozialen Gehalt der „Lehrjahre". S. 338.

31 Voßkamp: Utopie und Utopiekritik. S. 233f.

32 Janz: Zum sozialen Gehalt der „Lehrjahre". S. 330, S. 338.

33 Steiner: Wilhelm Meisters Lehrjahre. S. 129.

34 Wilhelm Meisters Lehrjahre. VIII.7. WA I 23. S. 237.

35 Wilhelm Meisters Lehrjahre. VIII.10. Ebd. S. 291.

36 Schößler, Franziska: Goethes Lehr- und Wanderjahre. Eine Kulturgeschichte der Moderne. Tübingen, Basel: Francke 2002. S. 152f.

37 Den Gegensatz von Gemeinschaft und Gesellschaft entwickelt: Tönnies, Ferdinand: Gemeinschaft und Gesellschaft. Grundbegriffe der reinen Soziologie. 4. Aufl. Darmstadt: Wissenschaftliche Buchgesellschaft 2005 (Nachdruck der 8. Aufl. 1935). Vgl. dazu Eppers, Arne: Miteinander im Nebeneinander. Gemeinschaft und Gesellschaft in Goethes Wilhelm Meister-Romanen. Tübingen: Stauffenburg 2003. Eppers sieht Versuche von Angehörigen der Turmgesellschaft, „die gemeinschaftliche Integrationsform gegen den Prozeß einer fortschreitenden Vergesellschaftung zu verteidigen", deutet sie selbst aber als einen „Gesellschaftsentwurf" (ebd. S. 48, S. 55).

38 Hegel: Ästhetik. Bd. 1. S. 567.

39 Schiller an Goethe. 8. Juli 1796. NA 28. S. 251.

40 Haas: Die Turmgesellschaft in „Wilhelm Meisters Lehrjahren". S. 64, S. 55.

41 Wilhelm Meisters Lehrjahre. VIII.5. WA I 23. S. 216f.

42 Vgl. Steiner: Wilhelm Meisters Lehrjahre. S. 145f. Schiller lehnt Einseitigkeit in der (Aus-)Bildung des Einzelnen gerade ab; vgl. Borchmeyer: Höfische Gesellschaft und französische Revolution. S. 200-207.

43 Vgl. hingegen Voßkamp: Utopie und Utopiekritik, S. 235f.

44 Schlaffer: Wilhelm Meister. S. 88.

45 Wilhelm Meisters Lehrjahre. VIII.10. WA I 23. S. 285. – Tönnies zufolge ist es konstitutives Merkmal einer Gesellschaft, dass der eine für den anderen nur dann etwas tut, wenn er als „Gegenleistung" etwas „Besser-Scheinendes" erhält (Tönnies: Gemeinschaft und Gesellschaft. S. 34).

46 Wilhelm Meisters Lehrjahre. VIII.3. WA I 23. S. 176.

47 Steiner: Wilhelm Meisters Lehrjahre. S. 146.

48 Schlaffer: Wilhelm Meister. S. 40.

49 Schößler: Goethes Lehr- und Wanderjahre. S. 183, S. 63.

50 Kittler: Über die Sozialisation Wilhelm Meisters. S. 68f.

51 Borchmeyer: Weimarer Klassik. S. 343; vgl. ders.: Höfische Gesellschaft und französische Revolution. S. 216f.

52 Vgl. Vaget, Hans Rudolf: Das Bild vom Dilettanten bei Moritz, Schiller und Goethe. In: Jahrbuch des Freien Deutschen Hochstifts 1970. S. 1-31; ders.:

Dilettantismus und Meisterschaft. Zum Problem des Dilettantismus bei Goethe: Praxis, Theorie, Zeitkritik. München: Winkler 1971.

[53] Es entstanden lediglich Schemata und Notizen, von denen einige 1833 von Eckermann aus dem Nachlass veröffentlicht wurden; vollständig erschienen sie zuerst 1896 in der *Weimarer Ausgabe* (WA I 47. S. 299-326).

[54] Wilhelm Meisters Lehrjahre. VIII.5. WA I 23. S. 215.

[55] Wilhelm Meisters Lehrjahre. VIII.3. Ebd. S. 161.

[56] Novalis: Fragmente und Studien (1799-1800). In: ders.: Schriften. Bd. 3: Das philosophische Werk II. Hg. v. Richard Samuel in Zusammenarbeit m. Hans-Joachim Mähl und Gerhard Schulz. Stuttgart: Kohlhammer 1960. S. 630, S. 647.

[57] Ebd. S. 646.

[58] Schlegel, Friedrich: Athenäums-Fragmente. In: ders.: Charakteristiken und Kritiken I (1796-1801). Hg. u. eingel. v. Hans Eichner. München u.a.: Schöningh 1967 (Kritische Friedrich-Schlegel-Ausgabe. Bd. 2). S. 165-255; S. 198 (Nr. 216).

[59] Ebd. S. 182 (Nr. 116).

[60] Hass, Hans-Egon: Goethe. Wilhelm Meisters Lehrjahre. In: Der deutsche Roman. Vom Barock bis zur Gegenwart. Struktur und Geschichte. Hg. v. Benno von Wiese. Bd. 1. Düsseldorf: Bagel 1963. S. 132-210; S. 140.

[61] Vgl. Novalis: Das Allgemeine Brouillon. In: ders.: Schriften. Bd. 3. S. 207-478; S. 326. – Schlegel lobt in seiner Rezension der *Lehrjahre* zwar deren Struktur und formale Organisation; auf wesentliche inhaltliche Momente wie dasjenige der Bildung hebt er nicht ab. Entsprechend charakterisiert er den Roman als modern, weil er reflexiv, als poetisch, weil er ein Produkt der Phantasie sei, aber nicht als romantisch – und dies, weil ihm das entscheidende Moment der unendlichen Progression fehle. Vgl. Behler: Die Wirkung Goethes und Schillers auf die Brüder Schlegel. In: Unser Commercium. S. 559-583; S. 572f., S. 578.

[62] Vgl. Haas: Die Turmgesellschaft in „Wilhelm Meisters Lehrjahren". S. 83-103; Zitat S. 101.

[63] Schlegel: Athenäums-Fragmente. S. 182f. (Nr. 116).

[64] Steiner: Wilhelm Meisters Lehrjahre. S. 126.

[65] Ueding: Klassik und Romantik. S. 446.

[66] Zur Entstehung vgl. Bahr: Wilhelm Meisters Wanderjahre. S. 186-195.

[67] Vgl. Bohn, Volker: Pustkuchens „Wanderjahre". In: Gefälscht! Betrug in Politik, Literatur, Wissenschaft, Kunst und Musik. Hg. v. Karl Corino. Reinbek: Rowohlt 1992. S. 229-239; Gille, Klaus F.: „Wilhelm Meister" im Urteil der Zeitgenossen. Assen: van Gorcum 1971. S. 209-238.

[68] Vgl. Borchmeyer: Weimarer Klassik. S. 520-523; Zitat S. 523.

[69] Gespräch mit Kanzler von Müller. 18. Februar 1830. FA II 11. S. 232.

[70] Wilhelm Meisters Wanderjahre. II.8. WA I 25.1. S. 22.

[71] Wilhelm Meisters Wanderjahre. I.10. WA I 24. S. 179; vgl. dazu Neuhaus, Volker: Die Archivfiktion in *Wilhelm Meisters Wanderjahren*. In: Euphorion 62 (1968). S. 13-27; S. 17.

[72] Hettner, Hermann: Literaturgeschichte des 18. Jahrhunderts. Buch 3. Abschnitt 2. Braunschweig: Vieweg 1870. S. 735; zit. nach Bahr: Wilhelm Meisters Wanderjahre. S. 218.

[73] Bahr: Wilhelm Meisters Wanderjahre. S. 202.

[74] Neuhaus: Die Archivfiktion. S. 18.

[75] Ebd. S. 20.

[76] Vgl. Bachtin, Michail M.: Das Wort im Roman. In: ders.: Die Ästhetik des Wortes. Hg. v. Rainer Grübel. Frankfurt a.M.: Suhrkamp 1979. S. 144-300.

[77] Borchmeyer: Höfische Gesellschaft und französische Revolution. S. 208.

[78] Bahr: Wilhelm Meisters Wanderjahre. S. 206.

[79] Ebd. S. 224.

[80] Wilhelm Meisters Wanderjahre. II.11. WA I 25.1. S. 60.

[81] Blessin: Goethes Romane, S. 379.

[82] Tönnies: Gemeinschaft und Gesellschaft. S. 12.

[83] Unterhaltungen deutscher Ausgewanderten. WA I 18. S. 93-273; S. 95.

[84] Die Horen. Einladung zur Mitarbeit. NA 22. S. 103.

[85] Vgl. dazu Borchmeyer: Höfische Gesellschaft und französische Revolution. S. 223-235.

[86] Unterhaltungen deutscher Ausgewanderten. S. 116f.

[87] Ebd. S. 108.

[88] Rede bei Eröffnung der Freitagsgesellschaft. WA I 42.2. S. 13-16; S. 15.

[89] Unterhaltungen deutscher Ausgewanderten. S. 117.

[90] Ebd. S. 122.

[91] Ebd. S. 147.

[92] Ebd. S. 157.

[93] Ebd. S. 188.

[94] Vgl. Schillers ironisches Xenion „Gewissensscrupel": „Gern dien ich den Freunden, doch thu ich es leider mit Neigung / Und so wurmt es mir oft, daß ich nicht tugendhaft bin." (NA 1. S. 357 [Nr. 388].)

[95] Unterhaltungen deutscher Ausgewanderten. S. 220f.

[96] Fink, Gonthier-Louis: „Das Märchen". Goethes Auseinandersetzung mit seiner Zeit. In: Goethe-Jb. N.F. 33 (1971). S. 96-122; S. 106, S. 114.

[97] Unterhaltungen deutscher Ausgewanderten. S. 267.

[98] Ebd. S. 268.

[99] Borchmeyer: Weimarer Klassik. S. 252.

[100] Fink: „Das Märchen". S. 120.

[101] Schiller an Goethe. 29. August 1795. NA 28. S. 36.

[102] Neumann, Gerhard: Die Anfänge deutscher Novellistik. Schillers ‚Verbrecher aus verlorener Ehre' – Goethes ‚Unterhaltungen deutscher Ausgewanderten'. In: Unser Commercium. S. 433-460; S. 454.

[103] Fink: „Das Märchen". S. 122.

[104] Borchmeyer: Weimarer Klassik. S. 253.

[105] Vgl. Fink: „Das Märchen". S. 115-119.

[106] Witte, Bernd: Das Opfer der Schlange. Zur Auseinandersetzung Goethes mit Schiller in den ‚Unterhaltungen deutscher Ausgewanderten' und im ‚Märchen'. In: Unser Commercium. S. 461-484; S. 472f.

[107] Müller, Klaus Detlef: Den Krieg wegschreiben. *Hermann und Dorothea* und die *Unterhaltungen deutscher Ausgewanderten*. In: Ironische Propheten. Sprachbewußtsein und Humanität in der Literatur von Herder bis Heine. Festschrift für Jürgen Brummack zum 65. Geburtstag. Hg. v. Markus Heilmann und Birgit Wägenbaur. Tübingen: Narr 2001. S. 85-100; S. 97.

[108] Gaier: Soziale Bildung gegen ästhetische Erziehung. S. 249.

[109] Neumann: Die Anfänge deutscher Novellistik. S. 451.

[110] Vgl. Witte: Das Opfer der Schlange. S. 461.

[111] Gaier: Soziale Bildung gegen ästhetische Erziehung. S. 258.

[112] Conrady: Goethe. S. 607.

[113] Bauschinger: Unterhaltungen deutscher Ausgewanderten. S. 250.

[114] Witte: Das Opfer der Schlange. S. 482.

[115] Borchmeyer: Weimarer Klassik. S. 255.

[116] Ebd. S. 251.

[117] Das Urteil Reichardts (der auch die Musik zu Singspielen Goethes geschrieben hatte und mit ihm freundschaftlich verbunden war) ist unerbittlich: „Heißt das nicht vielmehr, die wichtigen Gegenstände mit diktatorischem Übermute aburteilen, und das einseitige Urteil mit hämischer Kunst dem Schwachen und Kurzsichtigen annehmlich, durch imponierende Namen ehrwürdig machen wollen?" (Reichardt, Johann Friedrich: Aus einer Rezension über „Die Horen. Eine Monatsschrift, herausgegeben von Schiller". In: Goethe im Urteil seiner Kritiker. Dokumente zur Wirkungsgeschichte Goethes in Deutschland. Hg., eingel. u. komm. v. Karl Robert Mandelkow. Teil I: 1773-1832. München: Beck 1975. S. 124f.)

[118] An J. H. Meyer. 5. Dezember 1796. WA IV 11. S. 273.

[119] Schlegel, August Wilhelm: Hermann und Dorothea. In: Goethe im Urteil seiner Kritiker. Teil I. S. 139-151; S. 143; vgl. Borchmeyer: Weimarer Klassik. S. 271.

[120] Vgl. Ryder, Frank G. u. Bennett, Benjamin: The Irony of Goethe's *Hermann und Dorothea*: Its Form and Function. In: PMLA 90 (1975). S. 433-446; S. 436f.

[121] Vgl. ebd. S. 443.

[122] Schneider, Helmut J.: Die sanfte Utopie. In: Idyllen der Deutschen. Texte und Illustrationen. Hg. v. Helmut J. Schneider. Frankfurt a.M.: Insel 1978. S. 353-423; S. 404; vgl. auch ders.: Idylle und bürgerliches Epos. In: Deutsche Literatur. Eine Sozialgeschichte. Bd. 5. S. 130-143.

[123] Conrady: Goethe. S. 662.

[124] Vgl. Kost, Jürgen: Die Fortschrittlichkeit des scheinbar Konventionellen. Das Motiv der Liebesheirat in Goethes „Hermann und Dorothea". In: Goethe-Jb. 113 (1996). S. 281-286.

[125] Hermann und Dorothea. WA I 50. S. 187-267; IX. V. 305-318.

[126] Hermann und Dorothea. I. V. 29-31.

[127] Vgl. Lützeler, Paul Michael: Hermann und Dorothea. In: Goethes Erzählwerk. Interpretationen. S. 216-167; S. 245.

[128] Vgl. Eibl, Karl: *Anamnesis* des „Augenblicks". Goethes poetischer Gesellschaftsentwurf in *Hermann und Dorothea*. In: Deutsche Vierteljahrsschrift für Literaturwissenschaft und Geistesgeschichte 58 (1984). S. 111-138.

[129] Vgl. Wagner, Irmgard: *Hermann und Dorothea* in the Context of Kant and Voß: A Question of Peace and Patriarchy. In: Goethe Yearbook 9 (1999). S. 166-185.

[130] Elsaghe: Herrmann und Dorothea. S. 526.

[131] Hermann und Dorothea. VIII. V. 98.

[132] Goethe an Schiller. 23. Dezember 1797. NA 37 I. S. 206.

[133] Elsaghe: Herrmann und Dorothea. S. 525.

[134] Hermann und Dorothea. VIII. V. 2-4.

[135] Cape, Ruth I.: Das französische Ungewitter. Goethes Bildersprache zur Französischen Revolution. Heidelberg: Winter 1991. S. 78.

[136] Hermann und Dorothea. IV. V. 83.

[137] Barthes, Roland: Mythen des Alltags. Frankfurt a.M.: Suhrkamp 1964. S. 130.

[138] Hermann und Dorothea. IX. V. 53.

[139] Ebd. V. V. 226f.

[140] Elsaghe: Herrmann und Dorothea. S. 530.
[141] Bürger, Christa: ‚Hermann und Dorothea' oder: Die Wirklichkeit als Ideal. In: Unser Commercium. S. 485-504; S. 496.
[142] Elsaghe: Herrmann und Dorothea. S. 531.
[143] Goethe an J. H. Meyer. 5. Dezember 1796. WA IV 11. S. 273.
[144] Hegel: Ästhetik. Bd. 2. S. 468.
[145] Müller: Den Krieg wegschreiben.
[146] Schneider: Die sanfte Utopie. S. 407f.; zur Rezeption vgl. Lützeler: Hermann und Dorothea. S. 216-230.
[147] Hegel: Ästhetik. Bd. 1. S. 182; vgl. dazu Borchmeyer: Weimarer Klassik. S. 271.
[148] Dazu kritisch: Bürger: ‚Hermann und Dorothea'; Zitat S. 503.
[149] Vgl. Ryder/Bennett: The Irony of Goethe's *Hermann und Dorothea*.
[150] Bürger: ‚Hermann und Dorothea'. S. 497.
[151] Vgl. Wagner: *Hermann und Dorothea*. S. 181f.
[152] NA 17. S. 367.

Aufbaumodul 6, S. 175-199

[1] Zum biographischen Kontext vgl. Wild: Lyrik der klassischen Zeit. S. 221.
[2] Dort erschienen die von Goethe unterdrückten vier Elegien 1887 zunächst nur versteckt im Lesartenapparat; erst 1914 wurden sie in einem Nachtragsband vollständig abgedruckt.
[3] Wünsch: Strukturwandel in der Lyrik Goethes. S. 195.
[4] Wild: Römische Elegien. S. 229, S. 231.
[5] Elegien I. WA I 1. S. 231-262. I. V. 9-12.
[6] Elegien. V. V. 20.
[7] Riedel: Eros und Ethos. S. 162.
[8] Wild: Römische Elegien. S. 229.
[9] Wünsch: Strukturwandel in der Lyrik Goethes. S. 201.
[10] Es handelt sich um die dreizehnte Elegie, die mit den Worten „Amor bleibet ein Schalk" beginnt.
[11] „Mehr als ich ahndete" und „Zwei gefährliche Schlangen".
[12] „Hier ist mein Garten bestellt" und „Hinten im Winkel des Gartens".
[13] WA I 53. S. 6; in WA I 1. S. 423 (Apparat) fehlt der Schluss ab „von hinten".
[14] Böttiger an Friedrich Schulz. 27. Juli 1795; zit. nach Wild: Römische Elegien. S. 230.
[15] Wild: Römische Elegien. S. 230.
[16] 5. Juli 1795. NA 28. S. 2.
[17] Riedel: Eros und Ethos. S. 172.
[18] Vgl. Jeßing, Benedikt: Sinnlichkeit und klassische Ästhetik. Zur Konstituierung eines poetischen Programms im Gedicht. In: Gedichte von Johann Wolfgang Goethe. Interpretationen. Hg. v. Bernd Witte. Stuttgart: Reclam 1998. S. 129-148.
[19] Erste Epistel. WA I 1. S. 297-301. V. 1f.
[20] Ebd. V. 79.
[21] Vgl. Gaier, Ulrich: Soziale Bildung gegen ästhetische Erziehung. Goethes Rahmen der „Unterhaltungen" als satirische Antithese zu Schillers „Ästhetischen Briefen" I-IX. In: Poetische Autonomie? Zur Wechselwirkung von Dichtung und Philosophie in der Epoche Goethes und Hölderlins. Hg. v. Helmut Bachmaier und Thomas Rentsch. Stuttgart: Klett-Cotta 1987. S. 207-272; S. 207.

[22] Borchmeyer: Weimarer Klassik. S. 188.

[23] Riedel: Eros und Ethos. S. 157.

[24] Epigramme. Venedig 1790. WA I 1. S. 305-331. 4. V. 7f.

[25] Oswald: Venezianische Epigramme. S. 237.

[26] Vgl. Rasch, Wolfdietrich: Die Gauklerin Bettine. Zu Goethes *Venetianischen Epigrammen*. In: Aspekte der Goethezeit. Hg. v. Stanley A. Corngold u.a. Göttingen: Vandenhoeck und Ruprecht 1977. S. 115-136; S. 130.

[27] An Charlotte von Kalb. 30. April 1790. WA IV 9. S. 201.

[28] Jean Paul: Vorschule der Ästhetik. In: ders.: Sämtliche Werke. Hg. v. Norbert Miller. Abt. I. Bd. 5. München, Wien: Hanser 1963. S. 7-514; S. 98.

[29] Vgl. dazu Kurscheidt: Kommentar. S. 751ff.

[30] Koopmann: Schillers Lyrik. S. 318f.

[31] Kemper, Hans-Georg: Von der Reformation bis zum Sturm und Drang. In: Geschichte der deutschen Lyrik. Hg. v. Franz-Josef Holznagel u.a. Stuttgart: Reclam 2004. S. 95-260; S. 237f.

[32] Über Bürgers Gedichte. NA 22. S. 245-264; S. 245.

[33] Ebd. S. 246.

[34] Ebd [Hervorh. V.D.].

[35] NA 20. S. 382.

[36] Über Bürgers Gedichte. S. 253.

[37] Ebd. S. 255.

[38] Ebd. S. 256.

[39] Oellers, Norbert: Das verlorene Glück in bewahrender Klage. Zu Schillers *Nänie*. In: ders.: Friedrich Schiller. Zur Modernität eines Klassikers. Hg. v. Michael Hofmann. Frankfurt a.M., Leipzig: Insel 1996. S. 178-191; S. 179.

[40] Nänie. NA 2 I. S. 326.

[41] Oellers: Das verlorene Glück in bewahrender Klage. S. 179.

[42] Vgl. Platon: Symposion. Griechisch/Deutsch. Übersetzt u. hg. v. Thomas Paulsen und Rudolf Rehn. Stuttgart: Reclam 2006. 205b-210a.

[43] Vgl. hingegen: Osterkamp, Ernst: Das Schöne in Mnemosynes Schoß [zu „Nänie"]. In: Gedichte von Friedrich Schiller. Interpretationen. S. 282-297; S. 295f. Osterkamp sieht in der Unsterblichkeit der Kunst eine Funktion des Trostes realisiert, entsprechend der dreiteiligen Rhetorik des Epikedeion, des „Klaglieds": Lob des Verstorbenen, Ausdruck der Trauer, Trost.

[44] Ueber naive und sentimentalische Dichtung. NA 20. S. 413-503; S. 414.

[45] Ebd. S. 436.

[46] Ebd. S. 442.

[47] Ebd. S. 473.

[48] Ebd. S. 448f.

[49] Riedel: „Der Spaziergang". S. 20.

[50] Jeziorkowski, Klaus: Der Textweg [zu „Der Spaziergang"]. In: Gedichte von Friedrich Schiller. Interpretationen. S. 157-178; S. 166.

[51] Der Spaziergang. NA 2 I. S. 308-314. V. 137-142.

[52] Riedel: „Der Spaziergang". S. 18.

[53] Der Spaziergang. V. 170.

[54] Ebd. V. 186.

[55] Ebd. V. 173f.

[56] Ebd. V. 194.

[57] Ebd. V. 177f.

[58] Koopmann: Schillers Lyrik. S. 320.

59 Vgl. auch Brokoff, Jürgen: Elegie (1795)/Der Spaziergang (1800). In: Schiller-Hb. Hg. Luserke-Jaqui. S. 269-271.

60 Ueber naive und sentimentalische Dichtung. S. 448.

61 Riedel: „Der Spaziergang". S. 99f.

62 Vgl. Ueber naive und sentimentalische Dichtung. S. 472.

63 Der Spaziergang. V. 194.

64 Mayer, Mathias: Klassik und Romantik. In: Geschichte der deutschen Lyrik. S. 261-374; S. 342.

65 Oellers: Schiller. S. 363.

66 Ebd. S. 359.

67 Brokoff, Jürgen: Das Reich der Schatten (1795)/Das Ideal und das Leben (1804). In: Schiller-Hb. Hg. Luserke-Jaqui. S. 267-269; S. 268.

68 Das Reich der Schatten. NA 1. S. 251.

69 Berghahn, Klaus L.: Der Deutschen liebstes Lied [zu „Das Lied von der Glocke"]. In: Gedichte von Friedrich Schiller. Interpretationen. S. 268-281; S. 281.

70 Das Lied von der Glocke. NA 2 I. S. 227-239; S. 230.

71 Caroline Schlegel an Auguste Böhmer. 21. Oktober 1799; zit. nach NA 2 II B. S. 165.

72 Eine Reihe von Beispielen bietet: „Wer wagt es, Knappersmann oder Ritt?". Schiller-Parodien aus zwei Jahrhunderten. Hg. v. Christian Grawe. Stuttgart: Metzler 1990.

73 An Schiller. 15. November 1796. NA 36 I. S. 383.

74 An Schiller. 22.-24. August 1797. NA 37 I. S. 107.

75 Von Goethe stammen „Der Zauberlehrling", „Der Schatzgräber", „Die Braut von Corinth" und „Der Gott und die Bajadere"; von Schiller „Der Taucher", „Der Handschuh", „Der Ring des Polykrates", „Ritter Toggenburg", „Die Kraniche des Ibycus" und „Der Gang nach dem Eisenhammer".

76 Oellers: Goethes und Schillers Balladen. S. 507.

77 Ebd. S. 518.

78 2. Aufl. T. 2. Leipzig: Weidmann 1778. S. 95; zit. nach Oellers: Goethes und Schillers Balladen. S. 518.

79 Vgl. Mecklenburg: Balladen der Klassik. S. 154.

80 Ballade. Betrachtung und Auslegung. WA I 41.1. S. 224.

81 Noten und Abhandlungen zu besserem Verständniß des West-östlichen Divans. WA I 7. S. 118.

82 Vgl. dazu Goethes Brief an Schiller vom 10. Juni 1797. NA 37 I. S. 35.

83 Tagebuch vom 4., 5. und 6. Juni 1797. WA III 2. S. 72.

84 Die Braut von Corinth. WA I 1. S. 219-226. V. 193.

85 Ebd. V. 63.

86 Schulz: Die Braut von Corinth. S. 289.

87 Oellers: Goethes und Schillers Balladen. S. 519.

88 Korff, Hermann August: Goethe im Bildwandel seiner Lyrik. Leipzig: Koehler und Amelang 1958. Bd. 2. S. 64; vgl. Schulz, Gerhard: „Liebesüberfluß". Zu Goethes Ballade ‚Die Braut von Corinth'. In: Jahrbuch des Freien Deutschen Hochstifts 1996. S. 38-69; S. 45f.

89 Die Braut von Corinth. V. 11.

90 Graham, Ilse: Die Theologie tanzt. Goethes Balladen *Die Braut von Korinth* und *Der Gott und die Bajadere*. In: dies.: Goethe. Schauen und Glauben. Berlin, New York: de Gruyter 1988. S. 253-284; S. 268f.

91 Schulz: „Liebesüberfluß". S. 64f.

92 An Karl Ludwig von Knebel. 5. August 1797. Herder, Johann Gottfried: Briefe. Bd. 7: Januar 1793 – Dezember 1798. Bearb. v. Wilhelm Dobbek und Günter Arnold. Weimar: Hermann Böhlaus Nachf. 1982. S. 333; vgl. Wild: Der Gott und die Bajadere. S. 292.

93 Der Gott und die Bajadere. WA I 1. S. 227-230. V. 34.

94 Ebd. V. 58f.

95 Ebd. V. 93-99.

96 Wild: Der Gott und die Bajadere. S. 292.

97 Mecklenburg: Balladen der Klassik. S. 167.

98 Ebd.

99 Wild: Der Gott und die Bajadere. S. 293.

100 Vgl. Mecklenburg, Norbert: Poetisches Spiel mit kultureller Alterität: Goethes „indische Legende" Der Gott und die Bajadere. In: Literatur in Wissenschaft und Unterricht 32 (2000). S. 107-116; S. 111-113.

101 Mecklenburg: Balladen der Klassik. S. 164.

102 Oellers: Goethes und Schillers Balladen. S. 525.

103 Mecklenburg: Balladen der Klassik. S. 162.

104 Der Taucher. NA 1. S. 372-376. V. 1-10.

105 Ebd. V. 93f.

106 Ebd. V. 110.

107 Kaiser, Gerhard: Sprung ins Bewußtsein [zu „Der Taucher"]. In: Gedichte von Friedrich Schiller. Interpretationen. S. 196-216; S. 215.

108 Der Taucher. V. 151.

109 Kaiser: Sprung ins Bewußtsein. S. 216.

110 Vgl. Hofmann, Michael: Der Taucher. Ballade (1798). In: Schiller-Handbuch. Hg. Luserke-Jaqui. S. 281-283; S. 282.

111 Alt: Schiller. Bd. 2. S. 349.

112 Vgl. Schilling, Diana: Die Kraniche des Ibycus. Ballade (1798). In: Schiller-Handbuch. Hg. Luserke-Jaqui. S. 278-280; S. 280.

113 Die Kraniche des Ibycus. NA 1. S. 385-390. V. 125f.

114 Ebd. V. 155f.

115 Pestalozzi, Karl: Die suggestive Wirkung der Kunst [zu „Die Kraniche des Ibycus"]. In: Gedichte von Friedrich Schiller. Interpretationen. S. 223-236; S. 230.

116 Humboldt, Wilhelm von: Über Schiller und den Gang seiner Geistesentwicklung. In: Schiller – Zeitgenosse aller Epochen. Dokumente zur Wirkungsgeschichte Schillers in Deutschland. Hg., eingel. u. komm. v. Norbert Oellers. Teil I: 1782-1859. Frankfurt a.M.: Athenäum 1970. S. 287-309; S. 291.

117 Birus: Von den Sonetten zum West-östlichen Divan. S. 298.

118 Preisendanz, Wolfgang: Die Spruchform in der Lyrik Goethes. In: Goethe-Jb. 108 (1991). S. 75-84; S. 80.

119 Vgl. Bachtin, Michail M.: Das Wort im Roman. In: ders.: Die Ästhetik des Wortes. Hg. u. eingel. v. Rainer Grübel. Frankfurt a.M.: Suhrkamp 1979. S. 154-300; zum ‚dialogischen' Moment der Intertextualität vgl. Kristeva, Julia: Bachtin, das Wort, der Dialog und der Roman. In: Literaturwissenschaft und Linguistik. Ergebnisse und Perspektiven. Hg. v. Jens Ihwe. 3 Bde. Frankfurt a.M.: Athenäum 1972. Bd. 3. S. 345-375.

120 Birus: Von den Sonetten zum West-östlichen Divan. S. 298

121 Sonette. XI. Nemesis. WA I 2. S. 13.

122 An Schlosser (Konzept). 25. November 1814. WA IV 25. S. 92.

123 Bohnenkamp: West-östlicher Divan. S. 308.

[124] Ebd. S. 316f.
[125] Bohnenkamp, Anne: Goethes poetische Orientreise. In: Goethe-Jb. 120 (2003). S. 144-156; S. 144.
[126] An Knebel. 8. Februar 1815. WA IV 25. S. 190.
[127] Birus, Hendrik: Poetische Emigration [zu „Hegire"]. In: Gedichte von Johann Wolfgang Goethe. Interpretationen. Hg. v. Bernd Witte. Stuttgart: Reclam 1998. S. 187-200.
[128] Hegire. West-östlicher Divan. WA I 6. S. 5.
[129] Bosse, Anke: Interkulturelle Balance statt „clash of cultures". Zu Goethes West-östlichem Divan. In: Études Germaniques 60 (2005). S. 231-248; S. 241.
[130] Vgl. Bohnenkamp: West-östlicher Divan. S. 311.
[131] Vgl. Birus, Hendrik: Kommentar I. In: FA I 3/1. S. 723-871; S. 736-741.
[132] Bohnenkamp: West-östlicher Divan. S. 312.
[133] Ebd. S. 315.
[134] Vgl. Bosse: Interkulturelle Balance statt „clash of cultures". S. 242f. – Zu Strukturen des ‚Orientalismus' im Divan vgl. Weber, Mirjam: Der „wahre Poesie-Orient". Eine Untersuchung zur Orientalismus-Theorie Edward Saids am Beispiel von Goethes „West-östlichem Divan" und der Lyrik Heines. Wiesbaden: Harrassowitz 2001.

Personenregister

pro Studium Literaturwissenschaft

■ Alo Allkemper, Norbert Otto Eke
Literaturwissenschaft
basics
UTB 2590
ISBN 3-8252-**2590**-9
W. Fink. 2. Aufl. 2006. 316 S.,
35 einfarb. Abb., 12 einfarb. Fotos,
EUR 16,90, sfr 30,10

■ Rudolf Beck, Konrad Schröder (Hrsg.)
**Handbuch der britischen
Kulturgeschichte**
Daten, Fakten, Hintergründe von der
römischen Eroberung bis heute
UTB 8333 L
ISBN 978-3-8252-**8333**-9
W. Fink. 2006.
419 S., 39 Abb., 3 Tab., geb.,
EUR 29,90, sfr 50,50

■ Lars Eckstein (Hrsg.)
English Literatures Across the Globe
A Companion
UTB 8345 L
ISBN 978-3-8252-**8345**-2
W. Fink. 2007. 360 S., kart.,
EUR 26,90, sfr 45,80

■ Franz X. Eder, Heinrich Berger,
Julia Casutt-Schneeberger, Anton Tantner
Geschichte Online
Einführung in das wissenschaftliche
Arbeiten - Literatur- und
Informationsrecherche
UTB 2822 M
ISBN 978-3-8252-**2822**-4
Böhlau. 2006.
328 S., 80 Abb.,
EUR 19,90, sfr 34,70

■ Franz M. Eybl
Kleist-Lektüren
UTB 2702 M
ISBN 978-3-8252-**2702**-9
WUV. 2006. 278 S.,
EUR 18,90, sfr 33,00

■ Harald Fricke, Rüdiger Zymner
**Einübung in die
Literaturwissenschaft**
Parodieren geht über Studieren
UTB 1616 S
ISBN 978-3-8252-**1616**-0
Schöningh. 5., überarb. u. erw. Aufl.
2007. 296 S.,
EUR 17,90, sfr 31,40

■ Horst-Jürgen Gerigk
Lesen und Interpretieren
UTB 2323 M
ISBN 978-3-8252-**2323**-6
Vandenhoeck & Ruprecht. 2. Aufl. 2006.
192 S., 2 Abb.,
EUR 19,90, sfr 34,70

■ Andreas Herzog
Literaturwissenschaft digital
Ein interaktiver Einführungskurs
UTB 2841 M
ISBN 978-3-8252-**2841**-5
W. Fink. 2007.
Ca. 112 seitiges UTB-M, CD-ROM und
www.literaturwissenschaft-digital.de,
ca. EUR 19,90, sfr 34,70

■ Michael Hofmann
**Interkulturelle
Literaturwissenschaft**
Eine Einführung
UTB 2839 M
ISBN 978-3-8252-**2839**-2
W. Fink. 2006.
246 S.,
EUR 16,90, sfr 29,70

■ Gert Hübner
Ältere Deutsche Literatur
Eine Einführung
UTB 2766 M
ISBN 978-3-8252-**2766**-1
A. Francke. 2006.
315 S.,
EUR 16,90, sfr 29,70